湛庐文化
Cheers Publishing
a mindstyle business
与 思 想 有 关

戴维·迈尔斯

- 面向公众的心理科学传播者
- 学生心目中「最杰出的教授」

著名社会心理学大师

DAVID MYERS

Intuition: Its Powers and Perils

Intuition: Its Powers and Perils

弃医从教
意外闯入 社会心理学领域
01

戴维·迈尔斯 1942 年出生于美国西雅图。他本科时读的是医学预科，主修化学，辅修生物。然而三年后，日复一日的生物实验室和 X 光片令迈尔斯心生厌倦，他开始重新审视自己的职业规划，觉得当个大学教授也许会比当医生更适合自己。但是教什么专业好呢？就在此时，迈尔斯想到了在大一选修过的心理学导论，觉得心理学这种以人为研究对象的学科非常有趣。于是在本科的最后一年里，他恶补了几门心理学课程，接着就申请了艾奥瓦大学的人格心理学研究生，结果却被阴差阳错地分配到了社会心理学专业。

正是由于这一系列看似偶然的决定，一位社会心理学大师诞生了。

辛勤耕耘
影响学生一生的最杰出教授
02

在艾奥瓦大学拿到心理学博士学位后，迈尔斯来到霍普学院任教，由此开始了近50年的教学和研究生涯。他专注于个人态度与群体态度如何相互影响，并因群体极化的研究而荣获美国心理协会颁发的高尔顿·奥尔波特奖。同时迈尔斯也获得了学生们的认可，被评选为霍普学院“最杰出的教授”。作为一名教师，最令他开心的时刻永远是在课堂上，当自己成功演示了一个心理学实验时，看到台下学生们目瞪口呆的表情。数十年后，一位迈尔斯曾经的学生向他提起，正是当年心理学导论课上的一次演示，令其深受启发，从此走上科研道路并最终成为一名心理学教授。

2005年，由于迈尔斯在心理学研究和教学领域做出的卓越贡献，美国心理协会向他颁发了终身成就奖。

传播心理学
为改变世界而写作
03

做了十几年的研究教学工作之后，迈尔斯决定拿起笔来，在更广阔的范围内传播心理学知识。他先后出版了《迈尔斯直觉心理学》、《对幸福的追求》（*The Pursuit of Happiness*）、《人际连接》（*The Human Connection*）等11部作品，还在近50种科学杂志上撰写过专栏，将自己觉得有趣的心理学知识介绍给普罗大众。

而真正令迈尔斯享誉全球的，当属他编写的6部心理学教材，其中包括在中国读者心中知名度很高的《心理学》和《社会心理学》等。目前他的著作全球销量已超过600万册，被翻译成12种语言，有800多所高校在使用他编写的教材。这些教材不仅启发了一代代的心理学学生，也让无数读者了解并爱上了社会心理学。这也恰恰实现了他写作的初衷：“我希望能够通过写作为世界带来改变。”

热心慈善
振臂高呼打破“寂静世界”
04

迈尔斯也十分热心慈善事业和公共利益。虽然被称为当今版税收入最高的心理学家，但实际上他将自己所有著作所有版本的版税都投入了和妻子共同创建的戴维与卡萝尔·迈尔斯基金会，这个基金会不设工作人员，仅由他们夫妻二人运营，不定期地向慈善机构进行捐款。

随着年龄的增长，迈尔斯的听力逐渐减退，给他的工作生活带来很多不便。为了倡导在公共场所安装助听设施，迈尔斯发起了一系列活动，包括建立主题网站、撰写评论文章和出版讲述其自身经历的著作《寂静的世界》（*A Quiet World*）。由于他在促进听障人士权益方面的杰出贡献，2011 年美国听力学学会（American Academy of Audiology）向他颁发了总统奖。

> 能够在这么多个地方，通过这么多种语言，为这么多人传授知识，我感到自己非常幸运。为此我有责任做到最好。
>
> ——戴维·迈尔斯

▲ 迈尔斯和女儿劳拉

湛庐文化专访戴维·迈尔斯

Q: 您是怎么想到要写一本有关直觉的书的？为什么会对研究直觉感兴趣？

A: 作为一位基础心理学教材的作者，我广泛阅读了心理科学各个领域的研究，时不时就会发现一些有趣和有价值的内容。我认为这些内容不仅大学生需要学习，我们每个人也都应该对其有所了解。讲述直觉的诱人潜力和惊人陷阱——这就是我写作《迈尔斯直觉心理学》的初衷。我们的无意识能力和自动化思维具有强大的力量，但未经检验的直觉也很容易出错，需要用批判性思维来加以约束。

Q: 您本人属于感觉型（sensing）还是直觉型（intuition）？

A: 我更偏向于感觉型，需要基于客观证据做出推理。因此我希望能为这些关于直觉的问题点亮一线证据之光：为什么人们会凭直觉错误地认知事物或者产生不必要的恐惧？有些人（比如女人）是否比其他人的直觉更强？为什么运动员、面试官、投资者、赌徒和灵媒都不可避免地深受直觉错误的危害？客观证据也同样揭示了无意识思维（即直觉思维）的存在，这是弗洛伊德从未告诉过我们的。人体的运作就像大型喷气式客机一样，大部分时间都是自动驾驶的。正是这些隐藏在意识之外的思维为我们提供了专家技能、创造力和灵性。了解了直觉的潜力与陷阱后，我不禁想问：当听到无意识思维创造性的低语时，我们如何才能更明智地思考？

Q: 您依靠直觉做出的最成功和最失败的决定分别是什么？

A: 我所犯过的最大的一次错误是没有听从有关“投资直觉”的研究结论（见本书第8章），认为自己比其他人更聪明，高估了自己做出投资决策的能力。结果我赔了个精光——真该好好读读我自己写的书的！但直觉也为我带来过成功，我遵从内心的感觉娶了一个女人，现在我们已经幸福地在一起生活了53个年头。

Q: 如何才能避免在决策时掉入直觉的陷阱，有什么具体的方法吗？

A: 直觉的智慧来源于经验。所谓有效的直觉就是可以迅速提取的专家技能和专门知识，这些都是通过学习得来的。这就同开车和骑车一样，最初需要集中注意力，但经过反复练习之后，就变为自动化的行为了。我们的手脚会凭直觉做出动作，而我们的思维已经想到别处去了。国际象棋大师只扫一眼棋盘就能凭直觉知道下一步怎么走最好；熟练的小提琴演奏者不必思考就知道应该在何时把弓架在什么位置，角度和压力如何控制。将丰富的经验和放松的思维结合在一起，听从我们无法言喻的直觉知识的指导，往往就能得到好的结果。然而，在了解了直觉的潜力与陷阱之后，聪明的思考者也应该将直觉与证据进行核对。我们对有些事物的直觉非常灵敏，比如即刻读取他人脸上的表情；但对其他事物的直觉则不那么准确，比如推测股票走势、评估风险和预测体育比赛结果。

Q：在您看来，西方人和东方人相比，谁依赖直觉更多？

A：这个问题问得好！我并没有准确答案。不过研究的确显示，西方人更相信（往往是过于相信）自己的自我判断，而东方人则对集体智慧更敏感。尽管有时我们可能会过分介意其他人怎么想、怎么做，但在另一些时候，我们理应听从来自前辈和同伴的经验之谈。

Q：在目前还没有确切答案的心理学领域里，您最希望研究的问题是什么？

A：长久以来，心理学界有很多未能得到解答的问题，其中之一就是大脑是如何创造出思维，同时思维又是如何影响大脑的。生理和心理是一枚硬币的两面，如今我们只是刚刚开始理解它们之间的交互作用。

Q：您在《迈尔斯直觉心理学》的中文版序中提到，在您跟卡尼曼教授联系的第二天他就获得了诺贝尔奖。这真是令人震惊的巧合！那么根据您的直觉，下一个获得诺贝尔奖的心理学研究会是什么呢？

A：诺贝尔奖中并没有心理学奖，因此心理学家只可能获得诺贝尔医学奖或是经济学奖，就像丹尼尔·卡尼曼那样。如果未来真的有心理学研究获得诺贝尔经济学奖，这个研究很可能是关于国家经济政策对国民幸福感的影响的，或者是关于个体经济状况（财富或收入）与其“主观幸福感”（对生活感到幸福或满意的程度）之间的联系的。我知道一位研究经济学与幸福感的心理学家，他的毕生工作完全值得一项诺贝尔奖。他就是幸福心理学领域的带头人、我的朋友爱德华·迪纳（Edward Diener）。

Q：您对中国的印象如何？

A：我去过两次北京、一次上海和一次香港，每一次都是美好的经历，我非常感谢中国人善良热情的招待。

Q：还有什么特别想要和我们分享的话吗？

A：中国的大学正在飞速发展，大学中的心理学研究领域也进步神速，对此我留下了深刻的印象。我很荣幸，能够通过自己写的教材，以及湛庐文化翻译出版的《迈尔斯直觉心理学》一书，为在中国传播心理学贡献一份力量。

迈尔斯直觉心理学

INTUITION

Its Powers and Perils

[美] 戴维·迈尔斯（David G. Myers）◎著

黄珏苹◎译

浙江人民出版社
ZHEJIANG PEOPLE'S PUBLISHING HOUSE

测一测你的直觉准不准

戴维·迈尔斯

现在暂时把你的理性思维和分析工具放到一边，放下量尺，做个深呼吸，放松你的身体，让头脑安静下来，凭直觉快速直接地回答以下问题。

感觉直觉

1. 圆点距离底边更远，还是距离顶角更远？

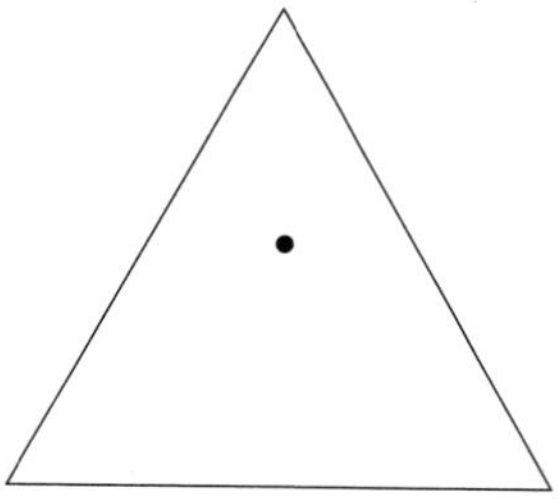

2. 这两个盒子的顶面面积一样大吗？

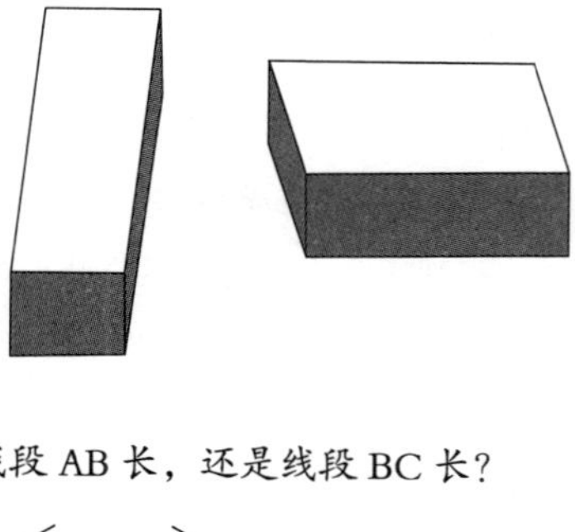

3. 线段 AB 长，还是线段 BC 长？

4. 线段 CD 相当于线段 AB 的百分之多少？

5. 你熟悉这个短语吗？

A

BIRD

IN THE

THE HAND

物理直觉

1. 下图表示的是一根弯曲的管子，平放在桌子上。BB 弹从管子的一端射入，从另一端飞出。用你的手指在书页上画出 BB 弹穿过管子的路径，以及从管子里射出后的路径。

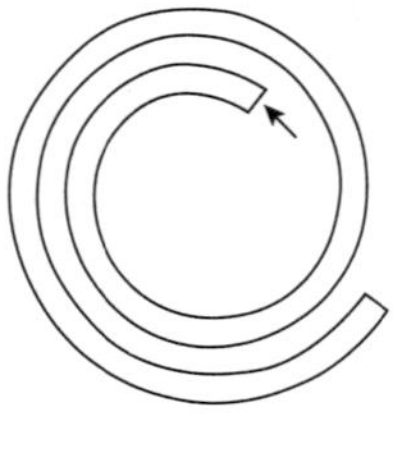

2. 飞机匀速飞行，从飞机上掉下一个保龄球。画出球的轨迹（忽略空气阻力）并标出球会落在地面上的什么地方。如果一个 BB 弹和保龄球同时落下，谁先着地？

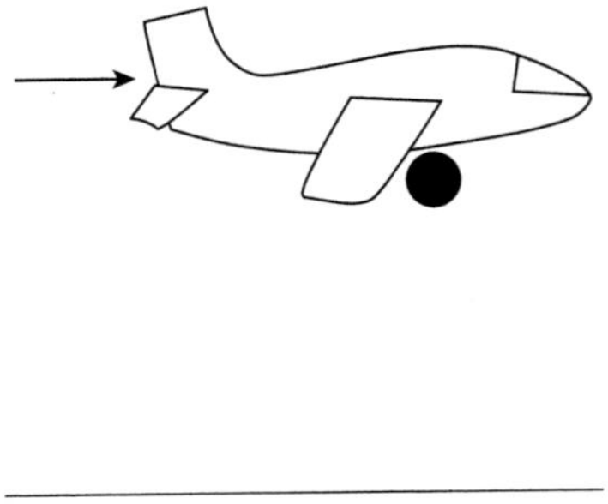

地面

3. 把一个玻璃杯中的水倒入放在桌子上的碗里。在玻璃杯中画一条线来代表水面（从图中给定的点开始画）。

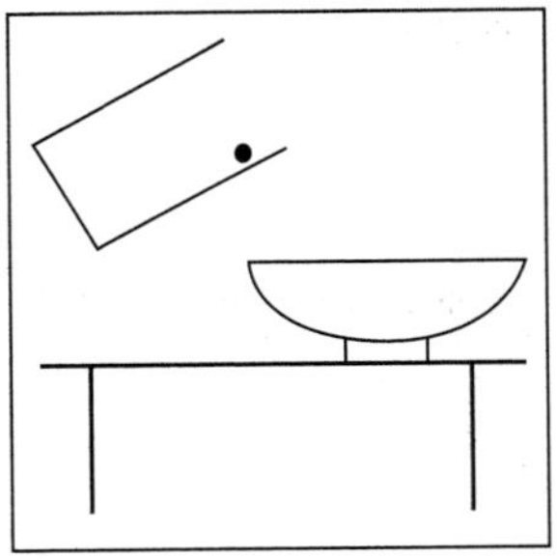

数学直觉

1. 张三开车去天津，平均速度为每小时 90 公里。回来的时候遇到堵车，平均速度为每小时 45 公里。张三往返的平均速度是多少？

2. 一个农夫花 60 美元买了一匹马，再以 70 美元的价格卖掉。然后农夫又花 80 美元买回来，再以 90 美元的价格卖掉。农夫总共从中赚了多少钱？

概率直觉

1. 由于一年有 365 天，因此为了确保至少有两名成员的生日在同一天，团队中至少需要有 366 名成员。那么，如果要确保有两名成员的生日在同一天的概率是 50%，整个团队至少要有多少名成员？

2. 在你居住的城市，患骨癌的可能性为 1%。每一个人都接受了可靠性为 90% 的检查，这个检查能够查出 90% 的骨癌，在 10% 的情况下会得出虚假的阳性报告。你做了这个检查，得到了坏消息——阳性。你患有骨癌的可能性是多大？

3. 有一摞牌，其中有 80 张黑牌和 20 张红牌。我把牌洗好后依次翻开，让你猜每张要翻开的牌是黑牌还是红牌。每猜对一次你可以得到 1 美元。为了多得钱，你猜“黑”和“红”的百分比应该是多少？

4. 我抛两枚硬币，并且保证如果至少有一枚是正面朝上的，就会告诉你。当至少有一枚硬币正面朝上的时候，另一枚也是正面朝上的概率是多大？

5. 假设你参加了蒙蒂·霍尔（Monty Hall）的《让我们来做个交易》（*Let's Make a Deal*）节目。你可以从三扇门中选择一扇。一扇门后面是汽车，其他两扇门后面是山羊。你选择了1号门。主持人知道门背后有什么，他打开了3号门，后面是山羊。他问你：“你想改变选择吗？”你该不该变，还是变不变都无所谓？

2. 在美国，导致较多死亡的原因是哪一个？你的直觉是什么？

- 各种类型的事故还是中风？
- 机动车事故（小汽车、卡车和公共汽车）还是消化系统癌症？
- 他杀还是糖尿病？
- 商用飞机坠毁还是铁路撞车事故？

3. 从1876年开始，全球有多少人死于大白鲨的袭击？

风险直觉

1. 在2001年9月11日的恐怖袭击中，一天之内死亡的人数相当于整个美国独立战争中陆军阵亡人数的三分之二。在20世纪90年代，全球有多少人死于其他的恐怖活动？2000年一年又有多少人死于恐怖活动？（恐怖主义包括诸如在也门发生的“科尔号”炸弹袭击事件、北爱尔兰的炸弹袭击事件和不宣而战的杀伤性行动等）

常识直觉

1. 哪个国家的人口比较多？

- 澳大利亚还是缅甸？
- 伊拉克还是坦桑尼亚？
- 墨西哥还是巴西？

2. 想象（或让其他人想象）把一张纸折叠100次，折叠之后它大概会有多厚？

扫码关注“庐客汇”，
回复“直觉”，获取测试答案。

关于直觉，你应该知道的四个观点

得知湛庐文化即将再次出版《迈尔斯直觉心理学》的最新中文译本，我感到非常高兴。

在我年轻的时候，常常从岳父口中听到关于中国的故事。他是一名退役的美国陆军军官，曾经在 1943—1945 年服役期间作为领导人之一加入了“迪克西使团”，这个使团为美国政府和中国延安的革命领导人架起了一座桥梁。

近年来，我有幸三次到访中国，分别在北京大学、北京师范大学、清华大学和嘉兴学院参加会议和做演讲。每次来到中国，主办方和中国的新朋友们都让我印象深刻。我在这里体验到了无与伦比的亲切、温暖，以及非常多好吃的食物！

言归正传，本书所传递的最重要的信息是：**直觉力量无穷，但是需要用批判性思维加以节制**。这一结论已被新近的研究进一步证实。我们现在知道，人类的思维在两个层面上工作着。一个层面是我们的意识觉知和有意为之的决策；在更深层面上则是我们强大的无意识思维——如同飞机上的自动驾驶仪一般的自动化思维，它指导着我们日常生活的绝大部分。当今的心理科学正惊叹于这两条思维轨道的“双重加工”模式。

我在本书结尾的“致谢”部分提到，这场关于直觉的探索是站在许多富有创意的研究者的肩膀之上展开的。这些研究者包括心理学家丹尼尔·卡尼曼（Daniel Kahneman）和已故的阿莫斯·特沃斯基（Amos Tversky）。长期以来很多人都相信，凭着这两人对行为经济学做出的贡献，他们应该被授予诺贝尔奖。

当这本书在 2002 年发行第一版的时候，我给卡尼曼教授寄了一本过去，然后很高兴地收到了他充满善意和鼓励的回应，我也立刻对之进行了回复：“感谢您对于这本书的慷慨评价。您，还有其他很多人，是我写作本书的灵感源泉，因而您的首肯对我而言意义非凡。”

第二天早晨醒来时，喜讯传来：我的愿望成了现实——丹尼尔·卡尼曼赢得了诺贝尔经济学奖。获奖新闻中高度赞扬了他“把来自于心理学研究的洞见整合进经济科学，尤其是人类的判断和决策领域”。

在他的诺贝尔奖致辞中，卡尼曼描绘了我们人类思维的双轨模型（图 P-1）——我们的信息加工系统一个是直觉性的（快速、自动、毫不费力），另一个是推理性的（慢速、按顺序加工、需要主观努力）。

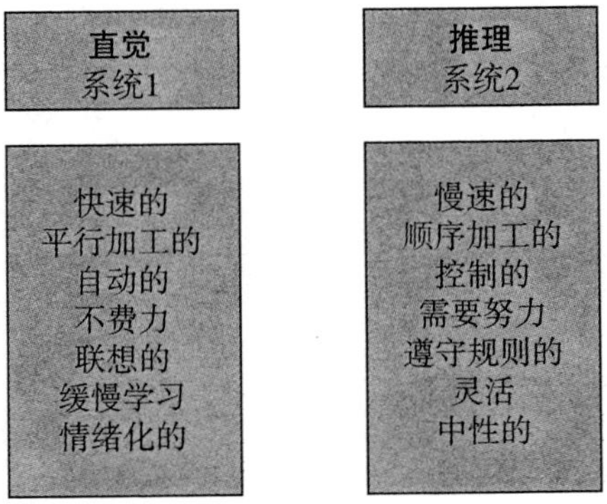

图 P-1 卡尼曼在 2002 年诺贝尔奖致辞中提到的人类思维的双轨模型

最近的实验确认了我们对于直觉的四个观点：

首先，**直觉的力量巨大**。今天的科学为我们提供了无意识对我们判断的影响的详尽阐述。举例而言，一个荷兰心理学家团队多次发现，当我们做出复杂决策的时候，最好不要用意识努力思索，而是放手让大脑去做自己的工作，这会让我们获益匪浅。给自己的大脑一点时间，甚至是先去睡上一觉，此时无意识思维机制仍然会勤奋工作。

在一系列的研究当中，研究者们给三组被试呈现了很多复杂信息，用于做出租赁公寓、选择室友以及评价艺术招贴画的判断。第一组被试在阅读四个不同的可选项之后，被要求立刻说出他们的偏好。第二组被试获得了一些时间充分思考和分析信息，结果做出了更好的决定。但是表现得最聪明的是第三组被试，他们的注意力被分散了——这让他们的思维有机会在无意识层面处理信息。

批评者提醒我们，刻意的、意识层面的思维也是聪明头脑的组成部分。然而让重大决定自己“孵化”似乎确实能够带来红利。收集信息，权衡各种选择，然后说：“给我点时间，让我不去思考这件事。”无意识思维就会主动工作。

其次，**直觉通常是适应性的**。我们会对自己身处的环境产生即刻的（直觉性的）感觉和反应，而意识层面可能对此一无所知。一个引人注目的例子就是“盲视”。盲视病人在意识层面看不见任何东西，却能在走廊里随意漫步，躲开各种障碍。另外我们也会提到“多快好省的启发式”——一种隐含的、自动化的思维捷径，它能让我们立刻对那些和曾经伤害过我们的人长得很像的人产生警惕。

再次，**有效的直觉源自经验**。经验为我们提供了内隐的、直觉性的知识。我们学会了骑上自行车并保持平衡，即便我们可能无法解释自己是怎么做到的，但是我们的身体心知肚明，我们可以只管去做。象棋大师可以同时跟多人对弈，简单地瞟一眼棋盘就知道下一步怎么走最好，从而赢得每一盘棋。富有经验的音乐家、汽车工程师以及内科医生也一样，他们获得了某种能力，可以迅速评估情境、诊断问题。如同另一位荣获诺贝尔奖的心理学家赫伯特·西蒙（Herbert Simon）所言，直觉是“变成了习惯”的分析。

最后，**未经检验的直觉可能坏大事**。举例而言，当我们在评估风险的时候，我们会出于直觉对那些醒目的、栩栩如生的、容易想象和回忆的危险感到胆战心惊。因为脑海中有飞机坠毁的可怕景象，我们对坐飞机的恐惧甚于驾驶汽车，而实际上坐汽车长途旅行的风险远远高于坐飞机。有时候，我们感觉过度而思考不足。

在这本包含着诸多支持证据和有趣故事的书中，我最初想要传递的信息直到今天依然有效。直觉力量无穷而且多数时候是适应性的，尤其是当它源自大量的经验时。然而直觉也可能让我们误入歧途。所以，时时用事实来检验一下我们的直觉是很有益处的。当我们既能够聆听自己看不见的思维的低语，同时又能够用现实来检验自己的预感时，我们的双轨思维就会运转良好，所向披靡。

Intuition

目录

向直觉发起挑战

作为一名研究型心理学家与心理科学的传播者，我一直在思考主观现实与客观现实、感觉与事实、直觉与现实之间的联系。我倾向于对不请自来的预感、富有创意的点子以及神灵的启示报以欢迎的态度。十几岁的时候，我曾在刹那间喜欢上一个与我年龄相仿的女孩，如今我和她结婚已经快 40 年了。当我会见应聘者时，直觉反应有时会在几秒钟内发挥作用，我都来不及用语言说清自己的感觉。爱因斯坦的办公室中的一个牌子上这样写道："并非所有重要的东西都说得清，也并非所有说得清的东西都重要。"

然而科学和日常生活也让我知道，我的直觉有时是错误的。我的地理直觉告诉我，里诺在洛杉矶的东面，罗马在纽约的南面，亚特兰大在底特律的东面，但是我全弄错了。爱因斯坦的同行、物理学家理查德·费曼（Richard Feynman）曾说："最重要的是，千万不要愚弄自己，你是最容易被愚弄的人。"

在英语字典和这本书中，直觉是指我们可以不加观察或推理，直接并快速地得出认识与洞见的能力。普林斯顿大学的丹尼尔·卡尼曼指出："直觉思维的形式就像感知的获取，迅速而毫不费力。"与之相反，"审慎的思维就像推理，具有批判性和分析性"。

我们是否都具有未被发掘的直觉潜力？我们是否配得上莎士比亚的赞美——"人类拥有天神般的思想"？在招聘、解雇和投资时，我们是否应该借助"右脑"的预感？我们是否应该效仿《星球大战》中的卢克·天行者，把电脑关掉，完全相信原力？

是否如怀疑论者所说，直觉是我们相信自己是正确的一种内在认知，无论事实是对还是错？我们就像诗人艾略特笔下的"脑袋里塞满稻草的空心人"一样吗？既然聪明人常常相信明显愚蠢的事情，那么我们是不是更需要理性的"左脑"呢？为了更聪明地考虑问题和做事情，我们是不是应该更积极地用现实来检验直觉，让富有创造力的预感更多地接受质疑和审查？

人人都爱谈直觉

2000 年在英国广播公司（BBC）的里斯讲座（Reith Lectures）中，查尔斯王子盛赞了心灵的智慧。"每个人的心灵深处都蕴藏着直觉的、由心而生的意识。只要我们愿意，它可以提供最可靠的指引，告诉我们某种行为长期来看是否有利于地球以及地球上的所有生命……在这个经验世界里，智慧、同情和慈悲无处容身，而传统智慧却提醒我们：'没有它们，我们还算真正的人类吗？’”这位未来的国王说，“我们需要更多地听从发自内心的感觉。”

在这个后现代主义的新时代，查尔斯王子有着许多追随者。学者、畅销书作家和工作坊的导师们都在训练人们就像相信自己的头脑一样相信自己的心灵。如果你想开发直觉，那么你有非常多的选择。阿波罗 14 号的宇航员和智性科学研究所（Institute of Noetic Sciences）的创始人艾德加·米切尔（Edgar Mitchell）认为，“直觉是一种内在的认知体验，它可以像逻辑思维一样具体明确”。你可以去参加加勒比海直觉巡游（Caribbean Intuition Cruise），在那里“一流的直觉大师会提供全面的计划，使你能够运用直觉来改进生活的方方面面”。为了发掘内在的直觉资源，你可以查询有关直觉的网站，听直觉训练磁带，订阅《直觉》杂志以开发“人人都能获得的自然能力”。你还能在一般杂志上看到大量讲述“如何让直觉引导你”的文章（文中的方法包括“允许自己聆听直觉的声音”以及“学会锻炼你的直觉肌肉”）。

你甚至可以更深入地去研究某一本直觉指导手册，它会承诺能够开发你的第六感，使你能够驾驭内心的智慧，释放潜意识思维的力量。

如果你想利用直觉来疗愈身体，那么《直觉治疗法》（*The Intuitive Healer*）会告诉你，直觉思维中的“个人化药品箱”能够如何帮助你消除疾病。你也可以在《朱迪斯·欧洛芙博士的直觉疗愈指南》（*Dr. Judith Orloff's Guide to Intuitive Healing*）中找到“获得身体、情绪及性健康的 5 个步骤”，还可以在《直觉之心》（*The Intuitive Heart*）中学会“如何相信直觉，让它引导你、治愈你”。甚至还有专门为厨师和节食者打造的《直觉烹饪》（*Intuitive Cooking*）和《吃饭靠直觉》（*Intuitive Eating*）这样的书籍。

你想让孩子体验“全脑”学习吗？建议他们学校的管理者读一读《直觉校长》（*The Intuitive Principal*），老师们读一读《理解、教授直觉思维》

（*Understanding and Teaching the Intuitive Mind*）。如果你的孩子在学业上遇到了困难，你可以考虑看一看《提高阅读与学习能力的直觉法》（*The Intuitive Approach to Reading and Learning Abilities*）。对于家庭教育，《明智的孩子》（*The Wise Child*）是你现成的选择。

你是一位商人、经理或投资者吗？如果是，那么《直觉管理者》（*The Intuitive Manager*）、《直觉交易者》（*The Intuitive Trader*）或《获得成功的实用直觉》（*Practical Intuition for Success*）会对你有所帮助。

想去扩展自己的灵性意识吗？那么你也有很多书可选，其中包括《灵性之路上的直觉思维》（*Intuitive Thinking as a Spiritual Path*）、《神圣的直觉》（*Divine Intuition*）和《直觉生活：一条神圣的道路》（*Intuitive Living: A Sacred Path*）。

如果你只是对智慧和高效率的生活感兴趣，推荐你看一看《直觉的优势》（*The Intuitive Edge*）或《日常生活中的直觉》（*Practical Intuition*）。如果你想进行更深入的探究，那么仔细研读《直觉：内心的故事》（*Intuition: The Inside Story*）吧。人们应该从什么书开始读呢？如果你是一个直觉很强的人，那么我觉得《你已经知道该去做什么》（*Your Already Know What to Do*）肯定最适合你，作者是莎伦·弗朗克曼德（Sharon Franquemont），他是一位讨人喜欢的直觉训练者，他在书中宣称“直觉就是我的激情”。

直觉的潜力

《优涅读者》（*Utne Reader*）杂志调查发现“直觉很受追捧”，这是个难以否认的事实。然而我们应该如何对待这个作坊式的产业？直觉作者和培训师似乎完全不在意心理学对信息加工方式的新研究。他们对直觉的直觉是正确的吗？不请自来的真相随时可能到来，是不是只要我们去聆听它那微弱的声音，便会注意到它？或者市面上的直觉作品对于认知科学来说，就像职业摔跤之于竞技体育？[①]他们是否只是提供了一个虚假的世界，用虚幻现实替代了真相？

正如我们看到的那样，当下人们对直觉的理解具有两面性。物理学家尼尔斯·玻尔（Niels Bohr）说过："世间存在平凡的真理和伟大的真理。平凡的真理的反面只是普通的错误，而伟大的真理的反面还是真理。"人类的直觉也是如此，它具有惊人的力量，也具有惊人的危险性。一方面，认知科学最近揭示出了引人注目的无意识思维（另一种后台思维），这绝非弗洛伊德所说的潜意识。与十多年前我们对思维的认识相比，思维更多地发生在幕后，而不是台前。正如我们将在后面的章节中看到的，有关自动化加工、阈下启动、内隐记忆、启发式策略、自发特质推理、右脑加工、即时情绪、非言语沟通和创造力的研究揭示了我们的直觉能力。思维、记忆和态度都是在两个层面上运作的（有意识、蓄意而为的和无意识、自动的），这是一种双重加工。我们知道的比我们认为自己所知的要多得多。

想一想以下各种情况。

盲视

因为手术或中风而使部分大脑视觉皮层受损的病人，在意识上知道自己有一部分视野是盲的。在他们的盲区里呈现一些小棍，他们会说自己什么也看不见。但是如果让他们猜小棍是垂直的还是水平的，他们却可以说出准确无误的答案。当告诉他们"你猜对了"时，他们会大吃一惊。这些人实际知道的显然比他们以为自己知道的更多。他们会伸手握住对方伸过来的手，即便他们看不

① 职业摔跤是一种娱乐项目，而不是体育比赛。摔跤的结果不是由摔跤手的技术决定的。编剧们会事先写好情节和故事主线，让每场比赛都成为故事中的一个篇章，谁输谁赢早就在剧本里写好了。——译者注

见这只手。这些人的大脑中似乎存在着对自己看不见的视觉进行加工的脑区，即平行加工系统。

英国杜伦大学的心理学家戴维·米尔纳（David Milner）正是用“看不见的视觉”来描绘大脑的两种视觉系统的。其中一套系统给予我们有意识的感知，引导着我们的行为。另一套被他称为“头脑中的僵尸”。米尔纳讲述了一位大脑受损的女性的故事。这位女性能够看到手背上的毛发，但辨认不出手。让她用拇指和食指来估计一个物体的大小，她做不到，但当她去拿物体的时候，拇指和食指却能够准确地放在物体上。她知道的事比她能意识到的事更多。

面孔失认症

病人患上这种疾病是因为大脑中与识别人脸有关的部分受损了。颞叶部分的相关脑区受损后，病人的感觉是完备的，但知觉存在缺陷。他们能够感觉到视觉信息，能够描述出一张面孔的各种特征，但认不出整张面孔。当看到不熟悉的面孔时，他们会毫无反应。然而当看到一个他们所爱的人的面孔时，他们的身体会显示出他们认出那个人了。患者们的自主神经系统会做出反应，出汗增多，脉搏加快。意识不知道的事情，心灵却感受得到。

日常知觉

通过直觉辨认出一张脸是一种理所当然的能力。在看照片的时候，你的大脑就像一台进行多任务处理的计算机。它将视觉信息分解成各个子维度，比如颜色、深度、运动和形式，并运用不同的神经网络同时对各个维度进行加工，然后将它们组合起来（如果某个相关的神经网络受到破坏，你便无法感知对应的子维度，比如运动）。最后，大脑将重新构建的图像与以前存储的图像进行比较。瞧，你在一瞬间毫不费力地认出了 5 年未见面的人。

神经冲动运行的速度比计算机内部信息运行的速度慢100万倍，然而它的瞬间识别能力让任何计算机都望尘莫及。“你可以买到能打败象棋大师的机器，”视觉研究者唐纳德·霍夫曼（Donald Hoffman）说，“但你买不到一台视觉能力能胜过学步幼儿的机器。”如果直觉意味着不需要理性的分析就可以立即知晓一件事，那么感知就是最卓越的直觉。

人类智能是不是也可以超越逻辑性？思维是否不止包含用语言说得出的部分？理解力是否不止包括有意识的认知？当然如此。认知心理学家乔治·米勒（George Miller）通过一个故事来具体展现了这一事实：两名乘客靠在轮船的围栏上，眺望大海。其中一个人说：“海洋里一定有很多很多水。”“是啊，我们只看到了它的表面。”他的朋友回答道。

直觉的陷阱

确实，直觉不仅很受追捧，而且也是人类决策的一部分。不过需要补充一点事实，那就是直觉经常出错。

试着做一做书前的测试题，在“感觉直觉”部分，你做对了几题？这只是几十幅同类图片中的一小部分，它们说明了人类大脑感知世界的规则是什么样的。这些规则大多数时间能形成正确的直觉，有时却会把我们带到沟里去，正如许多受伤的司机和飞行员（以及那些已经丢掉性命、无法出来作证的司机和飞行员）所证明的那样。事情可能看起来是一个样，但实际却完全是另一种样子。继续往下做，你会发现直觉的错误不仅限于感知错觉。

啊！我们是不是应该像某些后现代主义者那样，认为直觉性的事实是不证自明的，或者我们不应该用西方的逻辑规则来评判它？不应该这样。对于这些脑筋急转弯式的问题，真相来自理性的分析。对于感知问题，尺子说了算，尺子能够测量出客观现实。在小小的赌博游戏中，极少数遵从逻辑的人能够从赌桌上赢到请朋友们吃龙虾大餐的钱，而旁边桌上的直觉大师和他们的朋友只吃得起意大利面。

当然以上这些比赛是在理性的主场上进行的。任何人都会赞同逻辑和测量非常适合完成这类任务。那么想一想直觉与理性在更重要的领域中的紧张关系吧。

科学的历史就是对我们的直觉提出一个接一个挑战的故事。我们的心灵曾告诉我们，心脏是产生思维与情绪的地方。如今心脏仍是爱的象征，但科学在这个问题上早已经替代了直觉。坠入爱河的是你的大脑，而不是心脏。

在人类历史中，我们的祖先每天都看到太阳东升西落。对此至少存在两种貌似合理的解释：第一，太阳围着地球转；第二，太阳静止不动，地球在旋转。直觉倾向于前者。而伽利略的科学观察认为第二种解释才是正确的。

在我所研究的心理学领域，流行的直觉有时会被证明是对的。持久、忠诚的婚姻对成年人的幸福、孩子的茁壮成长是有利的。媒体描绘的暴力行为及性冲动行为确实会影响观众的态度和行为（尽管在同一个研究中也否定了人们的另一个直觉，即认为只有其他人会受到影响）。感到自由和有控制力有利于人们获得幸福与成就。然而与此同时直觉也会告诉我们，熟悉会引发轻视，梦境能够预测未来，高自尊一定是有益的。但是目前并没有证据能够证明这些想法。甚至美国加州促进自尊特别小组（California Task Force to Promote Self-Esteem）在报告中都承认，直觉上认为是正确的假定，即高自尊能够带来令人满意的行为，其实证据不足。高自尊的人患抑郁症的风险确实比较低，但高自尊也有阴暗面。很多暴力事件都是因为膨胀的自我受到了一点点冒犯而导致的。

最近的研究还将一些看似正确的流行心理学准则扔进了垃圾箱。

遗传倾向、同伴及媒体都会影响儿童的发展，但令人奇怪的是，父母的直接教养对孩子人格及品位的发展几乎没有影响（收养的孩子并不会因为在同一个家庭中长大，就形成与其他兄弟姐妹相似的性格）。

◇◇◇

人们通常不会抑制极度痛苦或极度令人难过的经历。大屠杀幸存者、见证父母被谋杀的孩子或者强奸受害者能够非常清楚地记得那些可怕的事件。

相信水晶能够提升灵性的人们可能要失望了，因为实验结果否定了这种直觉。其他不靠谱的直觉包括，阈下自助磁带能够重新调整人们的潜意识思维，以及“治疗性触摸”具有治疗效果（其实使用假水晶或令人信以为真的阈下磁带也能产生同样的结果）。

理查德·费曼说：“科学是学会如何不自我愚弄的漫长历史。”

我们为什么要研究直觉

了解直觉的力量和危险性重要吗？我认为这非常重要。

法官和陪审团的直觉关系到某些人的命运：她说的是实话吗？如果被释放，他会再次违法吗？判处死刑能够震慑住杀人犯吗？

投资者的直觉会影响到财富：股市已经到底了吗？技术股会出现下一次下跌吗？是时候转向债券了吗？

教练的直觉让他决定由谁上场比赛：今晚她能打出好球吗？他的球技正在退步吗？

临床医生的直觉操纵着他们的行医实践：他有自杀的危险吗？她受到性虐待了吗？

直觉会影响我们的恐惧（我们害怕的是该害怕的事物吗）、印象（我们的刻板印象准确吗）和人际关系（她喜欢我吗）。直觉影响着处于危机中的总统、赌桌上的赌徒、面试中的人事主管。正如得克萨斯州一位高级官员对用死刑来震慑杀人犯的理论的看法："我从直觉上感到它肯定会有效。"直觉能够帮助我们避免不幸，但有时它也会将我们引向不幸。"没有人能主宰我的行为，"英国王妃戴安娜在发生车祸前接受最后一次采访时说，"我靠直觉做事，直觉是我最好的顾问。"

因此，花些时间来探究人类直觉的力量与危险性，分清幻觉与事实，获得智慧，是非常值得的。或许我们可以将宁静祷文稍加改编（请雷茵霍尔德·尼布尔[①]原谅）：

主啊！请赐予我宁静，
去接受真实的事情；
请赐予我勇气，去质疑不真实的事情；
请赐予我智慧，去分辨这两者的不同……

① 雷茵霍尔德·尼布尔（Reinhold Niebuhr）是一位美国神学家，他创作的宁静祷文堪称20世纪最著名的祷告文，前几句为："主啊！请赐予我宁静，去接受我不能改变的事情；请赐予我勇气，去改变我能改变的事情；请赐予我智慧，去分辨这两者的不同。"——译者注

Intuition

Its Powers and Perils

第一部分

直觉的潜力

左脑和右脑，各自为政还是亲密无间?

为什么我们想不起三岁以前的事?

情商真的比智商更重要吗?

女人的直觉是否比男人更敏锐？

直觉是创造力的源泉吗?

……

Intuition

Its

Powers

and

Perils

潜藏在水下的无意识冰山

我们知道多少事情？我相信比我们认为自己知道的多得多！

阿加莎·克里斯蒂（Agatha Christie）
《魔手》（*The Moving Finger*）

有人曾告诉你你很了不起吗？确实如此。你在后台加工着大量的信息。你毫不费力地将许许多多认知工人分配去完成大多数思维和决策任务。这些工人在你头脑的地下室里忙碌地工作着。只有真正重要的脑力任务才会被摆上总裁的办公桌，也就是你的有意识思维运作的地方。当别人问“你在想什么”时，你的脑力 CEO 会提到担忧、希望、计划和问题，完全不在意底层工人的工作。

这就是当代心理学的一个重要观点，即**大多数的日常思维、感受和行为是在意识之外运作的。**“这很难让人接受。”纽约大学的心理学家约翰·巴奇（John Bargh）和塔尼娅·沙特朗（Tanya Chartrand）说。意识倾向于认为是它自己的意图和有意的选择控制着我们的生活（这是可以理解的，因为作为冰山一角的意识最了解自己看得见的自我），然而意识高估了自己的控制力。举一件简单的事情来说吧。一串串语法堪称完美的句子轻松地从你嘴里冒出来（真是惊人，因为语法是很容易出错的），就好像楼下有一些仆人正忙碌地用锤子和钉子把句子拼接在一起，然后用管道输送上去，并流畅地把它们从你的嘴里推出去。你一点都不知道自己是怎么做到的，但话语就这么被说出来了。

在我写这个段落的时候，文字在屏幕上快速出现，不知来自哪里的指令让我的手指在键盘上翻飞。当然肯定不是我的脑力 CEO 在一个手指一个手指地进行指挥。我无法告诉你哪里是“w”或者哪里是“k”，但我的手指知道。如果在我打字的时候，有人走进我的办公室，聪明的手指（其实是操纵手指的认知仆人）能够让我一边开始交谈一边打完那句话。更令人惊叹的是技艺高超的钢琴演奏家，他们能一边说话一边演奏出熟悉的曲目。心理学家乌尔里克·奈塞尔（Ulric Neisser）、伊丽莎白·史培基（Elizabeth Spelke）和威廉·赫斯特（William Hirst）曾训练康奈尔大学的一些学生一边阅读故事，一边抄写指定的单词，而且他们完全读懂了故事。我们似乎有两个头脑：一个用于我们暂时意识到的事情，另一个用于其他所有的事情，比如进行计算以抓住飞来的球，将二维的视网膜图像转化为三维的感知，进行节奏适当的呼吸，系上衬衫纽扣，协调肌肉以协助你写下自己的名字，让你听见树叶沙沙声时会立即跳开，让你凭直觉知道下一步棋该怎么走。

或者以开车为例。当一个人学开车的时候，驾驶的行为需要 CEO 层面上的关注。我们尽量不和别人交谈，全神贯注地看着路面。美国人在英国开车，头一个星期会再次体验新司机的感觉。英国人第一次在英国以外的欧洲国家开车时也是如此。他们需要集中注意力，直到逐渐掌握了靠左或靠右行驶的技巧。随着时间的流逝，人们学会了驾驶，之后驾驶会逐渐成为“熟练化”的技能。像大多数生活技能一样，驾驶成了自动化的行为，意识被解放出来。当红灯亮时，我们会下意识地踩刹车，根本不需要有意识地做出决定。下班开车回家的路上，我们会一边开车一边聊天或想心事，其实手和脚才是司机，把我们带到了目的地。

甚至，有时我们想去其他地方，但手和脚却把我们送回了家。“心不在焉是自动化给我们带来的不利后果之一。”研究思维遗失（mental lapse）的詹姆斯·里森（James Reason）说。如果老板不指定不同的路线，那么仆人就会按照他们受过的训练来做。不过意识老板随时可以进行干预。这与弗洛伊德的潜意识思维不同。在弗洛伊德的潜意识思维中充满了与管理者对着干的工人，他们受到压抑，具有反叛精神。认知科学中的无意识脑力工人更加友好，更加合作，也更迅速高效。它们的座右铭是“一切为了服务”。

我们应该庆幸人类具有这种自动性。在生活中的大部分时间里，我们依靠着大脑的自动驾驶功能。它有效地行使着职责。有脑力大管家帮我们打点各种常规的、熟得不能再熟的任务，我们便可以把注意力放到大事上。因为有人照料白宫的草坪，有人负责配餐，有人负责接电话，所以美国总统才能有精力思考国内局势和国际危机。对你来说，情况也是如此。

直觉的力量

正如哲学家艾尔弗雷德·诺思·怀特海（Alfred North Whitehead）在 1911 年所说：“随着不需要思考就能完成的活动变得越来越多，文明得以进步。”

我们都感受过这种自动性。心不在焉的教授非常了解这种现象。有时在离开洗手间后，我要摸一摸自己的脸，以确定自己是否刮了胡子。有时快到中午时我会去洗手间照照镜子，看自己是不是还没梳头。我常常从大厅走到了系办公室，却不知道自己为什么要来这里（就像刮胡子和梳头一样，自动化的行走也不需要我们特别留意）。

儿童如何利用直觉学习

有些事情我们知道自己知道，但不知道是怎么知道的。想一想语言的学习。一个中等水平的美国高中毕业生能掌握 80 000 个单词。这意味着从 1 岁到 18 岁，人们平均每年能够学到近 5 000 个单词，也就是每天 13 个单词。你是怎么做到的？老师每年有意识地教给你的单词数量大约是 200 个，而每年 5 000 个的单词量远远超出了这一数量。这真是一个了不起的人类奇迹！在学会 2 加 2 等于几之前，你就能独立创造出语法恰当的句子了。父母可能很难跟你解释清楚语法规则，而刚过学步年龄的你直觉性地理解了语法并轻巧地说出了语句，这足以令很多苦学外语的大学生和费力在计算机上模拟自然语言的科学家汗颜。

早在开始能够用语言进行思考之前，婴儿便拥有了惊人的直觉能力。我们天生偏爱能够促进社交反应的图像和声音。新生儿会把头转向有人声的方向；他们盯着人脸图像的时间比看牛眼睛图像的时间更长，而看牛眼睛图像的时间又比看磁盘的时间更长（相比较而言，牛眼睛和人类的眼睛更像）。新生儿更喜欢看距离自己约 20~30 厘米的物体，这恰好是喂奶时宝宝眼睛与妈妈眼睛之间的距离。这真是奇迹中的奇迹。

在生命最初的几个月里，我们的感知能力不断发展。在出生后的头几天，大脑的神经网络便印刻下了妈妈身体的气味。一周大的宝宝，被放在自己妈妈的胸罩和另一个哺乳期妈妈的胸罩之间，他通常会转向自己妈妈的胸罩。让一个三周大的婴儿叼上安慰奶嘴，然后播放包含他妈妈的声音或另一个陌生女性声音的磁带，当听到熟悉的妈妈的声音时，婴儿会更用力地嘬奶嘴。

婴儿还会直觉性地受到简单的物理法则的吸引。就像成年人难以置信地看着魔术把戏一样，婴儿会更长时间地看着停在空中的球、似乎穿过了固体的汽车，或者一个好像消失了的物体。婴儿甚至具有数学头脑。研究者卡伦·温（Karen Wynn）给 5 个月大的婴儿展示一个或两个物品，然后把物品藏在屏风后面。有时她会通过一个秘密的门拿走或增加一个物品。当屏风被拿起来时，如果物品的数量不对，宝宝盯着看的时间通常是数量正确时的两倍。就像动物天生怕高一样，这是一种直觉性的知识，不需要语言或理性分析的介入。

左脑和右脑，各自为政还是亲密无间

一个多世纪以前，我们便知道大脑的两个半球具有不同的功能。如果事故、中风和肿瘤导致了左脑损伤，通常会损害与理性思维、言语思维和非直觉性思维相关的活动，比如阅读、写作、说话、计算推理和理解。右脑上发生的类似损伤则很少造成这样显著的影响。

直到 1960 年，人们依然认为左脑是处于主导地位且很重要的大脑半球，而右脑则是比较次要、处于从属地位的大脑半球。左脑就像月亮朝着我们的一面，我们很容易对它进行观察和研究。当然另一面也在那里，但它被隐藏了起来。

外科医生为了治疗严重的癫痫，将大脑的两个半球分开，从而创造出了地球上最令人着迷的一小群人，即裂脑人。可以毫不夸张地说，他们具有两个头脑。人类视觉的特性使研究者可以将信息单独传递给病人的左脑或右脑。做法是让病人盯着一个点，然后在这个点的左边或右边闪现一个刺激（他们也可以对你这样做，但在你完好的大脑中，接收到信息的半球会马上“打电话”给“山谷”另一边的同伴，把信息传递给它。裂脑手术切断了跨越“山谷”的“电话线”，即胼胝体）。最后，研究者分别对每个大脑半球进行测试。

在一个早期的实验中，心理学家迈克尔·加扎尼加（Michael Gazzaniga）[①] 让裂脑病人盯着一个点看，并呈现“HE·ART”的信息。“HE”出现在他们左边的视野中（传递到右脑），“ART”出现在右边（传递到左脑）。当加扎尼加问他们看到了什么时，病人说他们看到了“ART”，令人震惊的是，他们的左手（受右脑控制）却指向了“HE”。一旦获得表达自己的机会，每侧大脑都会报告自己看到的事物。左手直觉性地知道一些它无法用语言表达出来的东西。

与之类似，当把一个勺子的图片呈现给右脑时，病人无法说出他看到的是什么。但是当把各种物品混杂在一起，不让病人看，只让他们用左手摸时，他们很快就选择了勺子。如果实验者说：“答对了！”病人会回答：“什么？居然对了？我都不知道自己看到了什么，怎么可能选对呢？”在这种情况下当然是左脑在发话，无法诉诸言语的右脑心知肚明的事情却让左脑困惑不已。

这些实验证明右脑能够理解简单的要求，并能轻易地感知物品。事实上，右脑在临摹图画、识别人脸、感知差异、感受并表达情感方面都优于左脑。

尽管左脑很擅长理解语言的字面意义，但右脑在进行精妙的推理方面很出色。如果先闪现单词“脚”作为“启动刺激”，左脑会很快识别出与其密切相关的单词“脚后跟”。但是如果闪现单词“脚”“哭泣”“玻璃”，右脑会更快地识别出与这三个单词都有关，但关系较远的另一个单词“割伤”。如果提出一个口头问题：什么词可以和“高”“地区”“房屋”搭配在一起？右脑会比左脑更快地找出解答——“学校”[②]。正如一位因中风而导致右脑受损的病人所解释的：“我明白这个单词的意思，但遗失了精妙之处。”因此右脑有助于我

① 加扎尼加在他的自传《双脑记》中完整讲述了裂脑人研究的过程和研究发现，以及他本人精彩的科研人生。该书中文简体字版由湛庐文化策划、北京联合出版公司出版。——编者注

② 搭配起来的三个词组分别是：high school（高中）、district school（乡村学校）或 school district（学区）和 school house（校舍）。——译者注

们调节语言，使语言的意义更清晰。比如我们会问：“前面的路上有什么？”（What’s that in the road ahead?）而不是问：“路上有什么，一个头？”（What’s that in the road, a head?）

有些接受过裂脑手术的病人会因为左手难以控制的独立性而烦恼一阵子。他们的右手在系衬衫纽扣，而左手却在解开纽扣；或者右手把货品放进购物车，左手又把它们摆回到了货架上。这就好像每个大脑半球都在说：“我今天有点想穿绿（蓝）衬衫。”确实，就像诺贝尔奖获得者、心理学家罗杰·斯佩里（Roger Sperry）所说，裂脑手术使人们拥有了两个分离的头脑（阅读这些报告时，我想象着一个裂脑人可以自己玩“石头、剪刀、布”的游戏，左右手互搏）。

当两个头脑发生分歧时，左脑的作用就像新闻广播员，它努力对无法解释的行为进行合理化。如果病人在右脑的指挥下做出一个动作，左脑会凭直觉将这个动作合理化。如果右脑发出了笑的命令，病人会发出笑声。当被问及为什么笑时，左脑会进行合理化，或许会指出“这项研究很滑稽”。如果病人服从一个发送给右脑的命令“走”，左脑便会提供一个现成的解释“我要去房间里取些可乐”。迈克尔·加扎尼加的结论是，左脑是一个解释者，它能立即构建出证明我们行为合理性的理论。人类总是能够快速方便地构建出意义。

我们身体中大多数成对的器官，比如肾脏、肺和乳房中的每一个都具有相同的功能，以备一侧失效时，另一侧可以作为备份。大脑的两个半球不属于这种情况。从生物学上看，它们是不成对的一对。每个半球都发挥着不同的功能，似乎每个半球都有自己的思维。只是看着外形相似的两个半球，谁会想到它们为了整体的和谐各自发挥着如此独特的功能？即使弗洛伊德（他没有预料到潜意识里的“冷认知”[①]）也没有想到，在意识之外，我们的大脑正忙碌地从事着如此足智多谋的活动，他也没有想到解释性的左脑能够抓住一点点联系，凭直觉迅速地为我们的行为找出伪造的解释。

> **直觉的力量**
>
> 在意识的表面之下存在着许多智慧，在意识的表面之上有着许多自欺欺人。

为什么我们想不起三岁以前的事

我93岁的父亲最近发生了一次轻微中风，中风只导致了一个奇怪的后果。他依然像以前一样和蔼可亲，依然行动自如。他认得出我们，在翻看家庭相册的时候，他可以详细地回想起过去的事情。但是他记不住新发生的对话和日常事件。他不知道今天是星期几。他很喜欢开车出去兜风，对我们正看到的景物发表评论，但是第二天他就想不起来我们曾出去过以及去过哪儿。我们一遍遍告诉他，他的姐夫去世了，但在得知这个消息的时候，他依然会很吃惊。

奥立弗·萨克斯（Oliver Sacks）讲过另一个具有类似记忆丧失问题的病人的故事。病人名叫吉米，他的大脑在1945年受到了损伤。30年后被问及美国总统是谁时，他依然会回答“哈里·杜鲁门”。萨克斯给他看《美国国家地理》上的一张照片并问他：“这是什么？”

“这是月亮。”吉米回答道。

“不，不是。”萨克斯说，“这是从月球上拍摄的地球的照片。”

① 即理性认知加工过程，与受到需求、情绪等影响的“热认知”相对。——译者注

“医生，你在开玩笑吗？没有人可以把照相机放到那上面去。”

“当然可以。”

“见鬼！你在开玩笑。你们到底是怎么做到的？”吉米的吃惊是一个 55 年前的聪明年轻人对穿越到未来的正常反应。

仔细研究这些独特的人，你会发现更奇怪的事情：尽管想不起来新的事实或最近做过的任何事情，但吉米和其他患有类似遗忘症的人能够进行学习。被告知图片（来自《威利在哪里？》）中一个很难找的人物在哪里之后，他们下次便能够很快地找到他。他们能学会阅读镜像书写的文字或玩拼图游戏（他们否认以前接触过镜像文字或拼图游戏），甚至还习得了复杂的工作技能。不过在做所有这些事情的时候，他们并不知道自己曾经学过。

这些令人吃惊的发现，对记忆是一种单一的一元化系统的观念提出了挑战。与之相反，我们似乎有两套系统在协力运作。虽然有意识的记忆遭到了破坏，但无意识的学习功能是完好的。这些病人能够学会如何做事，这种记忆被称为内隐记忆（或程序性记忆）。但是他们不知道自己会做这些事情或声称自己没学过，这种记忆被称为外显记忆（或陈述性记忆）。读过一遍故事后，第二次他们会读得更快，由此便体现出了内隐记忆。但他们没有外显记忆，想不起来以前曾经读过这个故事。打过一次高尔夫球后，他们会把这段经历完全忘掉。然而他们打得越多，球技提高得也越多。如果反复把“香水”这个词呈现给他们，他们虽然想不起来看到过这个词，但当被问及“香”这个字能够让他们想到什么词时，他们会说出“香水”，由此轻而易举地展现出了学习的结果。他们保留着对过去的记忆，但无法以外在的形式回想起来。从直觉角度看，他们知道的事情比自己认为自己知道的事情更多。

这种外显－内隐双重记忆系统有助于解释“婴儿期遗忘”。我们在婴儿期学会的反应和技能，比如如何走路，信任还是害怕其他人，一直延伸到我们未来的生活中。但是作为成年人，我们对出生头三年的经历完全想不起来了。尽管我们受益于各种直觉的遗产，比如对距离的感知，对善与恶的感知，对熟悉的食物、人及地点的偏好，但在我们的有意识思维中，人生最初几年是一片空白。之所以会发生婴儿期遗忘，是因为我们要通过语言来检索外显记忆，而学步儿还没有学会说话。另外一个原因是储存外显记忆的关键脑区（海马）是最后成熟的一个大脑结构。我们把过去的很多事情都遗忘了，但一些我们想不起来的事情其实被我们靠直觉内隐地记住了。

哪些事我们不知道自己知道

过去发生的事情在大脑中“嗡嗡嘤嘤”地发出低语，产生影响，而当事人意识不到。相信旧的弗洛伊德学说的人和现代认知科学家都会对这个观点表示赞同。心理学家丹尼尔·韦格纳（Daniel Wegner）和劳拉·斯马特（Laura Smart）用“深层认知激活”来描述这个地下世界。无意识思维的假设长期以来存在着可信性的问题。我们如何能为自己说不出来的东西提供证据呢？

针对一个人为什么抽烟、另一个人为什么害怕马以及第三个人的性取向，弗洛伊德运用无意识动力学进行了事后解释，这种解释显然无法令人满意。如果你对母亲的死感到愤怒，弗洛伊德的解释是“因为你未解决的童年依赖需求受到了威胁”。如果你不感到愤怒，那么也印证了弗洛伊德的理论，因为“你在压抑自己的愤怒”。正如 C. S. 刘易斯（C. S. Lewis）的观察发现：“我们的论证就像以下这种说辞：‘如果椅子上有一只看不见的猫，那么椅子看起来是空的。而椅子看起来确实是空的，因此椅子上有一只看不见的猫。’”事后解释适用于某些历史学家和文学学者，这可以解释为什么弗洛伊德的理论在文学评论界具有如此长久不衰的影响力。但是进行科学解释就像是赌马，你必须在比赛开始前下注。

我们的梦境或者我们在罗夏墨迹测验中的投射是否提供了某种心理 X 光片，能够让我们一窥意识层面之下的世界？批评家说，是时候从弗洛伊德的释梦理论（弗洛伊德将梦称为“通往无意识的捷径”）中醒来了。弗洛伊德认为这是他最有价值的发现，但其实这是他最大的失败之一，没有证据能够证明梦境表达了人们的无意识愿望。批评家说，梦的解析真是一场噩梦。甚至弗洛伊德也承认：“有时雪茄就代表雪茄。”

罗夏墨迹测验很受人们重视，但也常常遭到非议，它的目的是揭示出潜意识的情感和冲突。研究者李 · 西科莱斯特（Lee Sechrest）和他的同事发现罗夏墨迹测验缺乏效度。这个观点得到了心理学界几乎一致的赞同（最近，另外一些专家得出的结论是，这个测验“得不到经验事实的证明”）。卡内基梅隆大学的心理学家罗宾 · 道斯（Robyn Dawes）非常直率，他说：“如果一位职业的心理学家在你处于危险状况中时对你进行‘评估’，让你做墨迹测试……那么直接离开那位心理学家的办公室吧。”

旧有的精神分析方法不能可靠地揭示出无意识心理的活动，而新的认知科学可以。首先思考一下我们分配注意力的能力。你肯定知道有意识的注意是选择性的，每次只能注意一件事。如果你对此有所怀疑，试着用右脚逆时针画圆，同时用右手反复写数字 3（假定你是右撇子）。你可以轻松地做其中任何一件事，但没法同时做。如果你受过音乐方面的训练，还可以试着用左手均匀地敲击出 3 个拍子，同时用右手敲击出 4 个拍子。除非通过练习让它们成为自动化的行为，否则为了完成这样的任务，你必须施加有意识的注意。有意识的注意一次只能注意一件事。

直觉的力量

意识使我们能够聚焦。如果时间是大自然为了避免所有事情同时发生而采取的一种方法，那么意识就是大自然为了避免人们同时想所有事情而采取的一种方法。

我们也是一点一点获得感知的。一个知觉从我们头脑中的神奇画板上被擦掉后，另一个知觉才会出现。由于有意识的注意具有选择性，因此我们在观看图形与背景可逆转的图片（见图 1-1）时，每次只能看到一种图形，直到这种知觉方式消逝，另一种知觉方式才会取而代之。

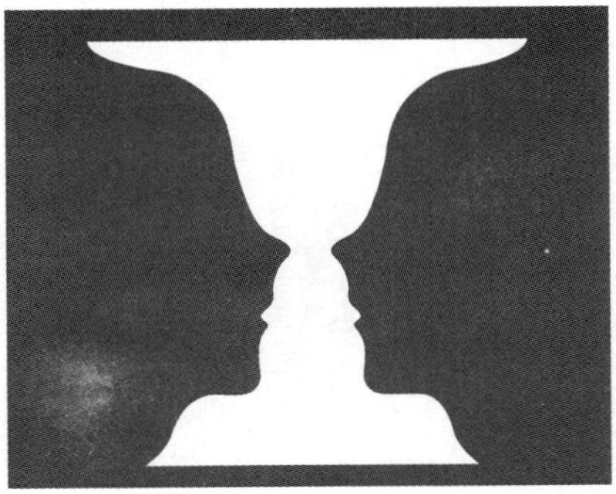

图 1-1　两可图形

与之类似，在阅读这句话时，你觉察不到屁股下面的椅子、挤压着脚的鞋子或者处于你视线上的鼻子。然而它们都在那里。在鸡尾酒会上（或者在利用耳机对两只耳朵播放不同信息的双耳分听实验中），你只能参与一个交谈，或者在两个交谈之间跳来跳去，但是如果你在关注其中的一个交谈，那么肯定听不到另一个交谈中的对话。无论你在关注什么，它都会得到你全部的注意力（这就是为什么对大多数人来说，在曼哈顿开车时最好不要打手机的原因）。

然而现在事情变得真正有趣起来，事实证明，我们能够加工未被注意的信息，或者受到它们的影响。假设在聚会的喧闹声中，有人说到了你的名字，虽然你没在注意他们的交谈，但你的注意力会立即转移过去。这就好像楼下的工人始终在盯着雷达的屏幕，注意有没有出现物体光点，即噪声中的信号。一旦出现，他们会立即提醒你的脑力 CEO。在双耳分听实验中，当侦查到会激发情绪的字眼，比如曾与遭到电击联系在一起的字眼时，楼下的工人就会发出警报。与之类似，在双眼分视实验中（两只眼睛看到不同的图像），你只能看到一个图像，但大脑中的雷达技师会对另一个图像进行初步扫描，以探测有没有重要的信息。因此就在现在，在你的意识之外，很多信息正在被加工着。

想象你自己正处于社会心理学家威廉·威尔逊（William Wilson）实施的双耳分听实验中。通过耳机你听到一只耳朵边在播放一段散文，你要对照着文稿复述出耳机中的语句。由于这项任务需要投入全部的注意力，因此你根本注意不到对着另一只耳朵播放的简单而新奇的曲调。这支曲子并非处于听力阈值之外，也就是说你能够听到它，就像你能感觉到自己穿着鞋一样，但是你完全没有去注意它。当实验者后来将这些曲调穿插在新曲调中时，你根本不记得自己曾听过这些曲调。尽管一段时间之前你亲耳听到过它们，但你无法从一组曲子中把它们挑出来。然而如果让你评价对每个曲调的喜爱程度，你会发现自己更偏爱之前听过的曲调。你的偏好透露出了有意识记忆无法回想起来的事实。

拉里·雅各比（Larry Jacoby）和他的同事做过一个巧妙的实验。他们在被试不注意的耳朵边播放一些不熟悉的名字，比如艾德里安·马尔和塞巴斯蒂安·威斯道夫，在全神贯注的耳朵边播放数字串。事后被试一般无法从一组从未听过的名字中把播放过的名字挑出来。但是他们通常认为不经意间听到过的名字更著名。通过这个实验，研究者成功地证明了无意识记忆的存在。

或者想象你正身处另一个双耳分听实验中。一只耳朵听到的是意思模棱两可的陈述，比如“我们站在河岸（银行）边”[①]。同时另一只耳朵会无意识地听到一个相关的词（河流或金钱）。这个不经意间听到的词“启动”了你对这句话的理解方式。这种启动实验展示出未被意识到的想法如何影响了其他想法或行为，启动唤醒了相关的联想。在另一个实验中，实验者要求被试做完形填空题，题目的句子中包含“老”“明智”“退休”这样的词。之后这些被试走向电梯的速度比没有受到启动的被试更慢。

在日常生活中也有与这些实验类似的情况：

独自在家看恐怖片会启动我们的思维和情绪，使我们把火炉发出的声音听成是闯入者的声音。

◇◇◇

对许多心理学系的学生来说，阅读有关心理疾病的内容会对他们如何解释自己的焦虑和抑郁情绪产生启动作用。与之类似，学习疾病的症状会启动学医的学生为自己的淤血、发烧或头疼症状感到忧心忡忡。

◇◇◇

让人们拼出“商店”（shop）这个词，然后问他们（或问你自己）：“看到绿灯时要做什么？”很多人会回答：“停(stop)。”当意识到自己被启动诱导而犯了错时，他们会不好意思地笑起来。

需要记住的教训是：尽管感知需要投入注意力，但未被注意的刺激能够在不知不觉中影响我们。另外，被植入的想法和图像能够自动地、无意识地、轻而易举地影响我们对事件的解释与回忆。

在大量新的研究中，即使被呈现的刺激是阈下刺激，也就是刺激时间非常短或强度非常低，根本感觉不到，但由此产生的启动效应依然会表现出来。看

① 这句话的英文原文是“We stood by the bank”。bank 既有银行的意思，也有河岸的意思。——译者注

不到的东西不一定不在头脑中。一个轻微得觉察不到的电击，会增加以后遭遇电击时人们感受到的强度。以难以觉察的方式闪现单词“面包”，会使人们更快地找出相关的单词，比如黄油，而不是其他无关的单词，比如瓶子或气泡。以阈下方式给人们呈现一种颜色的名称，当这种颜色出现在电脑屏幕上时，人们能够更快地识别出它。在每一种情况中，看不见的图像或文字都启动了对后一个问题的反应。

想象你正在参与南加利福尼亚大学的摩西·巴尔（Moshe Bar）和欧文·比德曼（Irving Biederman）所做的实验。如果你和他们的学生一样，那么你有七分之一的概率能够说出只呈现 47 毫秒的简单图像（比如锤子）的名称。但是如果 15 分钟后在同样的位置你再次看到这个图像，且在此之前你会看到其他一些图像，情况会怎么样呢？你能够识别出锤子的概率比三分之一还大。第二次呈现与第一次呈现结合在一起，似乎就足以唤醒大脑中的某些意识。

这种不知不觉中的影响具有惊人的多样性和隐匿性：

在一个实验中，实验者以阈下的方式对被试闪现能够引发正性情绪（比如小猫或情侣）或负性情绪（比如狼人或死尸）的画面，然后立即让被试看人物的幻灯片。尽管被试的意识只感觉到了灯光闪烁，但对于正性画面闪过之后出现的人物，他会给予更正性的评价。不知怎么的，与紧接着狼人出现的人物相比，紧接着小猫出现的人物看起来更正派，虽然被试并不知道自己看到的是狼人还是小猫。

◇◇◇

同样地，让不懂汉字的西方人进行判断，如果在汉字出现前先闪现未被觉察的笑脸，那么和闪现哭丧脸相比，他们会认为汉字似乎蕴涵着更美好的意义。

◇◇◇

在看到未被觉察的导师的哭丧脸后不久，研究生对自己研究想法的评价会更消极，就好像导师的不赞许正隐藏在无意识的思维中。

◇◇◇

如果给学生展示阈下的蜘蛛图片，然后施以电击，那些擅长猜测自己心率的学生便能够预测到即将到来的电击。尽管他们从来没有意识到自己看到了蜘蛛，但那些身体反应与蜘蛛图片达成一致的学生似乎拥有了第六感。

我们不可避免地会得出以下这个惊人的结论：有时我们凭直觉感觉到了我们不知道自己知道的事情。

阈下影响实验进一步证明无意识的信息加工是真实存在的。这些实验是否也能证明商家所宣传的阈下广告和阈下自助磁带是有效的呢？“隐藏的游说”是否能够侵入我们的头脑？研究得出的一致结论是：不能。尽管商家声称阈下信息对行为具有持久的有力影响，但实验室研究显示，它们对思维和情感的影响是短暂而微弱的。另外，实验还证明商业化的阈下磁带除了具有安慰剂效应外，没有任何其他效果。华盛顿大学的心理学家安东尼·格林沃尔德（Anthony Greenwald）对阈下启动进行过许多研究，他对自助磁带做过 16 个实验，结果一致发现，没有一种磁带有治疗效果。例如让学生们听据说能提高记忆力的阈下磁带，他们会觉得自己的记忆力好像真的提高了。但是其中一些学生其实听的是宣称能够提高自尊的阈下磁带。与之类似，以为自己拿到的是提升自尊的阈下磁带的学生，感到他们好像真的获得了预期的益处。然而治疗前与治疗后实施的测试显示，两种磁带对自尊或记忆力都没有任何效果。

正如我们将会一再看到的，这样的实验是区分幻想与现实、希冀与事实、稀奇古怪的想法与看似古怪但真实的想法的工具。谁能猜想出大脑是如何将视觉的子程序分开，然后又整合到一起的呢？“人生无限奇妙，远非人类的头脑所能想象。”夏洛克·福尔摩斯在阿瑟·柯南道尔所写的《血字的研究》（*Study in Scarlet*）中道出了真理。为了从伪装的真相中挑选出古怪但真实的观点，科学为我们提供了一种简单的做法：**检验它们**。

人类是直觉动物还是理性动物

我们已经看到，无论是在严肃的心理学中，还是在流行心理学中，直觉都是一个活跃的角色。在意识之外，我们的大脑以一种无法言说的方式加工着数量庞大的信息。在永远处于活跃状态的大脑中，许多活动流并行着，自动地发挥功能，形成内隐记忆，只是偶尔才冒出表面，表现为有意识的言语。这种无意识的加工被称为“简化思维”（thinking lite），它只需正规思维的努力的四分之一。正如玛丽皇后 2 号（Queen Mary 2）的船长需要依靠一千多名船员一样，我们也需要依靠看不见的认知仆人。没有他们，我们每天早晨起床都会成问题。让我们感谢直觉认知吧。

在 20 世纪 90 年代产生了数百个研究两种认识方式相对贡献的实验，我们只抽取其中的几个。这两种认知方式是自动的（无意识的）方式和可控的（有意识的）方式。当与人初次见面并互致问候时，当揣摩并预测他们的行为时，当甄别陌生人并将刻板印象套用在他们身上时，引导我们的在多大程度上是下意识的直觉，而不是审慎的推理？一流的研究者约翰·巴奇推测在很大程度上，“自动的、无意识的加工遍及心理生活和社会生活的各个方面”。正如伽利略“将地球从宇宙中心的特权位置上移走”一样，巴奇认为自动化思维的研究“将把意识从它的特权位置上移走”。根据他的理论，意识的目的是“将并行式的思维与序列性的世界联系起来”。巴奇认为，无意识不像有些研究者主张的那样愚笨和不理性。无意识的、直觉性的倾向发现并反映出了我们个人历史的规律性。幸亏有了这些经验的积累，网球运动员才能自动且明智地判断出为了拦截住球，他应该往哪儿跑。当大威廉姆斯猛力击球时，有意识的注意、无意识的知觉以及相互的协调天衣无缝地融合在一起，结果就形成了她近乎完美的物理直觉。

马萨诸塞大学（University of Massachusetts）的心理学家西摩·爱泼斯坦（Seymour Epstein）也区分出了两种认知方式，一种是经验性的方式，另一种是理性的方式。他认为其中一种是直觉性的、自动的、非言语的，另一种是分析性的、理性的、言语的。它们之间的其他区别是：

经验性认知

- □ 迅速——引发即时行为
- □ 情绪化——迎合令人感觉良好的事物
- □ 起中介作用的是过去经验形成的氛围
- □ 不证自明——“经历过就是真的”
- □ 泛化——有利于形成刻板印象

理性认知

- □ 缓慢——引发延迟的行为
- □ 逻辑性——基于可感知的事物
- □ 起中介作用的是有意识的评估
- □ 用逻辑和证据证明
- □ 分化——不鼓励过度泛化

爱泼斯坦和他的学生用调查问卷来评估个体的思维风格。他们让人们评价自己有多喜欢智力挑战，有多擅长逻辑分析，更喜欢理性思维还是更喜欢依赖直觉性的印象、相信预感和凭直觉行事。不过每个人都会运用这两种认知方式。有时我们不得不学会适应它们相互冲突的结果。从理性上讲，我们知道坐飞机比开车更安全，但从情感和体验上看，我们有着截然不同的感觉。从理性和审慎的角度上讲，我们知道应该用什么样的态度来对待其他种族的成员。然而正如我们将在下一章中看到的，社会直觉可能会将我们导向不同的方向。

2

人际交往依赖于社会直觉

世界上最美好的事物是看不见，甚至摸不到的，我们只能用心去感受。

海伦·凯勒

杰基·拉森（Jackie Larson）住在美国明尼苏达州的大马雷镇。2001年4月的一个早晨，她在教堂做完祷告离开时遇到了克里斯托弗·博诺（Christopher Bono）。博诺是一个干净秀气的年轻人，个子不高。他对拉森说，自己的汽车抛锚了，想搭车去和住在桑德湾的朋友会面。“我告诉他，他可以去我的店里。我可以在电话号码簿上查到他朋友的电话，他们会过来接他。”拉森后来回忆时说。

当博诺出现在拉森面前的时候，拉森感到胃部一阵疼痛。起初拉森以为他是个离家出走的孩子，但直觉告诉她有什么事情非常不对劲。拉森坚持要求在人行道上和他交谈。“我说：‘我是位母亲，我必须像母亲一样跟你说一说……从你的举止我可以知道，你有一个很好的妈妈。’”提到他妈妈的时候，博诺的眼睛紧紧盯着拉森。“我不知道我妈妈在哪儿。”他说。

交谈结束时，拉森建议博诺返回教堂，去和牧师谈一谈。她还给警察打了电话，建议他们追查博诺的汽车牌照。汽车是用博诺母亲的名字登记的，她住在伊利诺伊州的南部。警察来到博诺母亲的公寓，没有人应门。警察破门而入，发现到处都是血迹，露西娅·博诺（Lucia Bono）死在浴缸里。16 岁的克里斯托弗·博诺被判处一级谋杀罪。

杰基·拉森有一种感觉，她直觉地感到有什么不对劲。这种感觉通常来得很快。我有三十多年面试应聘者的经验，因此我知道在见到应聘者仅仅一分钟后，根据系里秘书的印象便基本可以预测出这个人是否能应聘成功了。并不只有她一个人是这样。我也有这样的经历，在见到某人并注意到他的活跃程度、说话方式和手势后，不一会儿就形成了对这个人的持久印象。

能否一眼看穿一个人

思考一下娜莉妮·安贝迪（Nalini Ambaby）和罗伯特·罗森塔尔（Robert Rosenthal）的研究，他们发现我们会迅速产生社会直觉。仅仅是某人行为的“微末片段”就能透露出很多信息。安贝迪和罗森塔尔让 13 名哈佛大学的研究生给本科生上课并进行录像。研究者从教学录像的开头、中间和结尾处各截取 10 秒钟的片段，然后让观察者观看这些片段，并对每位教师的自信程度、活跃性、热情度等特征进行评分。令人吃惊的是，基于这 30 秒教学录像做出的行为评分可以很好地预测出在学期末时学生们对这些老师的平均打分。甚至观察更短的片段，即 3 个两秒钟的片段，由此得出的评分与学生们的评价之间的相关性仍然达到了 0.72（这么高的相关系数可以解释学期末的评估中学生之间一半的变化性）。一些人瞬间形成的第一印象有效地预测了其他人持久的印象。

在各种各样的实验中，呈现微末片段的方式有看录像带节选（有声或无声），透过单向玻璃观察一个人走进房间与某人打招呼，或者仅仅观看照片。

在听到人们背诵字母表之后，观察者能够凭直觉比较准确地形成对他们的社会判断。在观察人们走路和说话 90 秒后，观察者能大致估计出其他人会怎么评价这个人。简单地看一看某人的照片，人们就能对这个人的人格特质获得某些感觉。

甚至非常细小的片段也能告诉我们一些事情。约翰·巴奇将一个物品或一个面孔的图像仅闪现 200 毫秒，然后让人们立即做出评价。“我们发现，在看了不到四分之一秒的时间后，人们便能做出或好或坏的评价。”巴奇说。在进行任何理性思维之前，我们会发现自己一眨眼的工夫就喜欢上或讨厌上了一件抽象艺术作品、一条杜宾犬或一个新邻居。

这种知觉与反应之间的联系体现了古老的生物智慧。当在森林里遇到陌生人的时候，人们必须立即做出评估：这个人是朋友还是敌人？那些能够准确看透他人的人更有可能生存下来并养育后代。这有助于解释为什么如今的人类能够瞥一眼面部表情，就知道那个人在生气、难过、害怕还是高兴。令人惊叹的是，不仅一段关系最初的 10 秒钟能够透露出很多信息，而且我们读懂非语言信号的能力是跨文化存在的，笑脸在全世界都代表快乐，而任何文化都不会用皱眉头来表达快乐。另外，当中国人尝试通过照片来猜测美国人的外向性与亲和性时，他们的判断通常相当一致而准确；美国人对中国人的照片也能做出同样的直觉性判断。快速的社会直觉中蕴含着很多对我们有用的信息。

越解释反而越糊涂

在第 1 章中，我描述了两种认知方式（无意识的和有意识的）。第一种方式是反射性的，简单而情绪化。第二种方式是反思性的，复杂而理性。有些事情我们隐隐地知道，但没有外显的记忆。平行信息加工（一部分是直觉性的，一部分是理性的）的另一个例子是弗吉尼亚大学的心理学家蒂莫西·威尔逊（Timothy Wilson）和他的同事所说的双重态度系统。威尔逊认为，控制社会行为与解释行为的心理过程是区别开的。直觉层面的态度往往引导着我们的行为，然后理性思维会对行为进行合理化。

威尔逊和他的同事通过 9 个实验发现，对人或事的态度通常能预测之后的行为。然而如果他们让被试先分析自己的情感，他们的态度就会失去预测作用。例如，约会的情侣对他们的关系是否感到满意，可以很好地预测出几个月后他们是否还会继续约会。而其他被试在评价他们对关系是否满意之前，被要求先列出他们认为这段关系好或不好的原因。这样做了之后，他们的态度就不能有效地预测出未来的关系了。仔细剖析关系这一行为显然将情侣的注意力吸引到了更容易用言语表达的因素上。对于情侣关系来说，这些因素其实没有那些无法言表的因素重要。诗人西奥多·罗特克（Theodore Roethke）写道："有时内省是一种灾祸，它使原有的困惑更加困惑。"

在后来的一项研究中，威尔逊和他的合作者让人们从两幅艺术招贴画中选一幅带回家。那些被要求先说出他们为什么做出这种选择的被试往往更喜欢幽默的招贴画（因为比较容易说出这幅画的优点）。然而几周后，与凭直觉选择了另一幅画的被试相比，他们对自己的选择更不满意。直觉性的第一印象能够透露出真相，尤其当引导行为的是感情而非理性时。

直觉层面的感受不仅能比经过分析的感受更好地预测某些行为，而且也能更好地预测出专家的评判。威尔逊和乔纳森·斯库勒（Jonathan Schooler）进行了一项研究，他们让大学生品尝各种各样的草莓酱，然后选出自己偏爱的品种。大学生们不假思索做出的选择极好地预测出了专家的评判结果。同样，在选择更喜欢的课程时，与经过理性分析后选出的偏好相比，大学生的快速选择更好地预测出了专家的评判结果。威尔逊推测，我们通常不知道自己为什么会有某种感觉。反思我们具有某种感受的原因会将我们的注意力吸引到貌似合理，但可能是错误的因素上。有时直觉主义者是对的，我们应该倾听心灵的声音。

直觉的力量

我们具有双重态度系统。自动的、隐含的态度往往不同于受到意识控制的、外显的态度。我们的偏好与偏见一部分是无意识的，一部分是有意识的。

例如从童年时起，我们可能就对某些人怀有习惯性的、无意识的恐惧或厌恶，但现在我们表达出来的却是对他们的尊敬和欣赏。尽管外显的态度会比较容易改变，但威尔逊指出:“内隐的态度就像积习一样，改变起来会缓慢得多。”

情商真的比智商更重要吗

如今的研究型心理学家也会通过区分学术智力（通过智力测验和学术态度测验来评估）与社会智力来比较理性认知和直觉性认知。社会智力使我们能够理解社会情境并设法适应社会。我们都知道有些人在高考中成绩名列前茅，但却因为缺乏社会敏感性和社会判断力而毁了前程。确实，正如西摩·爱泼斯坦和彼得拉·迈耶（Petra Meier）所指出的，如果学术态度能够表明社会能力，那么为什么聪明人“在获得幸福的婚姻、成功地养育子女以及获得更健康的心理和身体方面并不是特别卓有成效”呢?

社会智力中很重要的一个部分就是心理学家约翰·迈尔（John Mayer）和彼得·萨洛维（Peter Salovey）所说的情绪智力。情绪智力代表感知、表达、理解和管理情绪的能力。情绪智力高的人是自知的，他们努力应对生活，不会让抑郁、焦虑或愤怒绑架自己的情绪。为了追求长远的回报，他们能够延迟满足，而不是让冲动控制自己。他们的共情能力使他们能够理解他人的情绪并做出有技巧的回应。他们知道如何劝慰一个感到悲伤的朋友，知道应该在什么时候鼓励同事，知道如何管理冲突。在情绪方面，他们很机敏，因此往往比那些智商高情商低的人更有可能获得成功的事业、幸福的婚姻并成为更好的父母。特拉华大学（University of Delaware）的情绪研究者卡罗尔·伊泽德（Carroll Izard）进行过一项研究，对 5 岁儿童识别并说出面部情绪的能力进行了评估。伊泽德在研究中控制了口头表达能力和性格，即使如此他依然发现，5 岁时最能够准确分辨不同情绪的孩子在长到 9 岁时，也是能够轻松交到朋友、与老师合作并有效控制自己情绪的孩子。

迈尔、萨洛维和戴维·卡鲁索（David Caruso）在这项研究的基础上开发出了多因素情绪智力量表（Multifactor Emotional Intelligence Scale, MEIS）。这个量表既评估了整体的情绪智力，也评估了它的三个成分。

1. 情绪感知。通过各种面孔、音乐片段、图形和故事来测试人们识别情绪的能力。
2. 情绪理解。评估人们觉察到情绪如何随时间变化的能力、预测不同情绪的能力（例如：主人扔出一根棍子让狗去追，狗在追棍子的时候被车撞了。司机会产生什么情绪？狗的主人会产生什么情绪？）以及理解情绪如何组合在一起的能力（例如：乐观主义最主要是由哪两种情绪构成的？ A. 快乐与期待，B. 认可与乐趣，C. 吃惊与乐趣，D. 快乐与乐趣。答案是 A）。
3. 情绪调节。让人们评估自己或其他人在面临各种困境时会采用的各种策略。

用多因素情绪智力量表以及更新的简化版量表进行的研究显示，情绪智力作为一种真正的人类智力表现出了可靠性、一致性以及与年龄相关的发展。

在极端的情况下，大脑损伤可能会使情绪智力降低，而学术智力保持完好不变。艾奥瓦大学神经科学学家安东尼奥·达马西奥（Antonio Damosio）对两千多名大脑受损的病人进行了记录。其中一名病人叫埃利奥特，他有着正常的智力和记忆力。埃利奥特做手术摘除了大脑肿瘤，从此也失去了情绪。“我和他进行过很多次交谈，从来没有看到一丝情绪，”达马西奥说，“他没有悲伤，没有不耐烦，也没有沮丧失望。”达马西奥给他看一些令人不安的图片，比如受伤的人、被毁的社区和自然灾难，而埃利奥特面无表情，而且他也意识到自己感觉不到任何情绪。就像《星际迷航》中的斯波克（Mr. Spock），以及《星际迷航：下一代》中的生化人百科（Data）[①]一样，他知道，但感觉不到。由于缺乏情绪信号，埃利奥特的社会智力急转直下。他无法根据他人的感受来调整自己的行为，结果失去了工作。他破产了，婚姻瓦解；再次结婚，又以离婚告终。最后他只能靠领残障福利金生活，并需要依赖一位手足同胞的监护。

该不该听从身体传达的信号

对大多数人来说，情绪就在那里，我们视其为理所当然。但是“那里”是哪里呢？毫无疑问，你肯定能回想起有那么几次，在有时间进行有意识的诠释或思考之前，你便对某种情况做出了情绪化的反应。你为什么会那样做？我们如何在毫秒之间，在意识雷达侦测不到的地方，对威胁性的信息进行了加工？神经科学家是否在大脑中确定了与社会直觉、情绪直觉相关的脑区？尽管人类的能力并不只存在于某个单一的脑区中，但研究者已经找到了可以解释为什么感情有时会先于思考的神经通路。

① 《星际迷航》中的百科是冷静、毫无情感的理性的化身。他的才智和逻辑性使他具有超人的分析能力，然而他意识到自己缺失了什么。他尝试写诗，但没有激情的诗歌令人索然无味。百科的好奇心驱使他想了解恐惧、愤怒和快乐，但他创造不出这些情感。他只有认知，没有情绪。而在电影《人工智能》中，斯蒂芬·斯皮尔伯格创造了一种不同的机器人，他的程序使他能够给予爱并接受爱。

有些情绪的神经通路会绕开与思考有关的皮层区域。其中一条通路从眼睛经过丘脑（大脑中的感觉交换机），抵达杏仁核。杏仁核是大脑原始核心中的一对情绪控制中心。这条从眼睛到杏仁核的捷径绕过了大脑皮层，因此在理智介入之前，你的情绪反应就已经被引发了。

杏仁核传送到皮层的神经投射比它接收到的更多。因此大脑研究者约瑟夫·勒杜（Joseph LeDoux）和豪尔赫·阿莫尼（JorgeArmony）提出，情感劫持思维比思维管理情感更容易。当皮层对威胁做出进一步的解读后，思维才接管了控制权。在森林里，树叶的沙沙声让我们远远地跳开，让皮层有时间来确定这声音是捕食者弄出来的，还是只是风吹树叶发出来的。我们的有些情绪反应显然没有经过审慎的思考。心灵并不总受制于大脑。

杏仁核是我们的警报系统中很关键的一个部分。警报系统是社会直觉的一个方面，它使我们的祖先能够本能地逃避捕食者和灾难，并本能地知道谁是可以信赖的。达马西奥和他的同事报告称，警报系统的另一个部分是额叶中的一个区域，位于眼睛的上方。他们研究了 6 名这个区域受损的病人。脑区损伤没有对他们的一般智力造成影响，但妨碍了产生有效直觉所需的情绪记忆。达马西奥和他的同事给这 6 名病人和 10 名正常人一些假钱以及 4 副纸牌，纸牌背面朝上。被试把桌上的 100 张纸牌翻过来，希望找到能带来奖金的纸牌，避免会造成罚款的纸牌。有两副牌是“坏”牌，它们通常会给被试带来 100 美元的奖励，但有时会要求被试交出更大数额的金钱，结果总体上是会造成损失的。剩下两副牌是“好”牌，它们带来的奖励只有 50 美元，但惩罚也比较小，因此总体上是会带来盈利的。任务设计得很类似现实生活，风险和收益都是不确定的。当抽到严厉惩罚牌的时候，没有情绪的病人只表现出极小的压力反应，他们会更长时间地抽坏牌。正常被试在抽到严厉惩罚牌的时候会表现出更情绪化的反应，并在他们能够说清楚自己为什么那样做之前，就开始避免抽坏牌了。多亏情绪记忆，他们产生了预感，一种引导他们做出选择的直觉。

直觉的力量

在现实生活的很多情境中，从牌桌到董事会会议室，往往是先出现基于情绪记忆的直觉认知，有意识的推理就像马后炮。有时“一盎司直觉胜过一磅深思”①。

经典条件作用会增加预感。在巴甫洛夫的实验中，饥饿的狗在得到食物前反复听到一种声音，因此在听到这种声音时，它们的身体凭直觉预期到食物的到来并开始分泌唾液。研究者迈克尔·多米扬（Michael Domjan）在让雄鹌鹑接触雌鹌鹑之前，先打开一盏红灯，结果雄鹌鹑很快便对红灯产生了性兴奋的反应。同样地，恐惧也是通过经典条件作用进入我们的直觉的。在1995年苏格兰的邓布兰发生的杀戮事件中，16个5岁的孩子和他们的老师被枪击中了肩膀和肋部。一年后，经历过此次事件的马修·伯尼（Matthew Birnie）在看到玩具枪或听到气球爆炸的声音时还会感到恐惧。在对受过虐待的孩子和没有受过虐待的孩子进行的比较研究中，这种现象被搬进了实验室。受过虐待的孩子在看到电脑屏幕上愤怒的面孔后，因此而产生的脑电波显著更强，持续的时间也更长。

在条件作用中，与天生令人厌恶或招人喜爱的物体相似的刺激会通过联想，引发直觉性的厌恶或喜爱。一般情况下软糖是受人欢迎的食物，但把它做成令人厌恶的形状，比如类似狗屎的形状后，它就会失去吸引力。在我们看来，一个有着孩子般面部特征（圆脸，宽额头，大眼睛，小下巴）的成年人应该会像孩子一样热情、顺从而天真。在以上两个例子中，人们对某个刺激的情绪反应被直觉性地泛化到了另一个类似的刺激上。

---

① 1磅=16盎司。——译者注

无处不在的社会直觉

其他社会心理学研究进一步探索了人类的社会直觉。让我们快速地浏览一下这些研究，结束我们对社会直觉力量的探讨。

曝光效应

罗伯特·扎伊翁茨（Robert Zajonc）是最早开始做这方面实验的人。他的实验以及之后几十个类似的实验表明，熟悉能够增加喜爱程度。反复曝光能够增加我们对无意义音节、乐曲、几何图形、汉字、面孔的喜爱，甚至增加对自己名字中的字母的喜爱。理查德·莫兰（Richard Moreland）和斯科特·比奇（Scott Beach）让 4 位同样很有魅力的女性悄悄地加入有 200 名学生的班级。她们上课的次数分别为 0 次、5 次、10 次和 15 次。在课程结束后，学生们会看到每位女性的幻灯片并对她们的魅力做出评价。被评为最好看的女性的就是他们见到次数最多的那位。有个台湾年轻人对熟悉与喜爱之间的这种联系一定不会感到吃惊。他给自己的女朋友写了七百多封情书，希望她能嫁给自己，结果她嫁给了邮递员。

回想起来，这种效应中蕴含着智慧。我们的祖先发现熟悉的通常是安全的、可亲近的；不熟悉的通常是危险的。扎伊翁茨推测，进化让我们在骨子里具有了亲近熟悉的事物、警惕不熟悉的事物的倾向。然而对熟悉的事物出于直觉的偏爱也具有不利的一面。我们会凭着原始本能，无意识地对不熟悉的事物怀有偏见。

自动特质推理

在观察别人的时候，我们会禁不住地进行评判。我们会在无意间快速而自动地推断出他人的特征。在一项实验中，约翰·达利（John Darley）和佩吉特·格罗斯（Paget Gross）给普林斯顿大学的学生播放了关于四年级女孩汉娜的一段录像。录像上汉娜在参加口语测试，有些问题答对了，有些答错了。学生们在此之前分别看过汉娜的另外两段录像。在其中一半学生看的录像里，汉娜身处破败的市区。这些学生无意识地做出推断，汉娜的能力很差，有一半题会答错。在另一半学生看的录像里，汉娜身处富裕的郊区。这些学生推断汉娜具有比较强的能力，能够答对大多数题目。特质推断是在不知不觉中发生的，因为学生们都声称自己没有受到汉娜所处环境的影响。

人们还有一种特殊的倾向性。当听到某人说另一人的好话或坏话的时候，他们会将这种好的或坏的特质与说话人联系起来。林达·梅（Lynda Mae）、多纳尔·卡尔斯顿（Donal Carlston）和约翰·斯科夫龙斯基（John Skowronski）通过几项实验发现，如果我们聊别人的八卦，人们可能会无意间将这些流言蜚语与我们联系起来。说别人是笨蛋、傻瓜可能会让人们认为你也是；说别人敏感而富有同情心，那么你似乎更是如此。哪怕你只是送去坏消息的人，也会招致人们本能上的厌恶；让我们联想起一个讨厌的人的陌生人也会显得很讨厌。

道德直觉

你的道德判断和行为更多的是基于理性的洞察，还是快速的直觉？在心理学家劳伦斯·科尔伯格（Lawrece Kohlberg）和哲学家约翰·罗尔斯（John Rawls）的影响下，学术界一直支持理性模型。然而基于对双重加工系统的研究，弗吉尼亚大学的社会心理学家乔纳森·海特（Jonathan Haidt）发现，大脑做出许多道德判断的方式与做出美学判断的方式是相同的，也就是快速而无意识的方式。之后我们会对自己即时的感受进行合理化。当看到有人做出卑鄙或不人道的行为时，我们会感到直觉性的厌恶。当看到人们做出慷慨、仁慈或富于勇气的行为时，我们会产生“崇高”感，即胸口感到澎湃、温暖和炽热。我们还会受到激励，想以他们为榜样①。

在海特的研究中，一位女士回忆道，一次她载着三个人开车经过白雪覆盖的社区，有一位老妇人正在用铲子铲掉自己车道上的雪。她没有多想，而后座上的一个人让她在那里停车。“当我看到他从车上跳下来，向老妇人走去时，我意识到他要去帮她铲雪，我吃惊地张大了嘴。”这种出乎意料的善举激发了崇高感，“我真想跳下车，拥抱那个家伙。我想唱歌、想奔跑，或者蹦跳、大笑。我想诉说人性的美好……我回到家，滔滔不绝地把这件事讲给室友们听，他们都很感动。以前我只把那个人看成是普通朋友，而那一刻我对他产生了浪漫的情愫。”

海特将道德解释为一种社会直觉，他认为先产生感受，然后才出现理性。“人类的道德来自道德情绪，而趾高气扬的道德推理只是假装一切尽在掌握，真的是这样吗？”他思索着这个问题。答案是肯定的，按照他的理论，“道德判断是通过快速或感情用事的直觉做出的，然后道德推理才被触发”。道德推理的目的是说服其他人相信我们的直觉。

来自道德两难困境的研究进一步支持了道德的社会直觉说。想象一辆失控的电车正撞向 5 个人。这 5 个人肯定会被撞死，除非你扳动道岔，让电车转到另一条轨道上，那样会把另一条轨道上的 1 个人撞死。你应该扳动道岔吗？

大多数人说应该。毕竟害死 1 个人可以拯救 5 个人的生命。现在想象同样的困境，但这一次，为了救这 5 个人，你只能将 1 个陌生人推到轨道上，他会被撞死，但他的身体会让电车停下来。你还会用 1 个换 5 个吗？

---

① 详见海特所著的《象与骑象人》，中文简体字版由湛庐文化策划、浙江人民出版社出版。——编者注

尽管逻辑是相同的，但大多数人说自己不会这样做。为了探究这种现象的原因，普林斯顿大学心理学系研究生乔舒亚·格林（Joshua Greene）领导的研究团队用脑成像技术研究了人们在思考这种困境时的大脑活动。只有当面临需要把人推到轨道上的困境时，大脑中的情绪脑区才会被激活（当人们感到悲伤或恐惧时，这部分脑区是活跃的）。尽管都采用了相同的逻辑，但后一种困境中夹杂了促成道德直觉的情绪。**道德判断不仅仅是思考，也是一种直觉情感。**

情绪感染

为了感受他人的情感，你可以模仿他们的身体与面部表情。在实验中，这样的模仿激发了共情。事实上你几乎不需要去尝试。看着别人的脸和姿势，听着他们的声音，我们其实会自然而然地、无意识地模仿他们每时每刻的反应。我们会让自己的动作、姿势及声调与他们保持同步。这样做不仅有助于我们凭直觉理解他人的情感，而且会形成情绪感染。和快乐的人在一起会感到快乐，和沮丧的人在一起会感到沮丧，这一点都不奇怪。难怪在一项研究中，英国的护士和会计发现自己与工作团队之间存在着情绪联系，共同分享着高涨和低落的情绪。也难怪德斯蒙德·图图（Desmond Tutu）报告说，当南非真相与和解委员会（South Africa’s Truth and Reconciliation Commission）在听取对可怕事件的描述时，口译者感受到了更严重的创伤，因为他们要用第一人称诉说。有时他们成了受害者，有时则成了作恶者。重复受难者的话语、效仿他们的身体语言，使口译者们深受其苦。

情绪感染是无意识的。我们通常不知道，当别人表现出痛苦的时候，我们也会愁眉苦脸；当别人微笑的时候，我们也会微笑。当然，我们不是硬挤出这些表情的（有时这些表情只是非常细微的肌肉动作）。想象你正在参与约翰·巴奇和塔尼娅·沙特朗实施的一项实验。和你一起工作的人时不时会搓搓脸或抖抖脚，你是否会像真实的实验被试那样，当同伴搓脸的时候你也可能搓搓脸，当同伴抖脚的时候你也可能抖抖脚呢？如果是这样，几乎可以肯定，你是无意识地做出这些举动的。然而这样做有助于你直觉性地感受到他人的感受，也有助于其他人感觉到你的共情。无意识的模仿会让社会互动变得更顺畅。

卡尔·罗杰斯（Carl Rogers）的来访者中心疗法使情绪模仿（在此被称为主动倾听）成了一种有意图的共情方法。当来访者通过言语和非言语的方式进行表达时，咨询师重复并附和来访者说的话。因此 70% 的咨询师、心理学家和精神病医生在迈尔斯－布里格斯类型指标（Myers-Briggs Type Indicator）测试中将自己描述为"直觉型"就一点儿也不令人吃惊了。这一比例大约是普遍人群的 3 倍（普通人中有 25% 是直觉型）。

共情精确性

有些人似乎特别擅长读懂他人的想法、感受和意图。他们好像拥有《哈利·波特》中魔镜的直觉力量："我显示的不是你的脸，而是你内心的欲望。"为了研究共情精确性，威廉·伊克斯（William Ickes）和他的同事将许多两人之间的互动录了下来，有时是两个陌生人，有时是两个朋友或伴侣，有时是治疗师与来访者。然后他们让每对交谈者中的一方观看录像，在他们产生某个想法或感受的地方停下来并把这个想法或感受记录下来。然后让一名观察者（有时是交谈的另一方）观看录像，让他们猜第一个人当时想到了什么或感受到了什么。

什么能够预测读心的准确性？在洞察朋友而非陌生人的内心时，我们的直觉最准确。经历了 38 年的婚姻后，我知道如何领会妻子的眼神，如何听懂她的语调。非常了解一个人之后，你也许能看出当其他人唱《生日快乐歌》的时候，寿星凝固的笑容其实传递的是被众人瞩目时的尴尬。不过确实有些人更容易让人看懂，有些人更擅长读心（具有更高的共情精确性）。令人奇怪的是，人们认为自己多么善于读心与他们实际的读心能力如何几乎没有相关性。然而读心能力是可以习得的。伊克斯称，如果能得到反馈，人们的共情精确性会有所提高。由于社会直觉不仅对治疗师非常重要，而且对谈判者、教师、外交官、人事主管、警官、法官、销售员、父母和恋人都很重要，因此这个发现是令人鼓舞的。

识破谎言

几乎没有人能学会如何准确地识破谎言。从过去 25 年里的数百个实验中获得的结论是，绝大多数人不擅长识破谎言。我在教学展示中呈现了这种现象。受到一个巧妙的实验的启发，我邀请了 10 名志愿者各自讲一段生活经历（比如最喜欢的假期、令人吃惊的天赋、人生最早期的记忆等）。在讲故事之前，他们抽签决定谁讲真故事，谁讲假故事，其中真假各占一半。在每个人讲完自己的真实经历或胡诌一通后，学生们要猜他们说的是真话还是谎话。通常的结果是，识破谎言的概率为 50%。

然而少数人培养出了识破谎言的能力。心理学家保罗·埃克曼（Paul Ekman）和莫琳·奥沙利文（Maureen O’Sullivan）通过给大学生录像证明了这一点。他们让一些大学生观看有关大自然的电影，另一些大学生观看恐怖电影。无论学生们看的是什么影片，他们都要谈论有关大自然的电影，就好像他们看的是同一部影片。通过暴露出的人们在说谎的迹象，比如音调提高，研究者判断被试在说谎还是在说实话的准确性达到了 86%。他们还让 39 名大学生、67 名心理学家、90 位测谎仪操作人员、110 位法官以及 126 名警官来识别说谎者。这 5 组人猜测的准确率只有概率水平。而第 6 组人，即有经验的人群审查者（美国特工处的特工）的准确率超出了概率水平，达到了 64%。

在后续研究中，埃克曼的团队发现了其他 3 组更有能力识破谎言的人。他们分别让美国联邦政府法律官员（多数是中央情报局的特工）、对说谎感兴趣的临床心理学家和有经验的洛杉矶警方审讯者观看一段录像。在录像中，人们陈述对某些问题（比如死刑）的看法，或者陈述与自己真实看法相反的看法。联邦政府法律官员识破说谎者的准确率为 73%，心理学家的准确率为 68%，警方审讯者的准确率为 67%。随着经验和训练的增加，人们似乎可以像计算机一样捕捉到说谎者在感到内疚、失望和恐惧时细微的面部表情和身体语言。

为什么大多数人非常不善于识破谎言呢？埃克曼相信这是因为我们几乎得不到有关谁在骗人、谁在说实话的反馈；同时也因为我们太依赖人们的言语，对瞬间表露的关注不足。瞬间的表露其实相当于匹诺曹的鼻子。更擅长识别出瞬间面部表情的人也是能够更准确地识别出说谎者的人。值得注意的是，由于大脑受到损伤，一些病人会变得不太关注语言，因此便能够更准确地注意到面部、身体和声音中的线索，从而识破谎言。因中风导致失语的病人会更关注面部表情。在最近的一项研究中，这类病人识破谎言的准确率达到了 73%，而没有失语的人达不到这么高的准确率。正如直觉告诉我们的，大多数人似乎在社会直觉方面具有未被开发的潜力。

女人的直觉是否比男人更敏锐

1995 年 5 月 15 日，一则新闻故事让我亲身感受到我们多么容易相信谎言。不久之前，我和新时代慈善基金会（Foundation New Era Philanthropy）的创始人约翰 · 本内特（John Bennett）有过一次令人着迷的谈话。我们都效力于另一家基金会的咨询委员会。在茶歇时他跟我说，他的基金会由 7 位超级富豪提供资金。“类似于约翰 · 邓普顿和劳伦斯 · 洛克菲勒这样的人物，”他一边说一边用手指着在房间另一头的两个人，“不过不是他们。”为了促使其他人捐款，这些捐款人会匿名捐出与其他人捐款额相等的捐款。其中一些捐款人被近 400 家组织请求捐款，这些组织包括宾夕法尼亚大学、费城管弦乐团和一些基督教慈善机构，比如世界宣明会（World Vision）和福乐神学院（Fuller Theological Seminary）。机构可以将它们新筹集到的资金寄存在新时代慈善基金会 6 个月并得到双倍返还，利息便足够支付新时代慈善基金会日常的运营成本。6 个月的资金托管期过后，其他个人捐款者（其中包括前财政部长威廉·西蒙和歌手帕特·布恩）就可以把翻倍的善款捐给慈善机构了。

亲耳听到这个故事后，我为他们的崇高德行而感动。回到家后，我把这个惊人的故事讲给妻子和朋友们听，结果更令我吃惊的是，我成了被约翰·本内特的谎言欺骗的人之一。根本就没有什么匿名捐赠者。多亏大学会计的怀疑和勤劳，在吸纳了近 3.56 亿美元后，这个有史以来最大的庞氏骗局被揭穿了。

人们不禁会想，是什么导致他编造出了这个注定会露馅的谎言，使自己和家人的生活一塌糊涂（骗局金字塔中的赢家和输家同意进行合作，因此大多数钱被归还，而本内特也进了监狱）。

人们也会疑惑，为什么那么多人会被直觉误导。事后我开玩笑地说，如果他邀请我加入，我应该会起疑心的。不过我心里很清楚他本可以骗到我的。

本章开篇故事中看穿克里斯托弗·博诺谎言的是一位女性，而大多数被约翰·本内特骗的是男性（或者他只试图欺骗掌握金钱的男性），难道这只是一个巧合吗？是否像许多人认为的那样，女性的直觉确实比男性强？从我的经历来看，这个问题是被问到最多的有关直觉的问题。

性别与共情

当被问及时，女性更有可能把自己描述为富有共情能力的，能够忧他人之忧，乐他人之乐。在某种程度上，两性在共情方面的差异会延伸到行为中。女性更有可能为他人的悲痛而落泪，感同身受。共情能力上的差异有助于解释为什么无论男性还是女性，都认为自己与女性的友谊更亲密、更令人愉快、更能带来抚慰。当寻求同情与理解时，无论男性还是女性，往往都会求助于女性。

性别与情绪解读

对于两性在共情能力上差异的一种解释是，女性更擅长领会他人的情绪。朱迪丝·霍尔（Judith Hall）分析了 125 项针对非言语线索敏感性的研究，她发现女性在解读情绪信息方面通常优于男性。让被试观看一段两秒钟的无声电影短片，短片中显示的是一个烦躁不安的女性的面孔。女性能够更准确地猜出她是在批评某人还是在谈论自己的离婚。尽管男孩在 SAT 数学考试的分数上平均比女孩高 45 分（换算为 200~800 分的最终成绩后），但女孩在解读面部表情上技压男孩。在其他实验中，女性的非言语敏感性使她们在识破谎言方面独具优势。女性在识别一对男女是真正的情侣还是假装的情侣方面也胜过男性。女性还更善于分辨出照片中的两个人，哪个是另一个的上司。

女性的敏感性有助于解释无论在令人沮丧的情境中，还是在令人高兴的情境中，她们的情绪反应都会更强烈。埃里克·科茨（Erick Coats）和罗伯特·费尔德曼（Robert Feldman）报告称，这种敏感性还使女性更擅长用非言语的方式来表达情绪，尤其是积极的情绪。让女性和男性分别回忆自己感到高兴、难过和愤怒的时刻，将他们的表达录制成无声短片。给观察者观看 5 秒钟这样的短片，结果发现女性的快乐更容易被识别出来。

性别与认知方式

两性在直觉上的差异很容易被夸大。有些男性对非言语信息的敏感性和共情能力甚至超过了普通女性。不过差异确实存在，这被有些女权主义者标榜为一种女性认知方式。据说与男性相比，女性的知识往往建立在直觉和亲身经历的基础上。《怀疑探索者》（*Skeptical Inquirer*）评选出的 10 位 20 世纪最杰出的理性主义怀疑论者全都是男性，而且在这个排名中接下来的 14 位杰出的怀疑论者也全都是男性。在普罗米修斯出版社（Prometheus Books）2001 年春夏图书目录的“科学与超自然现象”部分中，有 110 位男性作者，女性作者仅有 4 人。

为了进行比较，我的助理和我查看了以直觉为主题的图书作者的性别，包括在前言中提到直觉的图书，发现 52% 的作者是女性。然后我们查看了当地巴诺书店（Barnes and Noble）中两个类别图书的作者。这两个类别中包含了 253 册新时代出版社出版的图书，其中女性作者占 37%。怀疑论似乎是男性的天下，而直觉与灵性主题的书籍作者则更多是女性。“转向柔和与安静后，直觉便会开始被激活。”彭尼·皮尔斯（Penney Peirce）在《直觉杂志》（*Intuition Magzine*）中这样解释道。她鼓励读者们“调低”男性思维。

直觉的力量

无论男性还是女性，为了得到具体有形的结果，男性思维都是必然要使用的一种意识。我们经常处于线性的、男性化的左脑思维状态中，以至于以为这才是正常的。我们忘记了同样强有力的另一种意识状态，这种状态是安静的、不慌不忙的，没有压力与紧张，它就是女性思维。女性思维不以目标为导向，它只是在观察，包括欣赏，无论注意到的是什么，它都会关注当下。

“哇！”其他学者（包括一些女性主义者）惊叹道。这种性别差异真的是与生俱来吗？或者只有处于社会从属地位的人才具有这种社会敏感性？在社会权力等级中地位较低的人（无论女性还是男性）学会了观察老板微妙的表情。当他们成为老板后，同样的这些人就不会去理会下属微妙的情绪变化了。说话的风格也体现出类似的现象：男性更有可能表现出有权势的人常会有的风格——说话很自信，打断对方，插入谈话，用手触碰对方，较多地盯着对方，较少微笑。女性的影响风格更间接，她们较少打断对方，更敏感，更礼貌，较少过分自信。因此女性是不是应该不再假装微笑，不再转移目光、容忍打断，不再留心细微的信息，而应该直视对方的眼睛、非常自信地说话并对他人的话信以为真呢？朱迪丝·霍尔认为不应该这样。她非常重视女性不那么专横的交流风格，并指出："只要人们认为女性的非言语行为是不可取的，那么另一个谎言就会永远存在下去，那就是男性行为才是正常的，女性行为偏离了正轨，需要解释才能让人理解。"

进化心理学家补充道，造成性别差异的基因及文化因素，即先天与后天的共同作用，导致女性进化出了她们的行为特点。进化压力决定了女性具有解读孩子和潜在伴侣的非言语表达的能力；而体内流动着睾酮的男性则外出打猎，供养家人。蒂法尼·格雷厄姆（Tiffany Graham）和威廉·伊克斯推测，经过世世代代之后，"这种细微但切实的两性差异变得越来越显著"，它被纳入了有关男女差别的民间智慧中。在这种基因与文化共同进化的尾声，"女性不仅被认为更有可能比男性擅长解读非言语信息，而且被期望、被假定、被隐含地认为确实是更好的非言语信息解读者"。

主张男女平等的历史学家伊夫琳·凯勒（Evelyn Fox Keller）指出，无论因为什么原因，西方传统长期以来将理性思维看成是男性特征，而直觉是女性特征。玛丽·贝伦基（Mary Belenky）和她的同事认为，女性的认知方式在获得个人知识、主观知识和听取直觉的内在声音方面具有更大的优势。她认为女性在鉴别相互矛盾的观点时不是采用具有敌意的仔细审查，而是在友好的交谈中进入对方的内心，因此女性能够了解并体会对方的思维方式。贝伦基和她的支持者或许夸大了两性之间的差异，但两性在非言语敏感性和自我报告的共情能力上的差距多少为他们的论点提供了一些支持。另外，罗斯玛丽·帕西尼（Rosemary Pacini）和西摩·爱泼斯坦发现，在用量表评估理性（例如“我喜欢智力挑战”）和经验性（例如“我喜欢依靠自己的直觉印象”）时，两性之间也存在着差异。他们报告称：“男性比女性更有可能认为自己具有理性能力，而女性比男性更有可能认为自己擅长经验性的加工。”与之类似，在迈尔斯－布里格斯测试中，10 个男性中有近 6 个的评分结果为“思维型”（运用逻辑客观地做出决策），而 4 个女性中有 3 个的评分结果为“情感型”（基于感觉主观地做出决策）。

在我即将写完这本书的时候，我的朋友玛丽·皮弗（Mary Pipher）征询我对她的新书《天涯为家处处家》（*The Middle of Everywhere*）的手稿的看法。我了解美国难民的方式可能会是收集相关研究，理解相关的调查，研究移民、就业和健康方面的数据。而玛丽的方式是深入来自东欧、非洲、美洲和亚洲的难民家庭，成为他们的朋友，表达他们的情感和经历。通过做这些难民的教学助理和辅导老师，通过一起用餐、一起参加露营并拜访移民服务中心，她理解了难民们的遭遇，对之感同身受，而且使我们也产生同感。按照贝伦基的理论，玛丽·皮弗的主要读者是女性也就不足为奇了。如果不解释或夸大两性的差异（女性也可以是对抗性的怀疑论者，男性也可以是敏感的、凭直觉行事的），那么两种认知方式或许可以相互借鉴。也许理想主义的怀疑论者应该对另一种认知方式持有开放的态度，而凭直觉做事的人或许应该加强自己的批判性思维。

两性在对待非理性认知方式的开放程度上存在着差异，我很好奇这种差异是否会表现在参与信仰活动上。我分析了从 1972 年起美国民意研究中心

（National Opinion Research Center）对四万多人进行调查的数据，发现 23% 的男性和 33% 的女性声称自己至少每周会参加一次宗教活动。我还在想，两性在怀疑精神和灵性上的差异是否在某种程度上与女性自我报告了较强的共情能力和与他人较紧密的连接有关。女性会花费较多时间照顾学龄前的孩子和年老的父母。女性购买的礼物和贺卡是男性的三倍，写的私人信件是男性的两到四倍，给家人和朋友打的长途电话比男性多 10%~20%。如果让女性提供能够表现出她们是怎样的人的照片，她们提供的照片中会有比较多父母的照片以及她们与朋友在一起的照片。**女性与男性之间的相似之处多于不同之处**。然而正是这些小小的差异令我们非常着迷，其中一个差异就是**女性似乎更具共情能力、对非言语线索更敏感并且更注重人际关系**。

3 天才的直觉是怎样炼成的

突然之间，我出乎意料地发现了这个不可思议的真相。

安德鲁·怀尔斯（Andrew Wiles）
对证明费马大定理的描述

正如迅速增加的大量证据所显示的那样，我们具有两种思维——两种认知方式、两种记忆、两个态度层面。一种位于表面之上，在我们每时每刻的意识中。另一种在表面之下，操作着“自动驾驶装置”，我们的大部分生活靠它来引导。在社会直觉中、在发展专家技能和形成富有创意的灵感时，我们看到了这些底层认知工人的工作，他们悄悄地溜进了我们的意识。通过经验我们获得了实用的直觉，它们是帮助我们解决问题的难以言表的知识，微妙而复杂。

哪些技能只可意会，不可言传

大脑会从双眼接收到同一个物品略微不同的图像。在毫秒之间，大脑分析了这些差异，推断出物体距离我们有多远。即使我们手里拿着计算器，有意识思维也很难完成这样的计算；而你的直觉已经知道了距离。

直觉的力量

我们知道的很多事情对有意识思维来说复杂到无法理解。

无意识学习

你不知道自己知道但事实上知道的事情，比你认为的更有影响力。这是从三百多个研究无意识学习的力量的实验中得出的结论（认知科学家比较喜欢称之为“非意识学习”，以免与弗洛伊德的无意识心理发生混淆）。其中一些实验是由塔尔萨大学（University of Tulsa）非意识信息加工实验室（Nonconscious Information Processing Laboratory）的帕维尔·勒维克（PawelLewicki）及其同事实施的，他们的实验得到了美国国家科学基金会（National Science Foundation）100 万美元的经费资助。勒维克的实验发现，多任务的非意识思维不只在处理着琐碎的日常事务。它在侦测复杂的信息模式方面具有惊人的能力，既迅捷又灵活。

举一个例子，你凭直觉知道“一个大的红色谷仓”和“一个红色的大谷仓”这两种表述哪种更好，而你的有意识思维会去努力想清楚分辨优劣的规则是什么。勒维克、托马斯·希尔（Thomas Hill）和玛丽亚·切泽斯卡（Maria Czyzewska）说，与之类似，识别一个物体的形状和大小、将它置于三维空间中看似非常简单，其实需要一系列复杂的几何转换和计算，大多数人都无法说清楚或理解这个过程。不要费劲儿去让象棋大师解释他们为什么会走这一步，不要问诗人他们的想法来自哪里，也不要让情侣解释他们为什么会陷入热恋。“他们所知道的只是他们就是这样做了。”

塔尔萨大学的实验发现人们的非意识学习能够预期到对意识来说太复杂、太混乱，根本注意不到的模式。在一项研究中，研究者让其中一些学生观看数字“6”在电脑屏幕上到处跳动，从一个象限跳到另一个象限。尽管它的跳动似乎完全是随机的，也就是说不存在任何意识可以发觉的规则，但事先看过这种展示的学生能够比没有看过的学生更快地在满屏幕的数字中找到下一个隐藏的“6”。虽然不知道这是怎么回事，但他们追踪数字的能力确实提高了。当数字的运动真的完全随机时，学生的表现也随之变差了。

勒维克以自己心理学系的同事们为被试重复了这项实验。这些聪明的心理学教授知道他在研究非意识学习。他们也同样能够更快地找到跳到下一个位置上的目标，而且同样不知道为什么会这样。当最初的模式被换成数字随机跳动模式后，他们的表现也变差了。教授们推测出了各种表现变差的原因（或许是因为具有威胁性的阈下信息吧）。对于表现出无意识学习的学生，勒维克甚至提出如果谁能发现其中的模式，就奖励 100 美元。有些学生花费很多时间来破解数字跳动的顺序，但没有人成功。

非意识学习虽然极其复杂，但它非常顽固，不易改变。在另一项实验中，勒维克给学生们展示了一些经过计算机变形后的面孔，有些脸被拉长了，有些被缩短了，有些是正常的（见图 3-1）。他告诉学生其中有些人是评分很公平的教授，另一些则是评分不公平的教授。凡是脸被拉长的教授都被研究者说成是不公平的教授，而脸被缩短的教授都被说成是公平的教授。然后他让学生们评价 20 张新面孔。学生们并不知道自己进行了非意识学习，他们说自己只是凭直觉做出的判断。结果，他们依然会根据脸部的比例来评判公平程度，猜测长脸的教授不公平，而短脸的教授比较公平。

直觉的力量

在现实生活中，基于有限证据形成的最初印象即使在缺乏支持性证据的情况下也会继续保持。刻板印象一旦形成，便会持续下去。

图 3-1 不同长宽比的面孔图像

在勒维克早期对华沙大学（University of Warsaw）的学生进行的一项实验中，他展示了我们能够多么快地形成非意识的联系，从而影响我们的行为。研究者给一些学生展示两位女性的照片（A 和 B），让他们评价谁更友善，结果是一半对一半。另一些学生会先和与 A 女士长得有些像的实验员进行交流，实验员热情而友好，结果 7 个学生中有 6 个认为 A 女士更友善。在接下来的研究中，实验员对其中一半被试很不友好。当被试要将自己的数据提交给两位女士中的一位时，他们会避开长得像那位实验员的女士（或许你还记得你曾出于直觉地对某个人友善或不友善，因为他让你想到了另一个人）。

专家技能

1998年，世界跳棋冠军、来自巴巴多斯的罗恩·金（Ron “Suki” King）创造了一项纪录，在3小时44分钟里同时与385名棋手下棋。他的对手通常能够从容不迫地谋划棋路，而金在每盘棋上只能用35秒钟，也就是每步棋用的时间比瞥一眼长不了多少。不过他依然努力下赢了全部385盘棋。他是如何做到的？汽车技师、内科医生和游泳教练（他们都曾经做过研究的被试）如何能瞬间诊断出问题是什么？

与新手相比，专家懂的多得多。在一项经典研究中，威廉·蔡斯（William Chase）和赫伯特·西蒙发现象棋专家与普通人不同，他们往往只需要看5秒钟就能复制出棋盘的布局。臭棋篓子一般记不住多少棋盘布局，而优秀棋手的脑子里大约有1 000个棋盘，象棋大师的脑子里则大约有50 000个棋盘。象棋大师还可能会将棋盘布局拆分为若干个组块，这些组块就是他们以前看到过的棋盘布局的集合。迅速看一眼棋盘，大师就能识别出很多布局，除非棋子完全是随机摆放的，在这种情况下，专家的记忆力会比新手稍差一些。因此象棋大师可以在5~10秒内凭直觉走出一步棋，不用花时间分析其他走法，而且棋艺不会有什么降低。在一本有关直觉力量的书《心智超越机器》（*Mind Over Machine*）中，哲学家休伯特·德赖弗斯（Hubert Dreyfus）和工程学教授斯图尔特·德赖弗斯（Stuart Dreyfus）描述了他们对一位国际象棋大师胡利奥·卡普兰（Julio Kaplan）发起的挑战。卡普兰要一边做数字加法，一边在5秒钟内走出一步棋，对手也是大师级的选手，只是棋艺稍微逊色些。“即使分析性思维完全被数字加法占用了，卡普兰在与那位大师的一系列对弈中依然稳操胜券。”就像你能认出上千张面孔一样，卡普兰也能识别出上千种棋路并做出回应。

同样地，内科医生和技师在诊断出问题时，好像在想：这让我想起了以前见过的一种症状，当时出现的是某某问题。决定诊断的不是逻辑，因为其他疾病也可能产生相同的症状。但是这种方式很迅速，而且通常是正确的。

判断得更快、具有更惊人准确性的是判断小鸡性别的专业人员。家禽养殖者以前不得不等待五六个星期，直到小鸡长出成鸡的羽毛才能分出它们的公母。禽蛋生产商只想购买和饲养小母鸡，当听说日本人发展出了神奇的能力，能够分辨刚刚孵化出来一天的小鸡的公母时，他们感到特别好奇。即使是家禽养殖者也分辨不出刚孵化出来的小鸡的雄性器官和雌性器官，但日本专家却可以一眼分辨出来。其他各地的孵化厂便派工人去给日本专家当学徒，以提高他们分辨公母的准确性。经过数月的训练和经验积累，最优秀的美国工人和澳大利亚工人几乎可以与日本专家匹敌了，每小时能够分辨 800~1 000 只小鸡的性别，准确率达到 99%。不过不要问他们是如何做到的。正如任何一位判断小鸡性别的专业人员会告诉你的，小鸡的性别差异太微妙了，无法用言语解释。

患有天才综合征的人生动地证明了阿尔伯塔大学（University of Alberta）心理学家卡罗琳·约楚克（Carolyn Yewchuk）所说的“缺陷中的卓越直觉”。尽管他们的智商达不到正常水平，但天才综合征患者能够说出任意一个已经过去的或将要来临的日期是星期几，或者能够比机械计算器更快地算出某数的平方根，或者凭记忆画出某一场景的全部细节。他们无意识地做出所有这些事情，而且解释不清楚自己是如何做的。一位十几岁的日历计算者解释说：“用我的大脑算啊。”他们不知道自己是如何知道的。

当有经验的大厨说，他们只是凭经验和直觉将原料混合在一起时，他们所说的正是近年来出现的专家行为理论。西蒙指出：“在日常语言中，我们用直觉来描述快速解决问题或找出答案的行为，对于这种行为专家也无法详细解释推理的过程或其他找出答案的过程。情境提供了一条线索，这条线索使得专家能够联系到记忆中存储的信息，而这些信息提供了答案。”尽管我们不知道他们有什么样的感觉，但判断小鸡性别的专业人员凭直觉识别出了微妙的性别标志。

专家的知识也比新手更有条理性，这样他们便能够有效地找到相关知识。新手将信息看成是孤立的散件，而专家把它们看成是一个有意义的大型模式。医学院的学生或许知道不同疾病的典型症状，但专家能够看到具有相似症状的疾病之间的联系。我们每个人都是某方面的专家，具有有条理的知识，这使得我们能够富有创造力地整合信息。

具备了有条理的知识后，专家便能够花时间来准确地定义问题了。然后他们通常既会从目标倒推到当前的状态，也会从当前的状态正推到目标。在诊断心脏问题上，心脏病学家肯定胜过外科医生和精神病学家。但他们都不太擅长挑选实习生和住院医师，因为人事选择超出了他们专家技能的范围。

在我们具有专家技能的领域中，我们都是天才。1997 年之前，加里 · 卡斯帕罗夫（Garry Kasparov）始终能够打败深蓝计算机。深蓝计算机的程序中安装了数千次经典的象棋比赛（这使它能够利用过去一个世纪里最棒的棋招），并且能够每秒钟计算两亿步棋。有人说，这就像和《牛津英语词典》玩拼字游戏。运用直觉计算和创造力，卡斯帕罗夫证明了人类思维的非凡与卓越。

隐性知识

学术智力与动机有助于解释为什么有些人能在生活和工作中取得成功。但是耶鲁大学的心理学家罗伯特 · 斯滕伯格（Robert Sternberg）指出，街头智慧——即“实践智力”同样很重要。人们常常会以隐性知识的形式获得许多直觉性专家技能和实用知识。例如管理上的成功较少取决于智商测验所测量的学术智力（只要此人的智商不低于平均分数），而更多地取决于在管理任务、他人和自己时的精明与世故。很多这样的知识是说不清道不明的，而且也无法直接传授。它们是隐性的，不是外显的。“我们知道的比我们能够说出来的更多。”从物理化学家转型为哲学家的迈克尔·波拉尼（Michael Polanyi）如是说。

通过经验，我们不知不觉地学到了隐性知识。《心灵哲学字典》（*Dictionary of Philosophy of Mind*）上写道，隐性知识通常是意识无法触及的直觉性知识。与外显知识不同，隐性知识是程序性的，不是让人们知道什么，而是告诉人们该如何做。斯滕伯格和他的助手理查德·瓦格纳（Richard Wagner）、约瑟夫·霍瓦特（Joseph Horvath）对经理、销售员、教师和军官进行研究，收集了一些不可言传的知识。例如他们开发了一种测试，通过评估某个人如何写出有效的备忘录、如何激励他人、何时授权、如何洞察他人及如何提升自己的事业来测量他们的实践管理智力。在这项测试中得分较高的管理人员与得分较低的管理人员相比，通常工资更高，绩效考评成绩也更好。

休伯特·德赖弗斯和斯图尔特·德赖弗斯注意到，基于经验的隐性知识的积累已经让日本公司获得了益处。

> 日本公司往往被认为比美国公司更善于管理。被大型公司雇佣的日本员工通常不会跳槽或被解雇，他们的职位逐渐提升。当晋升到最高管理层时，他们对公司的各个方面都已经彻底熟悉了。与之相反，美国的经理人为了加速在企业中的晋升，会频繁变换工作。当美国的经理人变换公司时，他们通常会带着什么呢？带着他们从前一家公司的工作经验中获得的专家技能。然而不幸的是，没有两家公司在人事、问题和宗旨上是完全一样的。

身体天赋

让我们做一个小练习，说“爸爸”和“大大”。你能注意到在开始发每一个音的时候，你的嘴形有什么不同吗？这很容易，对吗？那么发“爸爸”和“怕怕”之间有什么不同？你能指导别人如何发好这两个音吗？在我提出这个问题之前，你是否意识到了它们的差别？那么现在你知道它们的差别了吗？

“b”和“p”之间的不同，一部分在于微妙的时间把握（由小脑控制，小脑悬挂在大脑的后部，像一颗小菜花）。为了发出“b”的声音，在你振动声带的时候要打开嘴唇。为了发出“p”的声音，在你振动声带的十三分之一秒之前，嘴唇要突然打开。它们之间的差别极其微小，但是你凭直觉毫不费力地、想也不用想地做到了（除非中风造成小脑损伤，搞乱了你对时机的把控。在这种情况下，当你想说“胖子”时，可能会说成“棒子”，但绝对不会说成“当子”）。

或者想一想自然的微笑对你来说是多么轻而易举。我们的身体本能地知道如何微笑（提升面颊）。然而当照相时，我们可能会咧咧嘴，挤出不自然的笑容，完全不是我们跟朋友打招呼时热情而温暖的微笑。多么具有讽刺意味啊！我们每天可以轻易做很多次的事情却不是想做就能做到的，每位人像摄影师都知道这一点。

这些是直觉性身体天赋最普通的例子。正如我们将在第 7 章中看到的，运动员展现出了对物理学和数学直觉性的惊人理解。在迈克尔·乔丹投篮时，他无意识地瞬间对力量、运动、重力作用、抛物线和空气动力阻力进行了复杂的计算。他知道如何洞察其他 9 名球员的动作，凭直觉推断出应该向哪儿跑、什么时候跑以及把球传给谁。

在熟练的小提琴演奏家即兴演奏一个曲目时，他的身体和手指凭直觉知道应该如何加工并回应不断接收到的来自视觉、听觉和手指的信息。我的同事米哈伊和德博拉非常擅长演奏小提琴，他们解释说经过多年的练习，演奏者获得了某种直觉，能够设想出特定的音高，知道手指应该放在琴弦的什么位置，应该何时移动手指，使用多大的力道，弓子应该保持什么样的角度，施加多大的压力，如何移动身体以保持平衡并释放出能量。所有这些都是同时完成的，没有时间分别决定其中的每一个要素，最终表现出来的是完美的准确性（99% 也是不够好的）。小提琴演奏家的直觉很难获得。它是数千小时的练习打造而成的一种自然优雅的无意识过程。

直觉是创造力的源泉吗

皮埃尔·德·费马（Pierre de Fermat）是 17 世纪一位爱搞恶作剧的天才。他对当时的数学家提出挑战，用他的解决方案来解决各种数论问题。当数学家们破解了他的其他所有挑战后，费马提出了他最著名的挑战，被他称为“最后定理”，这就是费马大定理。这一定理写在一本书上的毕达哥拉斯方程旁边。毕达哥拉斯方程表述为 $a^2+b^2=c^2$，它具有无限多个整数解，比如 a=3，b=4，c=5，但费马说没有一个解能够满足类似的方程式：$a^n+b^n=c^n$，其中 n 代表大于 2 的任意整数。“我对这个命题有一个非凡的证明方法，但书边太狭窄，写不下了。”

三个多世纪以来，许多最伟大的数学家对这个谜题苦思不得其解，甚至在 1908 年悬赏 200 万美元（这是那笔赏金在如今的价值）的情况下也没有找到答案。像其他许多数学家一样，普林斯顿大学的数学家安德鲁·怀尔斯对这个问题思考了三十多年，他很快就要找到解答了。一天早上，令人难以置信的启示突然降临，解决了最后剩下的一点儿困惑。“那真是无法形容的美好，它既简单又精美。我不明白自己之前怎么会遗漏掉它，我难以置信地盯着它看了足足 20 分钟。然后我在系里到处溜达，时不时回到办公桌边看一看它是否还在那儿。答案还在那里。我控制不住自己了，我太兴奋了。那是我职业生涯中最重要的时刻。”

罗伯特 · 斯滕伯格和托德 · 吕巴尔（Todd Lubart）认为创造力有 5 个成分。创造力是指产生新颖而有价值的想法，怀尔斯的创造力时刻便是很好的例证。

第一个成分是专业知识和技能。路易 · 巴斯德（Louis Pasteur）说：“机会只垂青有准备的头脑。”通过积累，我们获得的观点和看法越多，以富有创意的方式组合这些基本成分的机会就越大。怀尔斯很好地掌握了基础知识，这样对他来说其他数学定理和方法就都可以信手拈来。

第二个成分是富有想象力的思维能力。在进行创造的时刻，我们会以新的方式看待事物，识别出其中的模式，建立起联系。掌握了问题的基本构成要素之后，我们会以新的方式来探究它或重新定义问题。哥白尼首先形成了有关太阳系及其行星的专业知识，然后才提出了日心说，否定了地心说。怀尔斯富有想象力的最终答案将两个重要但不完备的解答结合在了一起。

第三个成分是乐于冒险的人格。斯滕伯格和吕巴尔在他们有关创造力的作品《创意心理学》（*Defying the Crowd*）[①] 中总结了这个观点。富有创造力的人能够容忍模糊性与风险，能够持之以恒地克服障碍，寻求新的体验。发明家常常会屡败屡战，为了找到适合做灯丝的材料，爱迪生尝试了无数种物质。怀尔斯说他之所以独立于数学界探究费马问题，一部分原因是他想保持专注，避免干扰。

第四个成分是内在动机。创造力研究者特雷莎 · 阿马比尔（Teresa Amabile）和贝丝 · 亨尼西（Beth Hennessey）解释说：“当人们被兴趣、乐趣、

---

① 该书中文简体字版由湛庐文化策划、中国人民大学出版社出版。——编者注

满足以及工作本身的挑战所激励，而不是被外界压力所迫使时，他们的创造力会最丰富。”在阿马比尔的实验中，研究者让学生们创作最富创意的艺术作品，事先不告诉他们专家会评估他们的创作。在现实世界中，富有创造力的人较少关注外界的激励因素，比如最后期限、别人的催促以及赚钱的压力。他们更多关注的是工作的内在乐趣和挑战。“我被这个问题深深地迷住了，”怀尔斯回忆道，“在 8 年时间里，从早上一睁眼到晚上入睡前，我无时无刻不在思考这个问题。”

第五个成分是富有创造力的环境。新颖而有价值的观点往往是在人际交往中被激发出来的，并且会得到他人的支持和改进建议。心理学家迪安·西蒙顿（Dean Keith Simonton）对 2 026 名卓越的科学家和发明家进行了研究，他发现最杰出的天才很少会闭门造车。他们得到了其他人的指导与支持，其他人还会对他们提出挑战。很多杰出的天才具有高情商，能够有效地与同伴合作。虽然怀尔斯是相对孤单的创新者，但他也是站在前人肩膀上进行探索的，同时得到了他以前的学生理查德·泰勒（Richard Taylor）的支持。

创造力的直觉维度源于无意识的加工。怀尔斯大脑里位于下层的认知工人长时间地琢磨着费马大定理。“你必须专心致志地思考这个问题，心无旁骛。然后你不再去想它。那似乎是一段放松的时期，在此期间潜意识取而代之，新的洞见也会在这个时期产生。”约翰·凯恩斯（John Maynard Keynes）指出，牛顿的创造力也是这样产生的：“他独特的天赋在于他能够持续不断地思考一个纯脑力的问题，直到彻底洞察这个问题。我猜想他之所以卓越不凡，是因为他既有天赋，又具有最强大、最持久的直觉。”

在怀尔斯放松的时候，灵感突然冒了出来。这种现象说明顿悟很多时候来得轻而易举。阿基米德在踏进澡盆时大喊：“我知道了！”因为他突然想到同等质量的纯金皇冠会比银皇冠排出的水更少。凯库勒做梦梦到了两条缠绕在一起的蛇，这使他想到了苯环。在解释自己如何想到了诸如相对论这样的概念时，爱因斯坦说："文字和语言在我的思维过程中似乎不起任何作用。"在一项调查中，83 位诺贝尔奖获得者中有 72 位指出了直觉对于成功的作用。"有时我们觉得好像有一只手在引导我们，"1985 年诺贝尔医学奖获得者迈克尔·布朗（Michael Brown）说，"我们从这一步走到下一步，不知怎么便知道了正确的方向。我真的说不清我们是怎么知道的。"

与之类似，巴赫说音乐似乎毫不费力就会流淌出来："问题不是去寻找它们，而是在早晨起床下地的时候不要踩到它们。"毕加索说："绘画比我更强大，它让我做它想做的事情。在开始创作每幅作品时，有个人和我在一起绘画。"而美国著名喜剧片编剧拉里·吉尔巴特（Larry Gelbart）对创造力过程是这样解释的："就好像你的大脑是别人的大脑，你的身体被用作它的办公室。"

华兹华斯在《丁登寺旁》（*Lines Composed a Few Miles Above Tintern Abbey*）中写道：

> 这时，和谐的力量，
> 欣悦而深沉的力量，
> 让我们的眼睛逐渐变得安宁，
> 我们能够看清事物内在的生命。

在灵感与顿悟进入意识之前，它们真的出现在了无意识思维中吗？我们都体会过头脑无意识的工作：临睡前我们会在大脑里设定闹钟，幸亏头脑时钟在无意识的情况下不停运转，我们才能够在床边闹钟响起前的 5 分钟醒来。另外，有时候我们会一时想不起某人的名字或银行账户的个人识别码，于是转而去干其他事情，直到突然之间遗失的信息像网站弹窗一样闯入了我们的意识。这就好像无意识活动迸发出了有意识的答案。

诗人、小说家、作曲家和画家很乐意承认直觉在创作中发挥的作用。“当你停止理性思维的喋喋不休，为直觉留出空间时，你便能找回直觉。”作家安妮·拉莫特（Anne Lamott）建议道。

> 因此，尽量保持平静，静静地呼吸、聆听。眯起眼睛看着头脑中的屏幕，你会看到你要找的东西，比如故事的细节，情节的发展方向，也许不是在这一刻，但你最终会看到。如果你不再试图牢牢地控制自己的思维，你便会对这个或那个人物的细节产生直觉性的预感。停止控制很难，但你能做到。如果你故事中的人物突然从口袋里拿出吃了一半的胡萝卜，那么随他去。过后你可以问自己这个情节听起来是否真实。训练自己聆听细微的内心声音。

在对德国二年级小学生实施的实验中，罗伯特·西格勒（Robert Siegler）巧妙地证明顿悟确实会先进入无意识思维中。让孩子们算一道简单的数学题（18+24–24），他们会告诉你他们是如何解题的。年幼的孩子计算这类题目（A+B–B）需要 8 秒多钟，而凭直觉得出答案只需要不到 4 秒钟（看起来答案就是 A）。在计算了一系列这样的题目后，孩子们从计算（花费 8 秒钟或更长的时间）发展到无意识的捷径（花费不到 4 秒钟，但无法解释捷径）。在算过这样的 5 道题后，孩子们便能够说出捷径是什么了。从有意识的计算到有意识的捷径通常需要经历 4 个无意识顿悟的试次。在这些试次中，孩子运用捷径快速地解答问题，而他们在意识上却认为自己运用了加减的方法。

直觉的力量

数学家亨利·庞加莱（Henri Poincaré）说：“我们靠逻辑去证明，但是靠直觉去发现。”

Intuition

Its Powers and Perils

第二部分

直觉的陷阱

为什么说记忆不靠谱?

你真的明白自己的心思吗？

为什么人人都爱做事后诸葛亮?

人的表现到哪儿都一样吗?

你会选择朝三暮四还是朝四暮三?

……

Intuition

Its

Powers

and

Perils

4

该不该相信记忆和预期

你不了解自己的思想。

乔纳森·斯威夫特（Jonathan Swift）
《谈吐斯文》（*Polite Conversation*），1938 年

人类的头颅中塞着大约 1.36 公斤湿湿的神经组织，由此我们成了世界上最了不起的奇迹。大脑中的神经回路比地球上的电话网络还复杂，我们有意识或无意识地加工着无数信息。就在此刻，你的视觉系统正将照射到视网膜上的光分解成数百万个神经冲动，同时对这些神经冲动进行加工，然后重新组合成一个清晰而色彩丰富的图像。从感知页面上的墨迹到看到图像，再到理解意义，所有这一切都发生在一瞬间。多亏了人类的发明天赋，我们设计出了手机，培养出了干细胞，发现了原子的结构，绘制出了遗传图谱，登上了月球，造出了永不沉没的泰坦尼克号。想一想我们的 DNA 与奶牛的 DNA 有 90% 是相同的，这真的相当厉害。在生活中我们获得了直觉性的专家技能，由此大部分生活变得容易起来。难怪莎士比亚笔下的哈姆雷特会赞美我们："多么高贵的理性！……多么伟大的力量！……在智慧上多么像一个天神！"称我们为"智人"真是实至名归。

然而就像帕斯卡在300年前教导我们的，单一的真理都是不充分的，因为世界非常复杂。任何真理一旦离开了补充条件，都是片面的。我们的直觉信息也是如此。它们的加工效率令人惊叹，但也会出现可预测的错误和判断失误。我们会非常轻易地形成并坚持错误的信念。或许艾略特（T. S. Eliot）是对的，他称我们是“脑袋里塞满稻草的空心人”。智人有时候也会犯傻。

如果我们误导性的直觉能力被证明是惊人的（将在本章及后面两章中探讨），那么请记住，我们的思维通常还是具有适应性的。进化心理学家马尔蒂耶·哈兹尔顿（Martie Haselton）和戴维·巴斯（David Buss）说：“认知错误之所以存在，是因为在过去它们让人类拥有了生存和繁衍的优势。”

直觉的力量

错误的直觉往往是思维捷径的副产品，它们与我们的感知直觉同时存在。感知直觉通常是有效的，但有时会胡作非为。

正如知觉研究者研究视错觉，从而揭示出正常的知觉机制一样，其他心理学家研究其他错误的直觉，从而揭示出正常的信息加工过程。这些研究者的目的是绘制出日常社会思维的地图，并将危险之处明确地标示出来。以他们自己的方式来看，他们就像小说家，既要描写出庄严崇高，也要描写出荒唐可笑。科学、文学以及通识教育的目的都是培养人们对人类本质的欣赏与重视，同时也要阐明我们的局限性。当我们回顾过往、解释当下和预测未来时，心理图表的绘制者希望能帮助人类更聪明地思考。

为什么说记忆不靠谱

对于你想要记住的东西，比如音调、声音、歌曲、味道、气味、材质、面孔、地点和事件，你的记忆能力着实惊人。想象你观看 2 500 张人脸和地点的幻灯片，每张只能看 10 秒钟。然后你会看到其中的 280 张，每张幻灯片会与另一张你没看过的幻灯片同时呈现在你面前。如果你像拉尔夫·哈伯（Ralph Haber）实验中的被试一样，那么你能把 90% 看过的幻灯片指认出来。难怪在一次调查中，85% 的大学生会赞同“记忆可以被比作大脑中的存储箱，我们在里面存放资料，日后如果有需要再把它们提取出来”。正如 1995 年《今日心理学》（*Psychology Today*）中的广告所说：“科学已经证明，你毕生积累的经验被完好地保存在你的头脑中。”

事实上，虽然我们的记忆广受赞誉，但科学证明事实正相反。你还记得躺在海滩上晒太阳的时刻吗？告诉自己你“看到”了什么。如果你看到了自己躺在海滩上的毯子上，那么你回忆起来的场景便不是透过自己的眼睛观察到的。

直觉的力量

记忆不是存放在记忆银行中的经历复制品。与之相反，就像科学家通过恐龙骨骼的残骸复原恐龙一样，我们提取并构建了记忆。

修订生活历史

在 14 岁的时候，你对保护自然环境有多关注？在你还是个小孩子的时候，父母是否经常打你的屁股？你对男同性恋和女同性恋持有什么态度？如果你现在比 14 岁年长很多，你或许会吃惊地发现你对曾经的自己的回忆是那么不靠谱。一些研究团队让学生们回答若干问题，很多年后再让他们回忆当初对问题的回答。1962 年美国西北大学精神病学家丹尼尔·奥夫（Daniel Offer）领导的研究团队对芝加哥郊区的 73 名九年级学生进行了访谈，然后在 20 世纪 90 年代末前往 24 个州对 67 名健在者重新进行访谈。当问及最初他们对爸爸的惩罚有什么评价、有多喜欢智力活动以及对高中生发生性关系有什么看法时，这些人的回忆惊人地不准确。几乎有一半人相信他们说过高中阶段发生性行为是可以接受的，但实际上这样回答的人只占 15%。每 3 个人中只有 1 个人记得自己受过体罚，但在九年级的时候有 82% 的学生说自己受过体罚。

在几项实验中，社会心理学家同样发现，态度已经发生改变的被试会坚持声称自己始终持有这样的看法。在密歇根大学的一项研究中，研究者对全美中学高年级学生进行抽样，调查他们对少数族裔、大麻合法化以及男女平等的态度。大约 10 年后他们的态度发生了改变，但在他们的回忆中，当初的态度与现在的很类似。正如乔治 · 沃廉特（George Valliant）在追踪研究成年人的发展后所指出的："毛虫变蝴蝶太常见了，在对青春期的记忆中，他们从来不是毛虫，一直是小小的蝴蝶。长大成熟让所有人都成了骗子。"

你现在正在热恋吗？回想起来，你能在这段关系的初期找到它会发展成今天这个样子的线索吗？社会心理学家凯西 · 麦克法兰（Cathy McFarland）和迈克尔 · 罗斯（Michael Ross）让大学生对他们的稳定约会对象进行打分，并在两个月后再次打分。在那些爱情发展顺利的大学生的回忆中，他们与恋人是一见钟情；而在那些已经分手的大学生的回忆中，他们很可能错误地以为自己很早就认清了恋人的自私和坏脾气。同样地，黛安娜 · 霍姆伯格（Diane Holmberg）和约翰 · 霍姆斯（John Holmes）对新婚夫妇进行了调查，两年后再次调查。那些婚姻不幸的夫妻对过去只有糟糕的记忆，可怕的结果构成了一种螺旋式下降。霍姆伯格和霍姆斯指出："当前你对伴侣的看法越糟糕，你对他的回忆也会越糟糕，回忆只是在进一步证实你的消极态度。"

我们对刚刚过去的事情的直觉也会出错。女性在月经前两三天是否比较抑郁、紧张或暴躁易怒？很多人认为是这样，美国精神病学会（American

Psychiatric Association）甚至将严重的经前期情绪障碍纳入了疾病手册，尽管妇女委员会对此表示反对。让女性回忆自己的情绪波动时，很多人都会提出老生常谈的经前期情绪障碍。按照《大观》杂志（*Parade*）医学专栏作家的说法就是，经前期情绪障碍“折磨着大多数育龄女性”。他将这种折磨归因于雌激素降低了5-羟色胺的水平，而5-羟色胺是调节情绪的重要化学物质。但是如果问女性她们现在感觉如何，如果在明天、后天再问她们这个问题，她们会说什么？有些研究让加拿大、美国和澳大利亚的女性每天记录情绪日记。尽管很多女性回忆只是在月经前她们才感到心情不佳，但她们的日记显示在月经周期中,她们的情绪几乎没有什么波动(至少比预期中的“狂暴的荷尔蒙”和缓许多)。另外，那些声称自己患有经前期情绪障碍的女性与不认为自己有这种问题的女性相比，情绪波动情况并没有什么差别（理论引导了解释。鉴于经前期情绪障碍理论很流行，因此月经周期初期的坏脾气往往被忽视了，而后期的坏情绪则被归结为经前期情绪障碍）。

信不信由你，甚至我们对疼痛的记忆也会被扭曲。丹尼尔·卡尼曼及其同事进行了一项实验，他们让被试将一只手放入冰冷刺骨的水中并停留60秒，将另一只手放入同样冰冷刺骨的水中停留60秒，然后再在不那么令人痛苦的水中停留30秒。令人奇怪的是，当被问到愿意再次体验哪种磨炼时，69%的被试选择了时间较长的磨炼，也就是实际痛苦更多，但以较小的痛苦结束的磨炼。我们似乎存储了痛苦的快照，记录了最痛苦的时刻和痛苦结束的时刻，而忽视了痛苦的持续时间。这些快照没有用秒表记录时间。当让病人在一个月后回忆肠镜检查的痛苦时,他们的记忆同样主要集中在结束（和最难受）的时候，而不是持续的时间上。这种对痛苦的错误记忆在医学上意义明显，即最好逐渐减少痛苦，而不是突然停止。在肠镜检查中采用这种逐渐减少痛苦的做法后，虽然不舒服的时间增加了，但在病人的回忆中这种检查的痛苦反而比较小。

对积极事件的情绪记忆会随着时间的流逝变得更积极。比尔·克林顿第一次当选总统的几个月后，在民主党人的记忆中，他们体会到了比当时实际体会到的快乐更大的快乐。在考试中考出好成绩的学生日后回想起来，会感到比实际的感受更开心。在其他研究中，被试有的是进行为期三周的自行车旅行的大学生，有的是跟随导游游览奥地利的年长的成年人，有的是度假的本科生，他们当时都表示非常享受这段经历。但是日后回忆起来时，他们对这段经历变得更加充满感情，把不愉快或枯燥无趣的部分缩减到最少，牢牢记住最美好的时刻。因此旅居苏格兰的那段快乐时光现在被我理想化为无上的幸福。蚊虫和细雨渐渐被淡忘，只有美丽与宁静永驻心头。对于最积极的经历，有些快乐来自期待，有些快乐来自实际的体验，还有些快乐来自玫瑰色的追忆。旅行作家保罗·泰鲁（Paul Theroux）说：“旅行只有在追忆中才是充满魅力的。”

可疑的证据

回忆的不可靠使得医生不得不质疑病人的记忆是否能作为评价治疗效果的依据。人们很容易编造出记忆以证明自己当前的观点。如果他们认为自己病情有所好转，那么记忆中的过去与现状之间的差距很可能比真实的过去与现状之间的差距更大。克拉克大学（Clark University）的态度研究者威尔森（D. R. Wixon）和詹姆斯·莱尔德（James Laird）报告称，人们通过改变速度、大小和确定性来修订自己的历史，这种修订是惊人的。

记忆构建有助于解释一些令人困惑的发现。比如很多人参与控制体重、戒烟和锻炼的心理疗法及自助项目。一般来说这类项目只能带来极其有限的改善，然而参与者往往声称获得了显著的收益。迈克尔·康韦（Michael Conway）和迈克尔·罗斯解释了其中的原因。在自助项目上投入了那么多时间、努力和金钱后，人们可能会想：虽然现在我还不够完美，但我以前更糟，这个项目让我改善了很多。

另外，通过贬低旧有的自我，我们会相信“我比过去强多了”。大多数人认为自己比以前更有能力、更有社交技巧、更宽容、更有趣了，而且我们的改进比亲戚朋友的更大。昨天的笨蛋变成了今天的冠军。在59岁时我甚至发现自己的篮球技艺日臻成熟——我的直觉更加敏锐，我的投篮更加熟练。安妮·威尔逊（Anne Wilson）和迈克尔·罗斯发现，时间过去得越久，我们对旧自我的评价就会越低。这种对旧自我的轻蔑是有好处的。我们不必再为那个不同的、过去的我感到内疚或自责。

之所以大多数心理学家对罗伯特·斯皮策（Robert Spitzer）流传甚广的研究，即“200个被试声称他们从同性恋者变成了异性恋者”的研究持怀疑态度[①]，原因之一便是记忆的可变性。鉴于事后证据具有歧义，因此评价治疗效果的研究者目前通常会采用最强有力的工具——即对照实验来将期望与现实区分开。如果你想知道一种治疗的疗效（比如改变性取向），那么应当先评估一些志愿者（可以通过自我报告，在同性恋这个案例中，也可以通过测量身体的性反应），然后随机分配一半志愿者接受治疗，另一半作为控制组或接受其他治疗，最后在接受一段治疗后，再次评估两个小组。之前和之后的评估是可信的，但马后炮式的回忆不可信。

心境与直觉

我们对过去的感觉不仅会受到当前观点的影响，也会受到当前心境的影响。抑郁的心境会激发消极的联想，由此记忆也会变得糟糕。如果人们情绪高涨，那么他们便会透过玫瑰色的眼镜来看待过去和现在。在他们眼里，自己是

---

① 斯皮策自己承认在美国找到200个这样的人非常困难。当看到自己的研究被错误地描述后，他警告说：“我猜测绝大多数同性恋无法改变根深蒂固的性取向。”

能力出众的，别人是亲切善良的，生活是幸福美好的。

我们都经历过这种现象：激情渗透到了直觉中。心境不佳时，别人无心的一瞥在我们看来就是怒视。情绪大好时，我们会把同样的一瞥看成是他人对我们感兴趣。社会心理学家通过操纵环境研究了情绪对社会直觉的影响。他们让被试看一张男性面部的照片并告诉他们这个男人是盖世太保的头目，于是被试在他没有微笑的脸上看出了残忍。如果告诉他们这个男人是抗击纳粹的英雄，被试就会在他充满关切的眼神中看到善良。电影制作者称之为“库勒雪夫效应”（Kulechov effect），这个效应是以俄罗斯电影导演的名字来命名的。这位导演同样让观众们看到一个毫无表情的男性。如果在此之前先展示一碗热汤，那么直觉会告诉观众这个男人是忧郁的；如果先看到一个死去的女人，观众则会认为这个男人很伤心；如果先看到一个女孩在玩耍，那么他们会说这个男人好像很开心。这里的寓意是，直觉会基于假设对现实做出不同的解释。“我们看到的不是事物的真相，”犹太教典籍《塔木德》（*Talmud*）中写道，“而是我们认为的真相。”

直觉的力量

在一些研究中，抑郁者回忆，他们的父母拒人于千里之外，非常严厉苛责，令孩子感到内疚。当他们不抑郁的时候，对父母的描述会变得更加积极。这种情况也发生在青少年身上。随着心境的波动，他们对父母的评价也会出现波动。当青少年感到沮丧时，直觉告诉他们，父母是傻瓜。当心境好转时，父母又从魔鬼变成了天使。

错误信息效应

华盛顿大学的记忆研究者伊丽莎白·洛夫特斯（Elizabeth Loftus）对20 000人进行了一项著名的实验，以探究人们构建记忆的方式。在她的经典实验中，被试会见证一个事件。之后一些见证者会接收到有关事件的错误信息（比如，研究者会问他们是否看到了一个根本不存在的让行标志）。当事后测试被试的记忆时，洛夫特斯反复发现了错误信息效应。人们很容易将错误信息纳入自己的记忆中。他们把让行标志记成了停车标志，把锤子记成了改锥，把《时尚》杂志（*Vogue*）上的广告记成了出自《小姐》杂志（*Mademoiselle*），把亨德森医生记成了戴维森医生，把早餐麦片记成了鸡蛋，把没胡子的男人记成了长着小胡子的男人。

错误信息的影响非常强大，以至于人们常常很难区分对真实事件的记忆和受到暗示事件的记忆。从直觉上看，错误的记忆感觉很像真的，就像错觉也很像真的一样。有一项研究清楚地展示了这种现象。研究者让被试写下在听到挑战者号航天飞机爆炸的消息时，他们正在什么地方。三年后让这些被试回忆当时他们在哪里，结果虽然有自己亲笔写下的证据，但他们依然坚信自己错误的记忆是真实的，最初的版本肯定搞错了。一位女士清楚地记得一个学生从她的宿舍里跑出来，大叫着：“航天飞机爆炸了！”但实际上她是在和朋友吃午餐的时候听到这个消息的。

儿童也会把错误的记忆当成真实情况。在一项引发争论的研究中，康奈尔大学的研究者斯蒂芬·切奇（Stephen Ceci）、玛吉·布鲁克（Maggie Bruck）及他们的同事让孩子们从一摞卡片中抽一张，上面写着有可能发生过的事件。然后一个成年人读给他们听，比如：“努力思考，如果以下的事情在你身上发生过，请告诉我。你是否记得自己的手指被老鼠夹夹到了，为此去了医院？”每周同一位成年人都让孩子们思考几件真实的和虚构的事件，这样连续进行了10 周后，一位孩子们没有见过的成年人对他们提出了相同的问题。结果很令人吃惊：58% 的学龄前儿童根据一件或多件他们从来没有经历过的事情编造出了虚假的故事，而且通常是很生动的故事。一个男孩最初否认发生过老鼠夹事件，但让我们听一听他后来讲的故事：

> 我哥哥科林想拿走我的奥特曼玩偶，我不想让他得逞，于是他推了我一把，我倒在木头堆上，那里放着老鼠夹。我的手指被夹住了，后来爸爸、妈妈、科林和我一起开车去医院，因为医院离家很远。医生在这根手指上缠上了绷带。

对青年人的实验也得出了类似的发现。难怪洛夫特斯、切奇和布鲁克都对治疗师诱导儿童和成年人回忆性虐待经历的做法感到担忧。温迪·马尔茨（Wendy Maltz）在《性治疗之旅》（*The Sexual Healing Journey*）上建议道：“花时间想象自己受到了性虐待，就像让想象驾驭你，让直觉引导你的思维一样。”

为了研究直觉在编造谎言上具有多大的影响作用，赫特福德大学（University of Hertfordshire）的理查德·怀斯曼（Richard Wiseman）及其同事设计了 8 场降神会，每一场有 25 名好奇的被试参与。在降神会期间，灵媒（其实是专业魔术演员）让每个人把注意力集中在移动的桌子上。尽管桌子完全没有动，但灵媒暗示桌子动了：“很好，抬起桌子。保持专注，很好。让桌子停留在空中。”当两周后被问到时，34% 的被试回忆说他们确实看到了桌子飘浮在空中。

有些记忆错误是因为我们将体验归结于错误的来源。里根总统偶尔出现的“来源归因错误”说明杜撰出来的事情会如何变成记忆中的事实。在里根三次竞选总统时，他都反复讲过一个英勇牺牲的故事。在第二次世界大战中，一架战斗机被敌方战斗机的火力击中，而上面的枪手被卡住了，没法从座椅上弹射出去。他的指挥官说：“没关系，孩子，我们一起驾驶它冲下去。”泪水模糊了里根的双眼，最后他说那位英勇的指挥官在死后被授予了国会荣誉勋章。一位好奇的记者查看了 434 名勋章获得者，没有发现这样的故事。进一步挖掘后他发现，这个情节出自 1944 年的影片《飞行之翼与祈祷者》（*A Wing and a Prayer*）。

记忆就是直觉吗？它们是毫无理性分析的直接理解吗？看起来通常是这样。无论如何，我们对记忆的预感确实就是直觉，而且显然它们通常是错误的。例如在一项有关目击证人的实验中，研究者一再发现，最有信心的目击证人最有说服力，但往往也是最不准确的。无论目击者的记忆是正确的还是错误的，他们都自信满满。而这种自信往往被夸大了。最近布赖恩·伯恩斯坦（Brian Bornstein）和道格拉斯·泽卡夫兹（Douglas Zickafoose）做了一个很有代表性的实验，要求路易斯安那州立大学的学生事后回忆一位到教室参观的人。在 74% 的情况下他们都很自信，但只有 55% 的记忆是正确的。

你真的明白自己的心思吗

“了解自己。”苏格拉底告诫道。我们尝试了解自己，不断对自己、对他人解释自我。但我们对自己究竟有多了解呢？

C. S. 刘易斯认为我们非常了解自己，他说：“在整个宇宙中有且只有一件事，我们对其的了解比透过外部观察获得的了解更多。”他认为那件事就是我们自己。“可以说，我具有内部信息。”

当施加在我们身上的影响很细微时，我们可能会凭直觉剔除重要的因素，而夸大那些不重要因素的影响。在研究中，人们将自己在雨天里阴郁的心情错误地归咎于生活空虚，而将自己走过摇摆不定的吊桥时的兴奋感错误地归因于邂逅了一位大美女。在 20 世纪 60 年代的一项研究中，理查德·尼斯比特（Richard Nisbett）和斯坦利·斯坎特（Stanley Schachter）让哥伦比亚大学的学生接受强度不断增加的电击。在实施电击前，一些学生会服用一粒假药，他们被告知这种药物会导致心悸、呼吸不规律和胃里翻腾，这些都是典型的电击反应。尼斯比特和斯坎特估计服用了药物的学生会把电击反应看成是药物的作用，因此能够忍受更强的电击。他们猜对了。事实上，这种效应非常强大。服用假药的学生所承受的电击是没有服药的学生的四倍。但是当问到他们为什么能承受这么多电击时，他们压根没提服药的事儿。当被告知研究者预测到了药物的效应时，他们承认其他人可能受到了影响，但否认药物对自己有影响。“我甚至根本没想到那种药。”这是学生们的典型回答。

在此之后，社会心理学家积累了一系列我们的直觉认识不到重要因素的经典证据。

比布·拉塔内（Bibb Latané）和约翰·达利著名的旁观者不作为的研究证明，其他人的存在会抑制人们对紧急事件做出反应。如果相邻房间里的一位女士陷入了困境，如果对讲系统中的某个人突然病情发作，或者如果一群人在房间里答问卷时烟雾突然涌进了房间，那么只要有其他人在场，人们便不太会做出反应（其他人在场减轻了采取行动的责任，而他们的不作为又可能会让别人以为情况不紧急）。然而几乎每个人都否认其他人在场对自己造成了影响。“其他人可能受到了影响，但我没有。就算他们不在那里，我的反应也会是一样的。”

◇◇◇

数百项对电视、电子游戏和色情文学的研究显示，媒体对我们的敏感性、现实感以及行为都具有显著的影响。大多数人赞同媒体会对文化产生影响，但否认对他们自己具有影响。很多父母可能还记得听到自己的孩子说：“不要担心，妈妈。看这些东西不会影响我的。”这种“媒体影响其他人不影响我”的心理现象非常普遍，研究者给它起了个名字，叫“第三者效应”。我们认为其他人会受到广告、政治信息、媒体暴力和色情文学的影响，而我不会。我们不是时尚和舆论的奴隶，我们非常忠实于自己。然而研究揭穿了我们的狂妄自大，我们就是“其他人”，他们就是我们。

◇◇◇

一些相似的实验发现，破坏群体一致性的人能够缩减这种一致性的社会力量。面对其他人错误的知觉或看法，只要有一个人说出自己的信念，很多人也会这样做。事后这些人可能会心里暖暖地回想起不随大流的同盟者，但他们否认同盟者对自己产生了影响：“即使他不在，我也会做出相同的回答。”

◇◇◇

如果照片中异性的瞳孔被修得更大，人们通常会认为这个人更有性吸引力。然而那些看照片的人并不知道自己受到了瞳孔大小的影响。

这些研究以及其他研究不可避免地得出了惊人结论：**我们往往不知道自己为什么会做出某事**。正如裂脑人提醒我们的，一旦采取行为，我们便会巧妙地为自己的行为创造出理由。我们立即把不一致的地方填补起来。当影响是隐性的且非常细微时（或者当行为是由不会说话的右脑做出时），我们的直觉便会完全搞错。

还有其他很多研究证明了被我们称为“你不了解自己内心的效应”（这与本章开篇乔纳森·斯威夫特的话很相似），这些研究发人深省。在有些研究中，被试被要求每天记录自己的心情、天气、星期几、睡眠时间等，持续记录数周，最后他们要判断每个因素对自己的情绪有多大影响。值得注意的是，他们凭直觉估计的某个因素对每天情绪将会产生的影响与因素实际造成的影响之间并不存在什么关系。在判断是什么决定了我们的情绪时，人们的准确性和判断血压差不多。在一项研究中，研究者问高血压病人：“人们能判断出自己血压升高了吗？”80% 的人给出了从医学角度看正确的回答：“不能。”但是当问他们能否凭直觉判断自己的血压时——“那么你呢？你能判断出自己血压升高了吗？”88% 的人回答：“能。”

你能准确预测自己的情绪吗

生活中很多重大的决策需要我们凭直觉预测出未来的感受。和这个人结婚是会白头偕老，还是会不欢而散？从事这项职业是会带来持久的满足感，还是会耗尽心力？这次度假将留下美好的还是令人失望的记忆？

有时我们的直觉非常准确，正中要害。我们知道如果这次考试不及格，如果赢得了这场比赛，如果慢跑 5 公里来放松情绪，自己将会有什么感觉。我们知道什么样的情况是令人欣喜若狂的，什么样的情况会激起愤怒或让人感到无聊。不知谁说过这样一句俏皮话："天堂就是住着美国房子，吃着中餐，开着德国车，看着法国艺术品。而地狱就是住着日本房子，吃着英国菜，开着法国车，看着德国艺术品。"

然而我们的直觉常常会对情绪的强度和持续时间做出错误的预测。在最近的研究中，人们错误地预测了失恋、落选、赢得比赛和被侮辱之后情绪的持续时间。为了介绍这种"持续时间偏差"，哈佛大学心理学家丹尼尔·吉尔伯特（Daniel Gilbert）和他的同事让我们想象，一天早晨电话铃响起，居然是瑞典国王打来的，他用流利的英语通知你，你被选为今年的诺贝尔奖获得者。真是一个天大的惊喜！你会有什么感觉？这种感觉会持续多久？你是否认为你的情绪会猛然高涨并持续很久？现在想象电话是学院院长打来的，他很遗憾地通知你校董事会解散了你所在的系，撤销了你的职位，你的书被收在一个小纸箱里，扔在走廊上。你会有怎样的感受？这种感受会持续多久？吉尔伯特和他的同事说，大多数人都面临过这种人事灾难，并以为情绪上的创伤会持续很久。

这种估计往往是错误的。吉尔伯特、蒂莫西·威尔逊、乔治·勒文施泰因（George Loewenstein）和戴维·施卡德（David Schkade）提供了一些例证：

年轻男性如果先看了色情图片，然后在充满情欲的环境中约会，当约会对象让他们停止侵犯时，很多人承认他们不会停下来。然而如果事先不看色情图片，他们通常否认会进行性侵犯。在事先没有唤起性欲的情况下，人们很容易错误地估计自己在激情时刻的感受和行为。这种现象会导致人们将情欲误以为是爱情，这会造成意外怀孕，还会导致性虐待者反复施虐，虽然他们曾经发誓“再也不这么做了”。

◇◇◇

妇产科医生都知道，有些产妇在分娩前表示自己不喜欢无痛分娩，但在分娩期间会改变主意。我们对疼痛强度和快乐程度的错误预测会绑架我们的意愿。正如乔治·麦克唐纳（George Macdonald）在1886年所写：“感受出现时，好像永远不会离去。当它消失时，好像从来就没有存在过。当它再次出现时，又好像从来就没有消失过。”

◇◇◇

与吃饱了再购物相比，人们饿着肚子购物时会更冲动。在吃饱后，人们会错误地以为被炸酥的甜甜圈非常油腻。在饥饿时，人们会错误地想象晚上吃甜甜圈配一杯牛奶会多么美味。

◇◇◇

人们同样错误估计了自己对多样性的偏爱。如果让人们提前几周选择每周的零食，他们会选各种各样的零食。然而如果让他们一周一周地选，他们通常会选择自己最喜欢的零食（一边读着这项研究，一边蜷缩在酒店里品味着我吃了无数次的草莓松饼，我不好意思地笑了）。

◇◇◇

7个偶尔抽烟的人中只有一个人预测5年后自己还会抽烟（所谓偶尔就是每天抽不到一根烟）。甚至大多数抽了20年烟或尝试了十多次戒烟的人也认为第二年自己就能成功戒烟。不过他们低估了尼古丁上瘾的力量。

◇◇◇

在各种各样的研究中，人们过高估计了温暖的冬天、搬家、踢赢足球赛、增加或减轻体重、更多的电视频道或额外的自由时间对幸福感的影响。即使极端的事件，比如彩票中了大奖或身体瘫痪，对长期幸福感的影响也不像大多数人以为的那么大。最近我和我以前的一名学生克里斯聊天，他患有严重的大脑性瘫痪，不能自己吃饭，不能照顾自己，甚至走不了几步路。他用左脚操作一台电脑，通过这台电脑跟我说，像其他人一样，他也会悲伤也会狂怒。他在家人和信念的支撑下，已经适应了残疾带来的挑战。从克里斯的言谈中我感到他有着正常的快乐。“我妈妈说我始终是个快乐的人。”他补充道。他没有否认残疾带来的困难，但我知道人类具有适应能力，这让我感到安慰。我们应该承认人类的复原力，但不应该以为残疾、离婚或死亡的长期结果是无足轻重的。

我们的直觉似乎是：我们想要，我们得到了，我们快乐。如果真是这样，那么这章可以短很多。吉尔伯特和威尔逊说，在现实生活中我们常常会误解自己的欲望。人们想象在田园牧歌式的荒岛上度假会非常惬意，那里有阳光，有沙滩，能冲浪，但是当发现日常的生活习惯、智力刺激或常常能吃到水果蛋挞对自己有多么重要后，他们便会对荒岛度假感到失望。我们以为如果我们的候选人或团队取得了胜利，我们会开心很长时间。然而许多研究显示，好消息带来的高涨情绪会比我们以为的消失得更快。随着注意力的转移，在几个小时、几天或几周后（取决于好事或坏事的程度），感受会逐渐消退，我们的情绪又会根据新的现实发生起起伏伏。

阿列克谢·渥伦斯基伯爵在赢得了他心仪的美丽而高贵的安娜·卡列尼娜后，也体验到了这种情绪的变化。吉尔伯特引用托尔斯泰的话说：“尽管渥伦斯基渴望已久的事情终于实现了，但他并没有获得永久的快乐。很快他就觉得如愿以偿跟他所期望的快乐相比只是沧海一粟。这件事证明了男人永远都会犯的错误：以为满足了欲望就能获得想象中的快乐。”

在发生了消极的事件后，我们尤其会误以为自己的情绪将持续低落。让接受艾滋病检测的人们预测 5 周后得到结果时的感受，他们估计坏消息会让自己痛不欲生，好消息则会让自己欣喜若狂。然而5周后，得到坏消息的人并没有像他们估计的那样悲痛欲绝，得到好消息的人同样也没有像估计的那样兴高采烈。吉尔伯特和他的同事让一些副教授预测几年后他们是否获得终身教职会对自己的幸福感有什么影响。大多数人相信好结果对他们未来的幸福感非常重要："失去工作会粉碎我的抱负，那太糟糕了。"然而几年后再问他们的感受时，那些没有获得终身教职的人和已经获得的人在幸福感上没有什么分别。

让我们来亲身感受一下。吉尔伯特和威尔逊让我们想象假如自己失去了左手（假设我们是右撇子），一年后会怎样。与现在相比，你的幸福感会有什么变化？

在思考这些问题的时候，你的注意力可能会集中在这个不幸意味着什么上：你不能鼓掌，不能系鞋带，不能参加篮球比赛，不能快速地打字。尽管你可能一直会对失去左手感到很遗憾，但不幸的事件过去一段时间后，你的幸福感一般会受到两个因素的影响，一个是这次事件，另一个是其他事情。如果将焦点聚集在这个不幸的事件上，我们便低估了生活中其他事情的重要性，因此会以为痛苦将持续很长时间。研究者戴维·施卡德和丹尼尔·卡尼曼一致认为："你关注的任何事情都不会像你以为的那么重要。"

直觉的力量

人们往往忽视了"心理免疫系统"的力量和作用速度。我们的心理免疫系统中包括合理化、贬低、宽恕和限制创伤等策略。由于存在着这个被忽视了的情绪恢复系统，我们能够比自己所认为的更好地适应残疾、失恋、考试不及格、得不到终身教职以及个人与团队的失败。

《诗篇》中说："哭泣可能会逗留一夜，但早晨快乐又会降临。"

你能准确预测自己的行为吗

如果社区里某人给你打电话，希望你花 3 个小时志愿为美国癌症协会的活动服务，你会有什么反应？在一项很有启发性的研究中，社会心理学家斯蒂芬·舍曼（Steven Sherman）对美国印第安纳州布卢明顿的居民进行抽样，做了这个实验，让被试预测自己会有怎样的反应。由于认为自己是乐观助人的人，一半被试预测自己会答应提供帮助。与此同时，舍曼打电话给这个社区中另一个同质的样本人群，请他们抽时间做志愿者，只有 4% 的人同意这样做。

现在想象你来到心理学实验室参加实验，研究者引导你来到已经有 3 个人的桌子边。你们小组得到一张清单，上面列着不同职业的 15 名男士和 15 名女士。你们必须协商决定其中哪 12 个人最适合在荒岛上生存。在讨论期间，一位男性小组成员发表了三段具有性别歧视意味的评论。有人提名运动员或训练员，对此这位男士的回应是："是呀，我们确实需要让女士们保持身材。"当轮到他提名时，他沉思着说："让我想想，或许厨师更适合在荒岛上生存。不，不需要，任何一位女士都会做饭。"后来他提名一位女性音乐家并说："我认为在岛上我们需要更多的女人，以满足男人的欲望。"

听到这些带有性别歧视意味的言谈，你会怎么做？你会什么都不说，先看看其他人的反应吗？或者你会指出他言语不当吗？当珍妮特·斯威姆（Janet Swim）和劳里·海尔斯（LauriHyers）向宾夕法尼亚州立大学的学生提出这些问题时，只有 5% 的学生预测自己不会做出反应，48% 的学生说他们会指出那位男士的言语不妥。然而当研究者让类似的学生面对这种情境时，他们实际上是如何反应的呢？ 55%（而不是 5%）的学生什么也没说，16%（而不是 48%）的学生批评了那位男士（他其实是研究者的同谋），其余人主要是提问题或开玩笑。

正如这个实验说明的，我们对自己未来行为的直觉很容易出错。如果问被试他们是否会服从命令对运气不佳的“学习者”施以高强度的电击，每个人都会对斯坦利·米尔格拉姆（Stanley Milgram）说“我不会”。但是当米尔格拉姆将类似的人们置于真实的社会压力下时，65% 的被试服从了命令。这是他最著名的社会心理学实验[①]。

预测日常行为

这些巧妙的实验模拟了真实生活中的经历，但它们不是真实的生活。我们对未来日常生活的直觉也会发生类似的错误吗？为了探究这个问题，悉尼·施洛格（Sidney Shrauger）让大学生预测在未来两个月中经历几十种不同事件的可能性（比如开始谈恋爱、生病等）。令人吃惊的是，学生们的自我预测并不比根据人们普遍经历得出的预测更准确。

事实上，尼古拉斯·埃普利（Nicholas Epley）和戴维·邓宁（David Dunning）说，有时让人们预测其他人的行为，比让他们预测自己的行为准确度更高。在康奈尔大学一年一度的“水仙花日”（Daffodil Days）慈善活动开始之前的 5 周，研究者让学生们预测他们是否会购买至少一株水仙花作为慈善捐款，同时也让他们预测其他会这样做的同学的比例。超过五分之四的学生预计自己会买水仙花，但实际上仅有 43% 的同学这样做了。这个比例接近他们对其他人的预测，即 56%。在实验中玩一种赢钱的游戏，84% 的被试预计自己会与他人合作，共同获利，但其实只有 61% 的被试这样做了。这一比例再一次接近他们对别人合作性的预测，即 64%。在进一步的对捐助和志愿服务的研究中，学生们组成的小组同样高估了自己的行为，他们的行为其实非常接

① 米尔格拉姆是 20 世纪最杰出的心理学家之一，他的服从实验震惊了世界，深刻地改变了我们思考人性的方式。《电醒人心》是他的唯一一部人生传记，细密梳理了其研究成果，展示其与众不同的内心世界。该书中文简体字版由湛庐文化策划、中国人民大学出版社出版。——编者注

近他们对别人的预测。在每一项研究中，学生们都以为自己的道德关怀会压倒个人利益，但他们错了。如果老子的话“知人者智，自知者明”是对的，那么大多数人似乎比较有智慧，但不够通达。

对于消极的行为，比如当一个人有可能哭闹或撒谎时，自我预测会比妈妈或朋友做出的预测更准确。不过对于你的行为，我们最可以肯定的事情是，即使是你自己也常常很难做出预测。“在想法与现实之间，在意向与行动之间，总有一道阴影。”**因此预测你自己的行为时，最好的建议是，想一想过去在类似的情况下你采取了什么行为。**

虚幻的乐观主义

杰克逊·布朗（H. Jackson Brown）指出:“乐观主义者每天早上会走到窗前说:‘早上好，上帝。’而悲观者会走到窗前说:‘上帝呀，早晨了。’”乐观精神会带来诸多益处。由于一开始看不到自己能力的局限性，我们尝试了许多新的冒险。与充满无助感的悲观主义者相比，乐观主义者不仅更成功，而且更健康、更幸福。

然而我们很多人具有罗格斯大学（Rutgers University）的心理学家尼尔·温斯坦（Neil Weinstein）所说的“对未来生活不现实的乐观精神”。例如大学生认为自己比其他同学更有可能找到好工作、获得高薪并拥有幸福的家庭，而不太可能经历消极事件，比如开始酗酒、40 岁之前犯心脏病或者被解雇（这是一节很棒的示范课。如果班上每位同学都认为自己比其他同学更有可能福气多多，灾祸少少，那么至少有一半人的直觉肯定是错的）。

虚幻的乐观精神会对健康产生影响。大多数吸烟者认为自己比其他吸烟者更不容易受到烟草的伤害。在苏格兰和美国，大多数青年说他们比同伴更不容易感染艾滋病毒。做爱时不坚持采用避孕措施的大学女生认为与其他女生相比，她们更不容易意外怀孕。在经历了 1989 年的地震后，旧金山湾区的学生失去了乐观精神，不再认为自己比其他同学更不容易在灾难中受伤，不过 3 个月后，他们虚幻的乐观主义又恢复了。

由于相信自己比别人更不容易遭遇不幸，我们可能会松开安全带、没有顾虑地抽烟或发生不健康的性行为。在买衣服的时候，很多人喜欢买刚刚能穿进去的衣服（“等我减掉几斤的时候，它们会非常合身”）；没人预计自己会长胖（“大多数我这个年龄的人都开始发福了，所以我最好留出长胖的空间”）。就像骄傲使人失败一样，盲目乐观也会导致失败。

出于虚幻的乐观精神，很多人对自己的恋情心满意足。约会中的情侣会透过玫瑰色的眼镜看未来。由于注意力完全聚焦在当前积极的关系上，恋人们往往相信他们会永远相爱。通过对滑铁卢大学的学生进行的研究，塔拉·麦克唐纳（Tara MacDonald）和迈克尔·罗斯说，情侣们的朋友和父母通常能更好地看清状况。父母和室友不太乐观的预测被证明比学生本人的直觉更准确，很多父母看到自己的孩子不听任何建议，信心满满地陷入注定不会幸福的恋情中，只好点头同意。在一项调查中，137 名领结婚证的新人准确地预测出有一半婚姻将以离婚告终，但大多数人认为自己离婚的可能性为零。

尽管乐观主义有助于提升自信和幸福感，但少许的现实主义，或者朱莉·诺勒姆（Julie Norem）所说的“防御性悲观”能使我们避免盲目乐观可能带来的危险。自我怀疑会激励学生们努力。大多数学生（尤其那些注定分数会很低的学生）对未来的考试表现得过于乐观，而过于自信的学生很可能准备不足。比较焦虑但能力并不差的学生担心自己会考砸，因此学习非常努力，结果取得了更高的分数。我们需要记住的是，校内以及校外的成功既需要足够的乐观主义以维持希望，也需要足够的现实主义以激励勤奋。

因此，尽管我们具有骄人的无意识思考能力、社会直觉能力以及直觉性的专家技能和创造力，但有时直觉会误导我们，使我们产生错误的感知，误解了自己的改变程度，误解了影响因素，对未来的感受和行为产生错误的预测。“有三件事特别困难[①]，”本杰明·富兰克林说，“钢、钻石和了解自己。”

正因为如此，我们非常需要心理学。如果本章介绍的研究者依赖于人类的直觉，那么他们永远也不会做出有关记忆、情绪、错误信息、被误导的自我预测及乐观主义的惊人发现。主观的个人报告是具有启发性的，但往往不是很有说服力，有时具有很强的误导性。人们对过去行为的解释和对未来行为的猜测有时是错误的。认识到我们在自我知识上的局限性后，我们便能够做到不轻信，还能促使我们进行批判性的思考，检视我们或他人的直觉与事实相违背的地方，用理解替代错误的信念。

① 这里是一语双关，英文 hard 既有坚硬的意思，也有困难的意思。——译者注

5 该不该相信对自己的评价

没有什么事情比不欺骗自己更困难。

路德维希·维特根斯坦（Ludwig Wittgenstein）

在我们的世界中心，对我们来说最关键的，就是我们自己。无论我们做什么，感知什么，认识到什么，遇到什么人，都会经过自我的过滤。对于与我们有关的事情，我们总会记得很清楚。当被问及某些词（比如开朗）是否适合描述自己时，我们对这些词的记忆会比被问及它们是否适合描述他人时更牢固。如果让我们将自己与短篇故事中的人物进行比较，我们会更好地记住这个人物。与某人交谈过了两天后，我们记得最清楚的是他们说了我们什么。因此，记忆总是围绕着我们的主要兴趣，即我们自己。

从我们以自我为焦点的视角看，我们还会自以为很引人注目。我们常常认为自己是某个事件中的重要人物，但其实只是个小角色。我们还会以为自己处在舞台的中心，凭直觉感到很多人在关注我们。

托马斯·吉洛维奇（Thomas Gilovich）、维多利亚·麦维琪（Victoria

Medvec）和肯尼思·萨维茨基（Kenneth Savitsky）研究了这种“聚光灯效应”。他们让一位康奈尔大学的学生在和其他学生一起走进房间之前，穿上令人尴尬的巴瑞·曼尼洛[①] T 恤衫。穿着 T 恤衫的学生猜测会有近一半的同伴注意到这件衣服，但实际上只有 23% 的人注意到了。注意到我们老土的衣服和糟糕发型的人不像我们以为的那么多，对于我们的情绪，比如焦虑、烦躁、厌恶，以及我们的谎言或魅力，结果也是如此。我们以为自己的情绪昭然若揭，但其实是晦涩难懂的。我们的社交错误以及在公开场合出现的心理错误同样不会被很多人注意到。当我们为自己的行为懊悔痛苦之际，其他人可能根本没发觉或者很快就忘记了。无论是好还是不好，其他人并不像我们自己那样关注我们。

直觉的力量

当我们评价自己的知识和能力时，直觉也常常会出错。这个问题在以下三种现象中最明显：后视偏差、自利偏差和过度自信偏差。

为了说明这些现象，你可以让某个人（或你自己）凭直觉回答以下问题：

1. 想象某人告诉你：“社会心理学家已经发现无论是交友还是恋爱，我们对性格与自己不同的人最有吸引力。就像老话说的：‘异性相吸。’”为什么会这样？你有其他的看法吗？你认为这个发现令人吃惊还是很平常？
2. 你猜自己能活到多少岁？
3. 与其他司机相比，你认为自己的驾驶技术怎么样？老实说，你觉得自己的字写得怎么样？你的弹跳能力如何？你的社交技巧怎么样？
4. 让我们也来进行《百万富翁》（*Who Wants to Be a Millionaire*）节目的问答。你或许对问题的答案不确定，但直觉也许能帮上忙。巴拿马运河和苏

① 巴瑞·曼尼洛（Barry Manilow）是美国创作歌手、音乐家、编曲家、唱片制作人、指挥家。尽管他经常受到评论家和喜剧演员的讥讽批评，还被滚石乐队起了个绰号“我们时代玩杂耍的”，但他在乐迷心中的地位却无可匹敌。在乐坛纵横三十余年的巴瑞·曼尼洛 1977 年获得特别托尼奖，还多次捧得格莱美奖和艾美奖，也曾获得 1995 年金酸莓的最差原创歌曲奖。——译者注

伊士运河哪条更长？你对自己的答案有多大信心（在一半一半与 100% 之间）？另一个问题是，在美国，死于自杀的人多还是死于他杀的人多？同样，你对自己的答案有多大信心？最后一个问题，目前很多人主张应该用核能来解决全球变暖和能源危机的问题。在世纪之交，全世界有多少座核电站在运作？告诉我一个你凭直觉认为八九不离十的范围。

后视偏差：事后诸葛亮

在读这本书的时候，你是否有时会有自己好像一直都知道书中内容的感觉？你很可能会有这样的感觉。你用一生的时间在观察人，因此肯定会对心理学家通过观察和实验获得的发现有点认识。正如约吉·贝拉（Yogi Berra）曾经说过的："看得多了就会有所发现。"这么说心理学家只是将业余心理学家已经知道的事情进行形式化吗？

《大西洋月刊》（*The Atlantic*）主编卡伦·墨菲（Cullen Murphy）曾经这样认为："社会学家日复一日地探究世界。他们日复一日地发现人们的行为与他们预期的差不多。"他认为社会学和心理学经常只是发现了非常明显的事实，或者只是证实了老生常谈。然而直觉性常识存在一个问题，那就是我们通常在知道了这些事实后才会援引它们。保罗·斯洛维克（Paul Slovic）、巴鲁克·菲施霍夫（Baruch Fischhoff）及其他研究者的实验证明，事后回想起来，事件会变得显而易见，而且是可预测的。在人们听说了一项实验的结果后，结果会突然变得不那么惊人了。箭射出后再画靶心看起来是多么容易呀！

在日常生活中，事情发生之前我们往往不会想到它会发生。然而事后我们看出了导致事件发生的力量，并认为它是不可避免的。正如华生对福尔摩斯说的："一旦得到解释，任何事情看起来都很稀松平常。"选举结束后，空头政治家很容易解释结果。“戈尔之所以失败，是因为他没有利用经济腾飞，在第一次辩论中表现得太傲慢，在第二次辩论中表现得太怯懦。”如果允许佛罗里达州额外的一些非裔美国人投票，那么时事评论员现在就会在解释戈尔的胜利如何势在必得了。如果股市下跌，那是因为股市在调整。尽管回想起来历史似乎是一系列不可避免的事件，但人们很少能预测出未来。没有人的日记会写着：“今天，历时百年的战争开始了。”正如克尔凯郭尔（Kierkegaard）所说：“生活在向前过，但理解要通过反思。”

如果这种“早就知道”的现象（也就是后视偏差）很普遍，你或许会突然觉得自己早已经知道这种现象了。确实，几乎任何一个能想得到的心理学结论看起来都像是常识，当然这是在你知道这些结论之后。你是不是觉得“异性相吸”的观点太老套了？当我提出这个问题的时候，几乎所有人都认为是这样。不过等一等，如果给出相反的结论：社会心理学家发现，无论交友还是恋爱，我们最容易被性格与我们相似的人吸引，正如老话所说，“物以类聚，人以群分”，人们也会有类似的反应。在解释完这个结论后，每个人都会觉得这一点儿都不令人吃惊呀（事实上这些人是对的，相似性能够产生满意。可能除了虐待狂喜欢和受虐狂在一起之外，通常都是相似的人聚集在一起。聪明人找聪明人，富人找富人，新教徒找新教徒，高个儿找高个儿，漂亮的人找漂亮的人，快乐的人找快乐的人，具有类似态度、价值观和人格的人会聚集在一起）。

确实，我们可以引用很多谚语来解释很多结论。如果我们发现分离能增强恋情，那么当然，因为俗话说得好，“小别胜新婚”。如果分离减弱了相互之间的吸引，那么张三或李四仍会翻着眼睛说：“我奶奶会告诉你，‘眼不见心不想’。”正如哲学家艾尔弗雷德·怀特海曾经说过的：“所有重要的观点都已经被说过了。”马克·吐温也有类似的看法，他开玩笑说亚当是唯一一个在说出一个好观点时，确定地知道之前没有人说过这个观点的人。任何一个往往被认为是正确的观点，比如“人多误事”或“三个臭皮匠，赛过诸葛亮”，比如“笔端千钧力，刀枪也难敌”或“事实胜于雄辩”，再比如“你不能教会一条老狗新把戏”或者“活到老，学到老”，总有人已经预见到了“显而易见”的结论。

在让莱斯特大学（University of Leicester）的学生评价真实的谚语和编造出来的与谚语相反的观点时，卡尔·泰根（Karl Teigen）一定会忍不住咯咯地笑出来。在给出编造的谚语“恐惧比爱更强大”时，大多数学生认为它很对。与之类似，真正的谚语“泥菩萨过河，自身难保”得到了很高的评价，但相反的观点“难兄可以拉一把难弟”也得到了学生们的认可。我最喜欢的是两个获得最高评价的谚语，真正的谚语是“智者作谚语，愚者守陈规”，编造出来的对应谚语是“愚者制造谚语，智者吸取教训”。

有关后视偏差的实验证明，一旦我们知道了结果，我们的思维便再也不能恢复到以前的状态了。这很像看詹姆斯（R. C. James）拍摄的经典照片——斑点狗（图 5-1）。你能看到它在照片中间用鼻子嗅地面吗？一旦你看出来了，这种认知便在某种程度上控制了你的解释。你很难回到看出狗之前的状态了。

我们无法剔除现有的知识来看世界，这被称为“知识的诅咒”。教师、技术开发者和作者常常错误地假定他们清楚的事情，别人也会清楚。他们知道别人缺乏自己所具有的专业知识，但低估了自己的解释和指导令人困惑的程度。

让我们来证明一下。你认为普通人需要多长时间才能搞懂回文构词法，比如 wreat 和 water，grabe 和 barge？

图 5-1　模糊的斑点狗

或许像科琳·凯利（Colleen Kelley）和拉里·雅各比实验中的被试一样，你觉得这太容易了。一旦被告知其中的规则，被试猜人们大约需要 10 秒钟来找出正确答案。把上述这两个回文词交给朋友，看他们是否能像你估计的那样快速地解决问题。或者你可以用 3 分钟时间自己尝试一下这种构词法，比如 ochsa。

在玩“猜歌名”的游戏时，我们也许会觉得别人怎么那么傻。例如如果我们在朋友的胳膊上敲击出《生日快乐歌》或《玛丽有只小绵羊》的节奏（在头脑中我们听到了曲调），我们会惊讶于这个看似很简单的任务对朋友来说怎么那么难。当你知道某事后，便很难在思维中模拟你不知道时的状态。这就是知识的诅咒。

因此我们很容易责备自己过去在爱情、股市、教养上所做的傻事。“我本应该做得更好！”事后回想起来，我们会责怪其他人怎么犯了那么愚蠢的错误：

> 医生在得知病人症状和有关死因的病理学报告后，有时会奇怪之前的医生怎么会做出如此错误的诊断（从后见之明的角度看，陪审团的行为同样应该被认定为玩忽职守）。如果只是得知症状，其他医生并不会觉得诊断是显而易见的。
>
> ◇◇◇
>
> 卡特总统试图营救位于德黑兰的美国人质，沙暴使一半直升机无法运转，营救失败了。记者们在知道这个消息后说："从一开始这项任务就注定会失败。"如果那天夜里沙漠中没有起风，那么记者们便会赞美总统的勇气并庆祝他再次当选总统了。
>
> ◇◇◇
>
> 美国联邦调查局对大卫教派（Branch Davidian）的袭击是一个惊天的大错误，还是一场不幸的悲剧？心理学家罗宾·道斯认为，如果对韦科镇的袭击是一个理性的决定，那么鉴于当时可以获得的信息，为了一个不可预测的结果而对决策者进行事后评判便是不合理的。

由此我们是否可以认为直觉性的常识通常是错误的呢？有时是这样。常识曾经告诉我们，地球是平的，太阳围着地球转。在医学经验的支持下，常识曾让医生确信放血是治疗伤寒的有效方法，直到19世纪中期有人不怕麻烦地做了个实验，将病人分为两组，一组接受放血治疗，另一组只是卧床休息。

有时传统的直觉也会是正确的。爱确实带来幸福。有时直觉涉及一个问题的两个面向。更多的幸福来自更多地了解真相还是来自健康的幻觉？来自克制还是来自宣泄？来自让他人快乐还是来自看到敌人痛苦？来自与他人相处还是来自享受平静的独处？各种主张比比皆是。

直觉的力量

我们无法预测出常识性的直觉是错误的，它们总是事后诸葛亮。因此我们很容易欺骗自己，以为我们知道的比我们确实知道的更多。这就是为什么我们需要心理学，它能帮助我们分清现实与幻觉、合理的预测与后见之明、真实的洞见与错误的直觉。

自利偏差：好事归自己，坏事怪别人

“没有人在私心里对自己具有相当程度的尊敬。”马克·吐温说，他预见到了 20 世纪末的自尊运动。这场运动的发起者之一，人本主义心理学家卡尔·罗杰斯（Carl Rogers）对此表示赞同。宗教教义认为人类的问题往往来源于过度自爱（骄傲），而罗杰斯写道：“与之相反，大多数人轻视自己，认为自己毫无价值、不值得爱。”“所有人都有自卑情结，”约翰·鲍威尔（John Powell）附和道，“那些看起来没有自卑情结的人其实是假装的。”正如格劳乔·马克斯（Groucho Marx）所讽刺的：“我不想加入任何愿意接纳我作为会员的俱乐部。”

事实上，大多数人对自己都有不错的评价。在有关自尊的研究中，即使得分较低的人也处在整个分数区间的中部（他们会对诸如“我很有趣”和“我能想出好点子”这样的陈述做出“多多少少”或“有时”的评价。大多数人都会赞同类似的陈述）。另外，社会心理学最令人振奋并且反复得到证实的结论之一与“自利偏差”的效力有关。

人们较多地将好事和成功归因于自己，而较少将坏事和失败归因于自己。在几十项研究中，人们表现出很乐意接受因成功完成某项任务而得到的赞扬，但经常将失败归因于外部因素，比如糟糕的运气或不合理的情境。与之类似，运动员在解释自己的成功时，他们通常将功劳归于自己，而将失利归因于糟糕的开局、差劲的裁判、对手的超常发挥或作弊。这种逃避指责的现象具有悠久的传统："您创造出来陪伴我的女人给了我树上的苹果，我吃了。"

在保险报告上，司机会提供无数对自己有利的解释："一辆汽车不知从哪里冒出来，撞了我的车，然后逃得无影无踪。""在我开到交叉路口时，突然出现了一段围栏，影响了我的视线。""一个行人撞到我的车，然后跑到车轮下面去了。"

在一个有关自利偏差的经典研究中，迈克尔·罗斯和菲奥里·西科里（Fiore Sicoly）发现加拿大的已婚年轻人普遍认为自己为清扫房间和照顾孩子做出了很大贡献，比配偶认为他们做出的贡献更大。从那以后，这种现象被多次观察到。让妻子和丈夫估计他们各自为洗碗、遛狗、关灯或购物付出了多少时间，他们估计的时间加起来通常会超过二人花在这些家务上的总时间。为团队项目效力的人、团队中的运动员以及辩论会参与者也存在这样的现象。

责任方面的自利直觉会导致婚姻不和、员工不满以及议价僵局。大多数离婚者将婚姻破裂归咎于伴侣表现不佳。大多数经理将糟糕的业绩归咎于员工没能力或偷懒耍滑（员工则常常把责任推给外界因素，比如过重的工作负担、难相处的合作者、模糊的任务分配）。当加薪比别人多，而不是比别人少的时候，人们会觉得这再公平不过了。经理们很少听员工说："这不公平！你付给我的工资太多了！"当人们陷入困境时，会问："我做了什么，要面对如此结果？"在面对成功时，他们绝不会这样问（成功被认为是我们应得的）。

学生也会表现出自利偏差。当考试成绩好的时候，他们会心安理得地接受赞扬；当考试成绩不好的时候，他们常常会挑考试的毛病。老师也难免这种偏差，他们将学生的成就归功于自己，将失败归咎于学生。"在我的帮助下，吉莉安以优异的成绩毕业了。尽管我尽力帮助乔治，但他还是没及格。”

我一定优于平均水平

大多数人认为自己优于平均水平。我们的直觉不会小看我们自己。10位经理中有9位认为自己比中等水平的经理更优秀；10个澳大利亚人中有近9个人认为自己的工作业绩高于平均值。在3项调查中，10名教授中有9名认为自己超出了教授的平均水平。大多数司机，甚至大多数因为交通事故进过医院的司机都相信自己比一般的司机开车更安全、技术更好。“所有人类，无论年龄、性别、宗教、经济地位或种族，都有一个共性，”戴夫·巴里（Dave Barry）观察发现，“那就是在内心深处，我们都相信自己优于平均水平。”

大多数人相信自己比同辈更聪明、更好看，而且比较没有偏见。在1997年的盖洛普民意调查中，44%的美国白人估计其他白人对黑人有很强的偏见（在10分制的量表中评出5分或更高），然而只有14%的人给自己打了类似的分数。

我们还比别人更有道德。在全美调查中，大多数商人认为自己比普通的商人更讲道义。即使是了解自利偏差的社会心理学家也不能免俗，认为自己比大多数其他社会心理学家更有道德（即使是我们这些教授或研究这种现象的社会心理学家也在所难免）。

洛杉矶居民认为自己比大多数邻居更健康，大多数大学生相信自己能比保险计算员预测的死亡年龄多活大约10年。在对婴儿潮时期出生的人进行的民意调查中，四分之三的人觉得自己比同龄人看起来更年轻，五分之四的人说自己比其他同龄人的皱纹少。在另一项民意测验中，12%的人承认自己比实际年龄显老，而66%的人认为自己比实际年龄显年轻。就像乌比冈湖一样，在每一个社区中似乎“所有的女人都强壮，所有的男人都漂亮，所有的孩子都不凡”[①]。这让我们想到了弗洛伊德的笑话，一位丈夫对妻子说：“如果我们中有一个人死去，我认为我应该搬去巴黎居住。”

当我们死的时候会发生什么？《美国新闻与世界报道》（*U.S. News and World Report*）进行了“谁至少有可能进天堂”的调查，19% 的美国人认为辛普森（O. J. Simpson）很可能被迎入天堂。调查是在 1997 年进行的，他们对比尔·克林顿（52%）、戴安娜王妃（60%）和迈克尔·乔丹（65%）感到更乐观。离天堂门第二近的人是特蕾莎修女（Mother Teresa，79%）。猜猜看谁的风头盖过了特蕾莎修女，拔得头筹？被 87% 的人认为可以进入天堂的人是他们自己。

自利偏差在一些主观的、吸引人的维度上最明显，比如驾驶技术和社交能力，而在不太主观、不太必要的维度，比如书法和跳跃能力上则不太明显。（你是否也认为自己的驾驶技术和社交能力比书法和跳跃能力更好？）相对于智力，学生们更有可能认为自己在道德方面很优秀。社区居民通常认为自己比其他人更关心环境问题、饥饿问题以及其他社会问题，尽管他们并没有为此投入更多时间和金钱。只要是主观的好事，那就有我们的份儿。

主观维度让我们有回旋余地，可以将它们定义为我们自己的能力。评估领导能力时，我们每个人在脑海中都会出现一个符合我们自己特点的有效领导者的形象。评估运动能力时，我们会想到自己在游泳或在打高尔夫，而不是在为体育课总是考试不及格而痛苦万分。在美国大学入学考试委员会（College Entrance Examination Board）对 82.9 万名高三学生进行的调查中，在主观维度“与他人相处的能力”上，0% 的学生认为自己的能力低于平均水平，60% 的

① 乌比冈湖（Lake Wobegon）是美国喜剧大师加里森·凯勒（Garrison Keillor）在他脍炙人口的广播节目《大家来我家》（*A Prairie Home Companion*）中塑造出的子虚乌有但别有风味的地方。——译者注

学生认为自己的能力处于前 10%，25% 的学生把自己归入了前 1%。抱歉地借用伊丽莎白 · 芭蕾特 · 布朗宁（Elizabeth Barrett Browning）的诗句："问我有多爱自己？说不尽千言万语！"①

虚假普遍性和虚假独特性

我们误以为别人想的、做的和我们一样，由此我们的自我形象得到了进一步的稳固。我们会高估赞同我们观点的人数，为自己的立场寻找支持。如果我们赞同某个观点，便会假定其他人也赞同它。例如那些对其他种族怀有消极观点的人会认为许多人和他们具有相同的看法。在某种程度上我们对他人的感知体现了我们自己的内心。

当我们行为失当或任务失败时，便会认为这种过失很普遍，以此来安慰自己。一个人对别人撒了谎，他便会开始觉得其他人也不诚实。"好吧，我撒谎了。但谁没撒过谎呢？"抽烟的人、骗老婆的人或偷税漏税的人会高估做出同样事情的人的数量。在一项全美调查中，83% 的成年人报告称在前一年中，他们没有性伴侣或只有一个性伴侣。《阁楼杂志》(*Penthouse*）的出版人鲍勃 · 古乔内（Bob Guccione）对此评论道："显而易见，这个结果极度愚蠢、不可信。我认为每个男人每年平均有 5 个性伴侣。"鲍勃 · 古乔内的评论是"虚假普遍性效应"的绝佳例证。

之所以会产生虚假普遍性，一部分是因为缺乏信息，因此我们将自己的认知与反应强加到别人身上。一位教授让班上的同学猜测有手机的同学所占的百分比。由于对真实情况一无所知，因此他们倾向于将自己的选择转嫁到其他人身上。有手机的学生猜 65% 的同学有手机，没手机的学生猜 40% 的同学有

① 伊丽莎白 · 芭蕾特 · 布朗宁是英国维多利亚时代最受人尊敬的诗人之一。这句诗被作者改编了，原本的诗句是："问我有多爱你？说不尽千言万语！"——译者注

（真实情况介于两者之间）。同样地，我们很容易高估很少发生的消极行为。如果只有 20% 的人说谎，那么高估说谎者人数的空间是很大的。另外，我们更有可能跟态度行为与我们相同的人交往，然后根据我们了解的这个小世界来做出判断。这或许就是为什么帕米拉 · 安德森 · 李（Pamela Anderson Lee）会说："每个人都说我从头到脚都做过整形，不能站在辐射源旁边，否则会融化的。我确实隆胸了，但每个洛杉矶的女人都做过隆胸术。"

然而当论及能力或我们做得好的情况时，人们常常会凭直觉产生独特性效应。失败是很普遍的，而我们的天赋和品德看起来独一无二。因此那些喝高了但系着安全带的人会高估醉酒者的人数（虚假普遍性），低估使用安全带的普遍性（虚假独特性）。**我们是谁影响着我们的社会直觉**。"如果我们从来不奉承自己，生活该多么无趣呀！"法国作家拉罗什富科（La Rochefoucauld）沉思着说。

过度自信偏差：自我欺骗的陷阱

我们所有人都是心理学家达谢 · 凯尔纳（DacherKeltner）和罗伯特 · 鲁宾逊（Robert Robinson）所说的天真的现实主义者。我们凭直觉认为世界就是我们看到的和记忆中的样子。我们假定其他人的看法和我们一样（虚假普遍性）。如果他们的观点显然和我们的不一样，我们便会认为他们有偏见。

我们的天真也扩散到了自信方面。"认知自负"曾出现在我们对已有知识的判断上（"我早就知道"），在估计当前知识和未来行为时，"认知自负"再次显现出来。我们知道自己以前搞砸了，但我们对将来的行为很有信心，相信自己一定能在最后期限前完成，一定能拥有良好的人际关系，一定能履行锻炼计划。在我们的预感和判断中从来不缺信心。

为了探究这种“过度自信现象”，研究者向人们提出了各种各样事实性的问题，并让他们说出自己的自信程度。苦艾是一种酒还是一种宝石？巴拿马运河和苏伊士运河哪条更长？在美国，每年死于他杀的人数多还是死于自杀的人数多？当任务具有挑战性的时候，人们的正确率通常比不上自信程度。60% 的人答对了问题，而确信自己能够答对的人占 75%。即使当人们相信自己 100% 答对了的时候，他们犯错的概率也能达到 15% 左右（顺便说一句，正确的答案是：苦艾是一种酒；苏伊士运河更长，它的长度是巴拿马运河的两倍；因自杀而死亡的人数更多，几乎是因他杀而死亡的人数的两倍）。

其他一些研究邀请人们回答将答案包含在一个很大范围内的事实性问题，比如“我有 98% 的信心确定新泽西的人口多于 ____ 人，少于 ____ 人”或“正在运作的核电站多于 ____ 个，少于 ____ 个”。心理学家丹尼尔·卡尼曼和阿莫斯·特沃斯基就像两位心理学界的麦哲伦，他们专门研究如何“改正人类直觉中的错误”。他们发现人们以 98% 的信心做出的估计，有三分之一是错误的（新泽西有 370 万人，到 2000 年底正在运作的核电站为 438 个）。尽管对自己的答案非常有信心，但它们通常是错误的。另外警告（“忠于自己”“承认自己不知道”）和忠告（“扩大区间的范围”）几乎不会减损人们的过度自信。

然而这些都是一些事实性的问题。我们能比较准确地校正我们在社会直觉上的信心吗？为了研究这个问题，心理学家戴维·邓宁和他的助手模拟了一个游戏竞猜节目。他们让斯坦福大学的学生猜陌生人对这样的问题会如何回答：“为了应对困难的考试，你会独自准备还是和一个学习小组一起准备？”“你在校园快餐店捡到 5 美元，你会把它揣起来还是交出去？”被试了解了问题的类型，但不知道具体问题，然后他们会对目标人物进行访谈，了解他们的学术兴趣、业余爱好、家庭、抱负和星座等，任何他们认为对猜测有帮助的事情都可以了解。然后目标人物会回答 20 个二选一的问题，被试预测他们会怎么回答并评价自己的自信程度。

结果如何？被试过于自信了。尽管他们猜对的概率为 63%，但他们确信自己能猜对 75%。当猜测室友对这些问题会如何回答时，他们的准确率更高了（68%），不过他们认为自己能猜对的信心（78%）依然超过了准确率。而且最自信的人通常也是最过度自信的。研究者对人们凭直觉发现谎言的能力也进行了研究，过度自信的现象依然很普遍。平均来看，被试的准确率为 57%，而自信能发现 73% 的谎言。自信的人也是更不准确的人。

因此我们的判断比单凭运气要好，但通常不像我们以为的那么好。在前面一章中我们看到，即使是对自我的预测也是不完善的。不过我们是否能够校准我们对自我预测的信心呢？罗伯特·瓦洛内（Robert Vallone）和他的同事对此进行了研究，他们让大学生预测自己在 9 月份是否会挂科、是否会申报一个专业、是否会选择第二年住在校外等。尽管学生们对自己的预测有 84% 的信心，但他们犯错的概率比他们以为的高一倍。即使当他们 100% 确定时，也会有 15% 的时候是错误的（刚好和上文提到的研究结果一致）。

其他研究显示，人们在预测自己会有怎样的改变方面也是过度自信的，这些改变包括减肥、更刻苦地学习、戒烟或经常锻炼。对大多数人来说，经典模式是有着良好的开端，然后退回到老习惯上（心理学箴言之一是，未来行为的最佳预测因素是过去的行为，而不是当下的意愿）。我们会因此而自责，感到有点内疚和沮丧，然后下定新的决心或寻找新的自助项目。改变确实会发生，但最有可能发生在那些能够现实地认清挑战、具有必要的自律与心理能量的人身上。多伦多大学心理学家珍妮特·波利维（Janet Polivy）和彼得·赫尔曼（Peter Herman）指出，如果没有这种清醒的认识，那么夸大的承诺和不现实的期望会孕育出“虚假希望综合征”。这种综合征会引发失望、沮丧，令人认为自己是一个失败者。

罗瑞尔大学（Wilfrid Laurier University）的心理学家罗杰·比勒（Roger Buehler）说，大多数学生会低估完成试卷和其他重要作业将要花费的时间。和学生们一样的人真不少。规划者往往会低估项目的时间和费用（波士顿人正等待着他们的水下高速公路竣工就是证明）。1969 年，蒙特利尔市长让·德拉珀（Jean Drapeau）骄傲地宣布将为 1976 年的奥林匹克运动会投资 1.2 亿美元，并建成有可伸缩屋顶的体育馆。最终屋顶完工于 1989 年，这一工程本身就花费了 1.2 亿美元。

最糟糕的情况是，过度自信会引发蠢事和灾难。正是过度自信的希特勒入侵了欧洲各国，正是过度自信的林登·约翰逊（Lyndon Johnson）将美军派到南越，正是过度自信的萨达姆·侯赛因让军队开进了科威特，正是过度自信的米洛舍维奇公开宣称他绝不允许维和部队进入科索沃。

在《迷失的日本》（*The Lost Japan*）一书中，长谷川如是闲（Hasegawa Nyozekan）解释道：“战争的爆发是直觉性错误‘计算’的结果，这远远不是数学方面的计算。我们满怀盲目的热情，相信借助神秘主义的意愿，自己便能够胜过先进的武器和科学的战略……日本人依赖直觉的特点阻碍了他们对现代世界形成客观的认知。”

Its Powers and Perils

过度自信的历史教训

并不是我们不知道的事情让我们陷入了困境，而是我们知道的事情并非我们认为的那样。

阿蒂默斯·沃德（Artemus Ward）

“这是我们做过的最愚蠢的事情。原子弹永远都不会爆炸，我以爆炸专家的身份保证。”

1945 年美国海军上将威廉·莱西（Admiral William Leahy）对杜鲁门总统说

“我们不喜欢他们的声音。吉他组合已经过时了。”

1962 年迪卡唱片公司（Decca Records）拒绝与披头士乐队签署录制合同

“‘电话’存在太多缺点，对于将它作为一种沟通工具的想法不必太当真。从本质上讲，它对我们没有价值。”

1876 年西部联盟电报公司（Western Union）对亚历山大·格雷厄姆·贝尔（Alexander Graham Bell）的专利做出的备忘

“电话可能适合美国人，但在这里不适用，因为我们有的是信差。”

英国专家团对电话这个发明的评估

“骑马才是王道，汽车不过是过眼云烟的小玩意儿。”

美国密歇根的银行家建议亨利·福特（Henry Ford）的律师不要投资刚刚成立的福特汽车公司

“这么远的距离，他们连大象也打不中……”

1864 年约翰·塞奇威克（John Sedgwick）在美国南北战争中说出的最后一句话

通过寻找能够证实自己决策的信息，人们的过度自信得以维持。同样地，当失败不可否认时，人们维持过度自信的方法是回想自己的错误判断差一点就正确的时候。20 世纪 80 年代末，菲利普·泰特罗克（Phillip Tetlock）邀请各类学术专家及政府专家，从他们的视角来预测苏联、南非和加拿大未来的政府管理方式。5 年后苏联解体了，南非成为一个多民族的民主国家，加拿大依然没有分裂。专家对自己的预测有 80% 的把握，但事实证明准确率不足 40%。然而在反思自己的判断时，他们仍错误地认为从根本上看，自己是对的。很多人说：“我差点就对了。”“强硬派差点就成功地颠覆了戈尔巴乔夫的政权。”“魁北克主张独立的人差点就赢得了独立公投。”“要不是因为德克勒克和曼德拉的同时存在，南非的政权必然会经历更血腥的过渡。”除了政治专家之外，股市预测员、心理健康工作者和体育赛事预言者的过度自信也比比皆是。

哥伦比亚大学心理学家珍妮特·梅特卡夫（Janet Metcalfe）用以下谦卑的语言总结了有关人类过度自信的研究：

> 人们认为自己能够解决问题的时候，其实不能；人们非常自信自己马上就能得出正确答案的时候，其实即将犯错；人们认为自己已经解决了问题的时候，其实还没有；人们认为自己知道问题答案的时候，其实不知道；人们认为答案就在嘴边时，其实还没有答案；人们认为自己的答案很正确的时候，其实并不正确；人们说自己一直都知道的时候，其实并不知道；人们说自己已经掌握了学习内容的时候，其实还没有掌握；人们说自己已经明白的时候，其实还很困惑。

所有这些研究都会使人谦卑，让我们不要被别人的自负唬住。然而我们一定还要牢记另一个补充性的事实，那就是我们的无意识理解力非常了得，我们有着迅速的社会直觉，具有直觉性专家技能的潜力。我们也应该认识到自信的适应性价值。如果意识不到在做出商业、政治或军事决策的时候我们可能会犯错，那么我们的决策便有可能招致灾难性的后果。但是缺乏自信也会导致糟糕的结果。过度自信的人会活得更开心，能够更轻易地做出艰难的决策。“生活是被完美欺骗的艺术。”威廉·黑兹利特（William Hazlitt）说。

直觉的力量

我们应该在不脱离现实的情况下保持信心和乐观。智慧的一部分在于自知。那么什么是自知呢？2 500 年前，孔子说：“知之为知之，不知为不知，是知也。”

6

该不该相信理性分析

发现的最大障碍不是无知，而是自以为知道。

丹尼尔·布尔斯廷（Daniel Boorstin）

美国国会图书馆馆长，1984 年

我们不应该走极端。一些未受过教育的人具有非常准确的直觉。正如我在第 1 章中提到的，即使是婴儿也具有天生的计算能力和基础的物理学知识。如果宝宝经常看到达菲鸭的木偶在舞台上连跳三下，当它只跳两下时，宝宝便会感到很吃惊（他们会更长时间地盯着看）。

然而书前那些关于物理、数学与概率直觉的测试一定已经向你表明，即使在有经验、有观察的情况下，直觉有时也会犯错。正如柯尔（K. C. Cole）所写："数学，这门最有逻辑性的科学告诉我们，真理可能完全有违直觉，也不是所谓的常识。"

好吧，或许数学和物理从来不是我们最擅长的学科。在对人、政治和实际事物进行判断的时候，我们的直觉当然会好一些。正如拉罗什富科的观察发现，人们可能会抱怨自己的记忆力，但从不抱怨自己的判断力。

直觉的力量

幸亏我们的直觉既高效又准确，生活才能够顺利进行。如果不得不对每一个判断都进行分析，我们可能无法熬过一天。正如罗伯特·奥恩斯泰因（Robert Ornstein）所写：“从来没有也不会有足够的时间让人们做到真正理性。”但是对于真正重要的判断，凭直觉做出的快速估计很可能偏离事实，这时批判性思维就会很有帮助。

基本归因错误：人的表现到哪儿都一样吗

在奥斯维辛集中营指挥官鲁道夫·赫斯（Rudolf Hoss）的自传中，他表示为自己的行为感到痛苦万分。但是作为一名“优秀的纳粹党卫军官员”，他将任何“女性化”的情绪都隐藏了起来：“我非常同情他们，恨不得立马消失，但我不能显露出一丝一毫的情绪。”然而当看到犹太犯人同样没有表现出什么情绪，甚至当他们引导其他犹太人进入毒气室时都面无表情时，他便认为犹太人的恬淡坚忍反映出一种漠不关心的“种族特征”。他的冷漠是环境所迫，而犹太人的冷漠是因为他们秉性麻木无情。

霍斯的看法体现出了社会心理学家所说的“基本归因错误”。戴维·纳波利坦（David Napolitan）和乔治·戈瑟尔斯（George Goethals）的一个经典实验说明了这种现象。研究者让大学生一对一地与一位年轻女性聊天，根据研究者的指示，这位女性要么表现得冷淡而挑剔，要么表现得热情而友好。在聊天之前，研究者告诉其中一半学生，那位女性会根据指示表现出某种行为方式（友好或冷漠），告诉另一半学生那位女性的反应完全是自发的。事先被告知那位女性只是在表演对学生的判断产生影响了吗？没有。如果她表现得友好，学生们便会推断她确实是一个热情的人；如果她表现得不友好，学生们会推断她本身就是一个冷酷的人。他们不考虑是环境在左右那位女性的行为，而认为她内在的性格就是热情或冷漠的。换句话说，他们产生了基本归因错误。

在另一个经典实验中，虽然被试知道辩论中的正方和反方是事先分配好的，但他们依然会认为相应的态度就是辩论者本人的态度。他们似乎在想："是呀，我知道这种立场是分配给他的，但我觉得他真心相信这个立场。"

灰姑娘在充满压迫的家里表现得很畏缩，因此家人和邻居便认为她是胆怯的。在舞会上，王子觉得跟自己跳舞的女人既文雅又迷人。灰姑娘清楚地知道，不同的情境决定了她不同的行为。在解释他人行为的时候，我们倾向于低估环境的作用，而过于高估内在性格的作用。这种偏差令人无法抗拒，尤其是那些适应了西方个人主义文化的人。我记得有一个学生演员非常形象地扮演了一位充满仇恨的老女人，我当时想这个不幸的年轻姑娘肯定本身就非常适合扮演这样的角色，但在见到她本人时，我吃惊地发现她是一个很令人愉快的女孩（我没有将她的行为归因于她被分配的角色）。在《星际迷航》中，伦纳德·尼莫伊（Leonard Nimoy）扮演斯波克，他对基本归因错误深有体会。他写的一本书书名就叫《我不是斯波克》（*I Am Not Spock*）。

在日常生活中，基本归因错误的例子比比皆是。我过去一直以为只有内向的学生会报名参加我在上午 8 点半的课。每天上午我都沐浴在毫无表情、毫无生气的凝视中。而活跃外向的学生倾向于选择晚上 7 点半的课，那个时间感觉上像是在开派对。不过现在我认为自己犯了基本归因错误。我应该将他们的行为归因于情境，而不是他们的性格。当我偶尔读到警察驱散校园里聚众狂欢的人群的消息时，我总是会想那是怎样的一些学生呢。我确信，其中一定没有我的学生，在课堂和老师的办公室里，他们看起来都是理性冷静的。

反过来，学生们常常假定教授都是开朗外向的，因为在课堂上他们需要表现出那个样子。如果在其他场合碰到我们，比如看到我们躲在派对的角落里，我们看起来似乎就不像教授了。在被分配的角色之外，总统似乎不太具有总统气度，法官似乎不那么明智审慎，而仆人似乎也不那么卑屈顺从。作为教授，由于看到了处于各种环境中的自己，因此我们不太会认为自己是外向的，而倾向于说："我，外向？嗯，这取决于环境。在课堂上，确实是这样。在聚会上，我是相当腼腆的。"如果你认为我很聪明，那是因为在课堂上，主题是我选的，问题是我提出的，所以我总是知道答案。如果换个环境，我们可能会显得愚笨。在模拟智力竞赛的实验中，研究者将被试随机分配为提问者和竞猜者。这样提问者就会显得比竞猜者更聪明。即使里吉斯·菲尔宾[①]来参加竞猜，他也会显得呆头呆脑。

只要环境需要，恶棍也能表现得很和蔼可亲，普通人也能表现得像个恶棍。在与俄罗斯总统普京相处了不到两个小时后，布什总统便认为自己对这位俄罗斯领导人有了快速的判断。"我看着这个人的眼睛，"布什总统说，"我发现他非常坦率、值得信赖……他爱他的家庭。我们有很多共同的价值观。"正如《华盛顿邮报》作者理查德·科恩（Richard Cohen）所写，普京是一个"训练有素的特工"。硬币的另一面是斯坦利·米尔格拉姆的著名实验。在实验中，被试被要求对无辜者施以具有伤害性的电击。近三分之二的被试服从了研究者的指令，尽管假装受到电击的人在痛苦地尖叫。

在判断他人的行为时，我们没有考虑到环境的力量；而在解释自己的行为时，我们倾向于犯相反的错误。如果我发脾气，那是因为今天我太倒霉了，事事不顺。如果你发脾气，那是因为你的性格太糟糕。确实，在解释我们自己的时候，我们通常会使用动词（"当……时，我会变得很恼火"）；在解释别人的

① 里吉斯·菲尔宾（Regis Philbin）是目前北美地区最具传奇性的脱口秀主持人和电视名人之一，之外还拥有着歌手、作家等多重身份。1999—2002 年在菲尔宾主持期间，《百万富翁》成为美国历史上最成功的真人秀之一，为此他获得了第二个日间艾美奖。——译者注

时候，我们常常会说他是怎么样怎么样的一个人（“他可能很难相处”）。在法庭上，被告会辩解说：“我是环境的受害者。在这种情况下，其他人也会做出同样的事情。”“不，”检控方回答，“你罪有应得。是你选择了这样做。”

为什么我们这么容易犯基本归因错误？一部分是因为我们会在自己关注的地方寻找解释。在那里我们可以立即毫不费力地找到原因。当我们做某事时，注意力会集中在相应的环境上。当我们观察别人的行为时，我们会聚焦于这个人本身。转换行为者与观察者的视角，交换观看对方视角的录像带，解释就会发生转换。

直觉的力量

透过其他人的眼睛看世界，我们能够更好地理解他们的境遇；像别人看我们那样看自己，我们能够更好地认识自己独特的性格。时间的流逝也会导致视角的改变。回首往事，我们的关注点可能会改变，使我们更加共情，更理解他人的困难处境。透过生活的后视镜看我们自己，我们也许会承认：“是啊，我曾经那么幼稚愚蠢。”

虚假相关：寻找根本不存在的联系

想象你参加了一项开创性的研究，研究的是人们与事件之间存在着怎样的关系。心理学家威廉·沃德（William Ward）和赫伯特·詹金斯（Herbert Jenkins）向你展示了一个编造出来的50天人工降雨实验的结果。他们告诉你每一天是否在云里播撒了干冰以及是否下雨了。信息是随机混合的：有时在撒完干冰后下雨了，有时没下。如果你相信人工降雨是有效的，那么你是不是更有可能注意到并回想起既撒干冰又下雨的日子呢？在沃德和詹金斯的实验中，以及此后许多类似的实验中，人们确信自己真的看到了他们期望看到的事情。

一句有些夸张的谚语这样说道：“我们所看到的东西里有三分之二都是眼睛想看到的。”

在没有相关关系的地方看到了相关性就是“虚假相关”。它有助于我们解释很多迷信现象，比如月圆之夜有更多的宝宝降生，或者不孕的夫妻在领养了孩子后更有可能怀孕等。一些巧合非常吸引我们的眼球，比如领养后怀孕。我们将注意力放在这些巧合上，因此没太注意对评估相关性同样重要的其他因素，比如那些领养了但没有怀孕的夫妇，没有领养也一样怀孕了的夫妇，以及既没领养也没怀孕的夫妇。只有获得了所有这些信息后，我们才能判断出领养是否能提高怀孕率。

这类虚假直觉有助于解释为什么很多年来人们相信吃糖会造成儿童多动，手机会导致脑癌，受凉和潮湿会造成感冒，变天会诱发关节痛。内科医师唐纳德·雷德梅尔（Donald Redelmeier）和阿莫斯·特沃斯基合作，对 18 名关节炎患者进行了为期 15 个月的追踪研究。研究者记录了被试的疼痛报告、每天的气温、湿度和气压。尽管病人相信天气与他们的关节痛有关，但其实两者并不存在相关性，无论是天气变化的当天，还是前两天或后两天。给大学生展示标识着“关节痛”和“气压”的两列随机数字，他们甚至也看出了虚假的相关性。我们似乎急切地想要发现其中的模式，即使在不存在模式的时候也是如此。

与之类似，积极思维促使癌症患者痊愈的故事令人印象深刻，人们开始相信积极的态度能够抗击癌症。如今我们知道，情绪确实能影响健康。身体与心理是一个整合的系统。然而为了评估积极的态度是否有助于战胜癌症，我们需要四点信息。我们需要知道有多少被治愈的和未被治愈的积极思维者，还需要知道有多少被治愈的和未被治愈的消极思维者。如果没有这些数据，积极的例证并不能告诉我们任何态度与癌症之间的真实相关关系。

在我写完这些内容后不久，一位记者给我打来电话。希望我帮忙解释为什么那么多名人（比尔·克林顿、希拉里·克林顿、吉米·卡特）都有令人难堪的兄弟。我问他，真是这样吗，或者只是我们的注意力被名人碰巧有个愚钝的兄弟所吸引呢？普通人是否较少有愚钝的兄弟姐妹，或者只是他们不太引人注目罢了？我们很容易欺骗自己，凭直觉以为自己看到了并不存在的东西，其实纠正方法很简单：**让自己看到证据，收集并呈现对比数据。**

虚假的相关性还会助长具有误导性的刻板印象。刻板印象假定在群体成员与某些特征之间存在相关性（“意大利人很情绪化”“犹太人很精明”“会计都是完美主义者”）。即使在最好的情况下，我们对不寻常事件的注意力也可能会将直觉引入歧途。由于我们对与众不同的事件很敏感，同时发生两件与众不同的事件就会格外引人注目。鲁珀特·布朗（Rupert Brown）和阿曼达·史密斯（Amanda Smith）由此发现，英国的教职人员高估了学校中女性资深教授的人数（虽然人数少，但非常引人注目）。

在一个经典实验中，戴维·汉密尔顿（David Hamilton）和罗伯特·吉福德（Robert Gifford）展示了虚假的相关性。他们让学生看各种各样人的幻灯片，这些人分别是A组和B组的成员。研究者告诉学生这些人曾做过什么可取或不可取的事情。例如，“约翰，A组成员，曾拜访过一位生病住院的朋友”。描述中的A组成员是B组成员的两倍，但两组都是每4种不可取行为对应着9种可取行为。由于B组和B组的不可取行为出现的频率较低，因此两者同时发生就显得很突出，很引人注意，例如“艾伦，B组成员，不小心在别人停放的汽车上弄出个凹坑，但没有留下姓名和联系方式就离开了”。由此学生们高估了占少数的B组成员做出不可取行为的频率，并认为B组的人更粗鲁。

记住，其实 B 组成员做出不可取行为的比例和 A 组成员是相同的。学生们并没有预先就对 B 组存在偏见，而且他们获得的信息比日常生活中的信息更加系统化。尽管研究者对为什么会这样各执一词，但他们都同意虚假相关性助长了种族刻板印象。

大众媒体反映了这种现象并起到了推波助澜的作用。在曾患有精神病的马克·查普曼（Mark Chapman）和约翰·欣克利（John Hinckley）分别开枪射击约翰·列侬和里根总统时，他们的精神病史吸引了人们的注意力。刺杀和因精神病住院都比较少见，它们的组合尤其具有新闻价值。这类报道更让人们从直觉上认为精神病患者与暴力倾向之间存在很大的相关性。

信念固着：只有支持我的证据我才信

“我们只会听到并理解自己已经一知半解的事情。”亨利·梭罗（Henry David Thoreau）说。实验表明梭罗说得太对了。在一项实验中，研究者给支持和反对死刑的学生展示了两项研究发现。其中一个发现证实了他们对死刑的固有信念，另一个发现驳斥了他们固有的信念。两组学生都接受了符合自己观点的证据，尖锐地批评了质疑自己观点的证据。结果，给意见相左的双方展示完全相同的混合证据反而增加了他们的分歧。在后续研究中，研究者恳请他们一定要尽可能保持客观和无偏见，然而这并没有减少学生们在评价证据时的偏见。一旦形成了一个信念，我们便会对信息进行过滤，以维持我们的信念。

在观看总统辩论时，你是否也会比以前更确信自己支持的候选人具有高尚的品德？那些已经支持某位候选人的选民确信那位候选人会在辩论中完胜。大多数人会发现支持自己观点的论据似乎更有说服力，因此在辩论结束后，他们会更加信服辩论前就有所倾向的观点。

在人际关系上，透过我们的期望来看待其他人同样具有自我实现效应。在如今已经成为经典的“行为确认”研究中，社会心理学家马克·斯奈德（Mark Snyder）、伊丽莎白·坦克（Elizabeth Tanke）和埃伦·贝尔沙伊德（Ellen Berscheid）先给明尼苏达大学的男生展示一个富有魅力的或没有魅力的女性的照片，然后让他们与相应的女性通电话。对这些女性的一部分谈话进行分析，结果显示，被认为富有魅力的女人比被认为没有魅力的女人言谈更热情。男生错误的信念成为了自我实现的预言，使得他们的行为对电话中的女性产生了影响，从而实现了他们的预期，即漂亮的人更令人愉快。其他实验显示，如果我们认为某人喜欢我们，我们就会以能使他们喜欢我们的方式来对待他们。假定某人是善良或聪明的，他们便有可能证实你的信念。

我们还会主动寻找能够证实我们观点的信息，这种现象被称为“证实偏差”。彼得·沃森（Peter Wason）对英国大学的学生所做的著名实验证明我们存在着证实偏差。他给学生一个由三个数组成的序列，比如2、4、6，让学生猜他用来设计这个序列的规则是什么。不过在说出答案之前，他先让学生们自己提出一些三个数的序列，以此来检验自己的猜测。每一次沃森都会告诉他们，他们的序列是否符合规则。（如果沃森现在走向你，你会告诉他什么数字序列？如果他回答“符合”，那么你会再提出什么序列？）一旦学生们经过足够多的测试，确信自己知道规则是什么了，他们便可以把规则说出来。

结果如何？通常是错误的，但学生们都信心满满。只有五分之一的学生正确地找出了规则。规则其实就是三个逐渐递增的数字。通常情况下学生们会以为是一个数比一个数大2，他们会只寻找能够证实自己观点的证据，例如测试6、8、10和31、33、35等。（你是否也会找证据来证实自己的预感，而不是驳斥它们呢？）弗朗西斯·培根（Francis Bacon）对这些研究的结果应该不会感到吃惊，因为他在1620年出版的《新工具》（*Novum Organum*）一书中就预见到了如今我们对直觉局限性的理解:“当立场一旦形成，人们的认知便会竭尽所能地增加新的证据和支持。”

让我们再来试一试沃森的另一个经典小问题，这个问题是许多研究和争论的主题：在图 6-1 中，为了确定规则“如果牌的一面是元音，那么另一面一定是偶数”是真是假，你必须翻开哪几张牌？

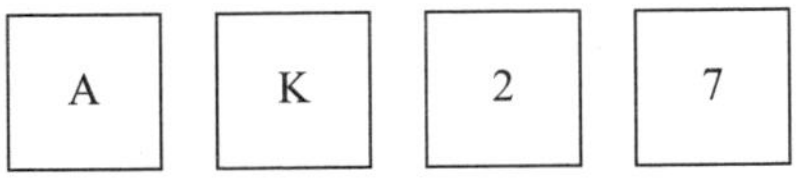

图 6-1　翻卡片任务

像其他人一样，你一开始可能想翻开牌 A。到目前为止，一切都没问题。有些人就此打住了，但我们需要再多翻一张牌。为了证实规则，多数人会翻开 2 那张牌。但是如果另一面是一个辅音，那么这张牌便与规则不相干。只有 4% 的人做对了，翻开了 7 那张牌（如果另一面是元音，那么规则就是错的）。我们在这些任务上的证实偏差说明，人类天生的推理方式存在缺陷，或者至少更适合评估可能性，而不是处理逻辑。

如果我们最初的直觉或信念被驳斥了，甚至被证明完全没有根据，那会怎样？如果直觉的基础被驳倒，那又会怎样？信念可能屹立不倒。在另一项很有启发性的研究中，克雷格·安德森（Craig Anderson）、马克·莱珀（Mark Lepper）和李·罗斯（Lee Ross）问人们，消防员更应该具备冒险精神还是谨慎的态度。然后他们给其中一半人讲一位爱冒险的杰出消防员的故事以及一位谨慎的平庸消防员的故事。在这些故事的作用下，被试猜测爱冒险的人更有可能成为优秀的消防员。当让他们解释原因时，其中一个人说:“爱冒险的人勇敢。”另一半人听到的故事暗示出相反的结论，他们会解释说谨慎的人会三思而后行，不太可能犯愚蠢的错误。

之后研究者推翻了这些信念的基础，告诉被试这些故事只是为了实验而编造出来的。破除信念的基础是否能消除信念呢？没有什么改变。因为被试仍相信自己对信念的解释。**改变信念的证据必须比创造信念的证据更有说服力。**一旦我们有了证明辛普森有罪（或无罪）的理由，一旦我们能够解释为什么另一个国家是敌对的（或友好的），一旦我们能够证明为什么有神论（或无神论）是合理的，我们便倾向于接纳能够证实这些观点的证据，而忽视相反的证据。信念就这样一直保持下去。弗洛伊德说："一开始我只是尝试性地提出我的观点……但经过一段时间之后它们在我心里扎下了根，我无法再以其他方式来思考了。"

有纠正"信念固着"（即使信念的基础被破坏了，信念依然存在）的方法吗？有，这种方法就是反向解释。想象并解释为什么相反的理论可能是正确的，比如为什么谨慎的人会成为比爱冒险的人更优秀的消防员，就可以减少或消除信念固着。为了对不同的观点保持开放，不要只论证你的观点，应该想一想为什么其他人会持有相反的观点。留心人类可能犯的错误。我们或许都能清楚地记起 1960 年奥利弗·克伦威尔（Oliver Cromwell）对苏格兰教会的请求："我恳求您以基督之心想一想，您也许错了。"

启发式：多快好省的思维捷径

每天我们会在匆忙中做出无数决策：我需要带伞吗？我应该小心那个蓬头垢面的人吗？开车去芝加哥和坐飞机去，哪个更安全？我们通常会凭直觉做事。在对政府、企业及教育领域的政策制定者进行访谈后，已故社会心理学家欧文·贾妮斯（Irving Janis）得出结论："这些人通常不会采用反思性的问题解决方法。那么他们的决策是如何做出的呢？如果你问他们，他们很可能会告诉你，大部分时候他们凭直觉。”

进化心理学家说，这并不出乎意料。通过进化，我们远古的祖先会思考有助于他们采集果实、生存与繁衍的策略。他们（和我们）天生都具有立即做出决策的思维能力，无论沙沙响的叶子后面躲的是狮子还是小鸟。罗伯特·奥恩斯泰因观察发现：“思维的作用是让我们豁出去拼一把，而不是进行推理或了解背后的原因。”人类思维的发展不是为了能够做到凭直觉判断股市的波动、让福利政策实现最优化，或者比较开车与坐飞机的相对安全性。相对于现代环境，快速得出结论更适合人类诞生时的环境。

我们凭直觉做出的许多决策产生于思维的“启发式”，即我们认知工具箱中的一些简单规则，用于做出柏林心理学家格尔德·吉仁泽（Geld Gigerenzer）和彼得·托德（Peter Todd）所称的“快速而节约”的决策。从直觉角度看，这种方式使我们显得很聪明。相反，其他人可能会将启发式称为“快速而粗劣”的思维捷径，有时会因此犯错。

直觉的力量

启发式就像知觉线索，通常能够良好地运转，偶尔会引发幻觉或错觉。大脑凭直觉推断模糊的物体应该比清晰的物体远，通常情况确实如此。然而在雾气弥漫的早晨，迎面开过来的汽车其实比看起来的更近。

代表性启发式

以下是一些相关的趣事和游戏：

一个陌生人跟你提起一个矮个子，他身材纤细而且爱读诗，然后让你猜这个人会更像常春藤大学古典文学教授还是更像一名卡车司机。根据你的直觉，哪种猜测更有可能正确呢？

◇◇◇

研究者对俄勒冈大学的学生描述了某个人的特征，还告诉他们这个人是从 30 名工程师和 70 名律师中随机抽取的。描述是这样的：“弗兰克离了两次婚，他在当地俱乐部里消磨掉了大部分闲暇时间。在俱乐部里，他和别人的聊天内容主要围绕着自己的懊悔，后悔自己一直努力追随受人尊敬的父亲的脚步。他把太多的时间用在了学术上，如果把更多时间花在学习如何减少与他人的争吵上，或许他的生活会更好。”问题是：弗兰克是一名律师而非工程师的可能性有多大？

◇◇◇

琳达是一位 31 岁的女性，单身，为人坦率，聪明开朗。她在大学里学的是哲学。当学生时，她非常关心歧视以及其他社会问题。她参加过反核示威。基于这些描述，你认为最有可能的是以下哪一条？

1. 琳达是一名保险推销员。
2. 琳达是一名银行出纳。
3. 琳达是一名银行出纳并积极参与女权运动。

在判断某事物在多大程度上能够代表或可能符合特定的原型时，我们通常会采用“代表性启发式”。如果你不是特别另类，那么对于第一个问题，你的回答应该是“教授”，因为这个人的特征更符合古典文学教授的典型形象，不符合卡车司机的典型形象。如果是这样，启发式使你做出了快速而节约的判断。然而这会导致你忽视其他相关信息，比如古典文学教授的总人数和卡车司机的总人数，因此这个判断也可能是快速而粗劣的。当我帮助人们更深入地思考这个问题时，他们的推理通常会引出与最初直觉相反的答案。我提出的问题是这样的：

问题：首先让我们推断出有多少符合这段描述的教授。你认为有多少所常春藤大学？

回答：嗯，我想大约有10所。

问题：你认为每所大学里有多少教古典文学的教授？

回答：或许4个。

问题：好的，也就是说有40个常春藤大学的古典文学教授。其中又瘦又小的教授占多大比例？

回答：可能一半吧。

问题：在这20名教授中，有多少人喜欢读诗？

回答：我想大约一半吧，也就是10名教授。

问题：好的，现在让我们来推断有多少符合这段描述的卡车司机。你认为全国有多少卡车司机？

回答：或许有40万人。

问题：又瘦又小的卡车司机会占多大比例？

回答：不太多，或许占八分之一。

问题：在这5万人当中，喜欢读诗的司机占多大比例？

回答：喜欢诗歌的卡车司机？可能百里挑一吧，哦，我知道结果会怎样了，会有500个又瘦又小、喜欢读诗的卡车司机。

问题：没错。因此尽管我刚才描述的人可能更像古典文学教授，而不像卡车司机，但这个人是卡车司机的可能性仍是古典文学教授的50倍。

鲁斯·贝思马罗姆（Ruth Beyth-Marom）和斯隆米特·德克尔（Shlomit Dekel）在课堂演示上以另一种形式提出了这个问题：“朱迪是个漂亮姑娘。她很在意保持苗条和性感。她穿着时尚，经常出入美容院、咖啡店和服装精品店。朱迪是时装模特的可能性有多大？”贝思马罗姆和德克尔称，学生们通常会回答 70%。然而当问其他学生，朱迪是演员、化妆品推销员或精品服装店导购员的可能性有多大时，他们回答的比例同样很高。这些比例被代表性启发式严重扭曲（无视模特、演员等在人口中所占的比例），它们的总和远远超过了 100%。学生们很快意识到，这样的推断存在问题。

让俄勒冈大学的学生猜测弗兰克的职业时，他们认为他有 80% 的可能性是律师而不是工程师。我想这可能也是你的答案，这完全合乎情理。然而当研究者巴鲁克·菲施霍夫和玛雅·巴希勒尔（Maya Bar-Hillel）改变了抽样比例，使工程师占到 70% 时，学生们的猜测会发生什么变化呢？一点没变。在他们的思维中，工程师和律师的基础比例根本不重要，因为弗兰克符合典型的律师形象，对他们来说这才是重要的。

经典的“琳达问题”最初是由已故的阿莫斯·特沃斯基和丹尼尔·卡尼曼提出来的。大多数人会选择第三个答案“女权主义的银行出纳员”，因为琳达符合女权主义者的形象。但经过反思我们会发现，由启发式引导的直觉又一次让我们误入歧途。琳达既是银行出纳又是女权主义者的可能性比她是银行出纳（无论是不是女权主义者）的可能性更大吗？（所有主张男女平等的银行出纳都是银行出纳。至少有一些银行出纳不是激进主义分子且大学读的不是哲学吧？）正如特沃斯基和卡尼曼提醒我们的，两个事件同时发生的可能性比任何单一事件发生的可能性更低[①]。西摩·爱泼斯坦和他的同事通过研究指出，人们得出不合理的答案说明人们比我们之前认为的更不理性。即使可以得到更理性的答案，他们似乎也更倾向于直觉性的启发式。

① 另一个例子是：很多人认为包含 7 个字母且以 -ing 结尾的单词要比第 5 个字母为 i 的单词数量更多。大错特错！人们更容易想出包含 7 个字母且以 -ing 结尾的单词（如 banking, morning 等），但每一个这样的单词的第 5 个字母都是 i，而除此以外还有其他第 5 个字母是 i 的单词（比如本书的页眉上就有一个）。

易得性启发式

问题：1）在英语词汇中，“k”更经常作为单词中的第一个字母还是第三个字母？ 2）古巴和委内瑞拉哪个国家的人口更多？你不能查找书籍、文章、告示牌以及以前读过的标签，也不能求助别人，只能凭借你多快好省的直觉。

对大多数人来说，以字母“k”开头的单词更容易跳入脑海，因此他们会认为“k”更经常出现在首字母的位置。事实上，“k”作为第三个字母出现在单词中的次数是作为第一个字母出现在单词中的次数的两到三倍。因此运用易得性启发式，即根据事物在记忆中的可获得性来判断它们的可能性，往往会导致直觉性错误。与之类似，许多人发现古巴和古巴人比较熟悉，因此会觉得古巴人更多。事实上，委内瑞拉有 2 400 万人，古巴只有 1 200 万人。

我们很容易在教室和实验室中展示易得性启发式。在一项研究中，斯图尔特·麦凯尔维（Stuart McKelvie）让被试阅读写着一些人名的清单，其中包括某一性别的名人（特蕾莎修女、简·方达、蒂娜·特纳[①]）和同样数量的另一种性别但没有名气的人。然后他问被试看到了多少男人的名字，多少女人的名字。名人的名字更容易被回想起来，因此对应性别的名字显得更多。

能够快速进入脑海的事件往往更常见、更普遍。但是情况并不总是如此，偶尔的错误判断并不总是无害的，只是博人一笑。生动鲜明、容易想象的事件似乎比难以想象的事件更经常发生，虽然后一种事件实际发生的频率更高。露丝·哈米尔（Ruth Hamill）和她的同事给被试呈现了一个生动但非典型的滥用福利事件（一个长期接受福利救济的人和不同的男人生下几个孩子，而且这些孩子品行不端）。这个事件比统计证据更能影响人们对接受福利救济者的态度，

① 蒂娜·特纳（Tina Turner）是瑞士籍的美国歌手，女演员。在她长达五十多年的演艺生涯中，获得了无数奖项的肯定，为摇滚领域做出巨大贡献，被人称为摇滚女王。——译者注

虽然大量统计数据反映的现实与人们的直觉相反。**想象助长信念。**

小说、电视和电影中虚构的幸福同样会影响我们的判断。小奥利弗·温德尔·霍姆斯（Oliver Wendell Holmes, Jr.）是对的："人们根据事件引人注目的程度来进行推理，而不是根据客观数字。"由于我们倾向于认为给我们留下深刻印象的事情是真的，因此一个生动的故事或景象胜过千百个数字。多亏易得性启发式，人们才能够快速地从生动的描述中推导出一般真理。在听到有关强奸、抢劫和打架斗殴的新闻后（没有任何数据显示这些事件是非典型的还是典型的），十分之九的加拿大人会大大高估暴力犯罪发生的比例。难怪国会的说客会更多地采用耸人听闻的故事，而不是更有代表性但枯燥无趣的统计数字。正如美国贸易办公室主管查伦·巴尔舍夫斯基（Charlene Barshefsky）所说："所有与出口相关的就业情况的统计数字敌不过一张关门大吉的工厂照片。人们认定了来自国外的竞争是导致工厂关门的罪魁祸首。"

在一次制订教堂调查计划的会议上，我的朋友桑迪怀疑地说："我从统计数字中看不出什么。你可以用统计数字来说明任何事情，但现实生活中的故事能给我留下更深刻的印象。"是啊，故事非常有影响力。故事来自我们的记忆核心与集体意识。"但是故事或奇闻轶事存在的问题是，它们可能不具有典型性。不要去想统计数字，而是想一想人，因为每一个数字背后都是人，每一个人都发出了自己的声音。"

生动故事的力量不断对社会科学家提出挑战（"说的没错。但是我认识一个人，他……"）。在电台采访中，发展心理学家桑德拉·斯卡尔（Sandra Scarr）描述了 8 项研究，总结了从 4 个国家数千个家庭中收集的证据，所有这些证据都显示妈妈上班对孩子并没有什么损害。通过另一个麦克风，一位作者讲述了几个家庭因为妈妈上班导致家庭关系紧张的故事。对于节目主持人和打进电话的听众来说，证据和故事最多也就是打了个平手。同样的道理，科伦拜恩高中的屠杀事件使人们相信，在 20 世纪 90 年代末，青少年暴力事件突然大幅增加，然而真实情况是这类事件在减少（尽管依然比半个世纪前多）。虽然 12 个少年的死亡让美国人不禁要问“美国发生了什么”，但其实我们每天都可以问同样的问题，因为每天都有孩子被枪击身亡。在过去 20 年里，大约有 8 万名美国儿童死于枪击。我们是否应该只为科伦拜恩高中的巨大损失哭泣，而对统计数据无动于衷，尽管那代表 79 988 个死去的孩子？或许伯特兰·罗素（Bertrand Russell）是对的，他指出：“有先进文明的人类的特征是能够看懂一列列数字并为之哭泣。”

认识到故事的力量以及数字中蕴含的真相后，我们最后来想一想 1987 年落井的美国得克萨斯州小女孩杰茜卡·麦克卢尔（Jessica McClure）。在她被困井中的三天里，全球数亿人的注意力被集中在杰茜卡和对她的营救工作上。我们都在担忧：这个孩子会失去生命吗？同样在这三天里，10 万多个人们视线以外的孩子死于饥饿、痢疾和其他疾病，他们仅仅是世界卫生组织某个电子表格中的一列数字。10 万个杰茜卡·麦克卢尔死去了，但几乎没有人为此哭泣。防止世界疾病与饥饿的资金筹集人非常了解这种现象。不要使用抽象的东西，比如“数百万人正在挨饿”，人们不会为此掉一滴眼泪，而应该讲述一个正忍饥挨饿的孩子的真实故事。

框架效应：朝三暮四还是朝四暮三

另一个检验我们理性的方法是，提出两个结构不同但逻辑完全相同的问题，看它们是否会引出相同的答案。琼斯医生对他的病人约翰说，大约有 10% 的病人会在外科手术中死亡。与此同时，在大厅另一头，史密斯医生对他的病人玛丽说，外科手术的生存率为 90%。得到的信息相同，约翰和玛丽对外科手术的态度会一样吗？如果他们的反应与研究中的被试相同，那么约翰在得知有 10% 的死亡率后会变得更加担忧。即使医生也更喜欢推荐说手术具有 93% 的生存率，而不是手术的死亡率仅为 7%。

长期以来我们就知道，调查问题的措辞会影响回答。在一项民意测验中，只有 23% 的美国人认为政府在“帮助穷人”方面投入过大，但有 53% 的人认为政府在“福利救济”上的投入过大。大多数人支持减少“海外援助”，增加在“帮助其他国家饥民”上的投入。“禁止”某事和“不允许”某事是相同的。然而在 1940 年，54% 的美国人说我们应该“禁止”反民主演讲，而 75% 的人说我们应该“不允许”这类演讲。

这些词在意义上是否有着微妙的差别？在最近有关“框架效应”的实验中，相互替换的措辞完全是同义词。相比含有 25% 肥肉的牛肉馅，顾客从直觉上更接受含有 75% 瘦肉的牛肉馅。相比每 200 起中会发生 10 起的事件，人们对发生概率为二十分之一的事件感到更吃惊。人们更有可能花钱购买中奖概率为 10% 的彩票，而不会购买中奖概率为十分之一的彩票。得知避孕套在避免艾滋病传染方面的有效率为 95% 后，十分之九的大学生会认为避孕套很有效；而在得知避孕套的失败率为 5% 后，只有五分之二的大学生认为它是有效的。

在日常的消费者行为中，你是否注意到了框架效应？有些商店（和大多数机场）的商品标价会比正常价格高很多，让人感觉折扣很大。例如在甲商店，200 美元的 CD 会标出原价 300 美元，与乙商店只标明正常价格 200 美元的 CD 相比，顾客会觉得甲商店的 CD 更划算。在通胀率为 12% 的情况下，人们通常会欣然接受工资增加 5%，但在通胀率为 0% 的情况下，人们会强烈反对工资降低 7%。如果当场用现金付款，我的牙医会提供 5% 的折扣；如果晚些付款，她也不会收取额外费用。我的牙医很聪明，她知道得不到折扣不会像额外收费那样让病人不愉快，尽管它们其实都是一回事。

我们变来变去的判断再一次提醒我们，直觉是有局限性的。直觉反应快速而节约，但有时缺乏理性。懂得框架效应的人可以利用它来影响人们的决策。一位年轻的僧侣问，他是否可以在祈祷的时候抽烟，结果被严厉拒绝了。根据一位聪明朋友的建议，他换了一个问题：在抽烟的时候是否可以祈祷？

总结直觉的潜力与陷阱

有关直觉的潜力与陷阱，还有许多可以探讨的内容。不过我相信这 6 章足以证明当代心理学的两大观点：

直觉的力量

第一，引导我们生活的潜意识直觉思维比我们认为的更多；第二，我们的直觉虽然快速而高效，但经常会出错，我们应该了解它出错的方式。

因此在理性分析之前，我们即时获得直接知识的能力既具有惊人的力量，又具有惊人的危险性。人类头脑不仅展现出难以言表的微妙力量，也展现出马德琳·恩格尔（Madeline L’Engle）所说的话是多么正确。她说：“赤裸裸的智力是一种非常不准确的工具。”

认识到直觉的力量和危险之后，我们应该得出什么结论？在商业、政治、体育、宗教及其他日常生活领域中做出判断和决策时，精明的人们会很好地利用直觉的力量，但也知道何时该用理性的、基于现实的批判性思维来约束直觉。大多数时候，“自动驾驶”的感知能力和直觉很好用，而且它们之所以存在，是因为它们使人类祖先得以生存繁衍。但是在现代世界中，准确性有时非常重要。在这种时候我们就需要理性来管理直觉。**自由女神高举着理性的火炬，自由在理性的护佑下得到繁荣与发展。**

接下来我们会探讨人们对体育、职场、投资、风险评估、赌博和灵性领域中的直觉有哪些流行的主张。请记住，智慧来自抛却错觉，获取知识。叔本华说："避免人们犯错的方法是告诉他们什么是错的，而不是让他们接触不到有关错误的知识。"从体育领域到灵性领域，将直觉的力量从危险中筛选出来有助于我们聪明地思考和做事。

根据已有的证据来检验直觉、预感或心底的声音，我们会变得更明智。在接下来的章节中，我们将对各种信念进行检验，剔除错觉，留下真相。如果这些信念得到了证实，它们会变得更强大；如果这些信念在证据面前土崩瓦解，它们会更加没有立足之地。

Intuition

Its Powers and Perils

第三部分

生活中的直觉

该不该把球传给手气正顺的队友?

冒险投资和稳定收益哪个更有利?

诊断中是经验说了算还是数据说了算?

为什么面试官时常会看错人?

心灵感应真的存在吗?

……

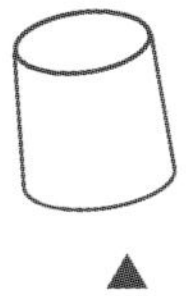

Intuition

Its

Powers

and

Perils

7

体育运动中的直觉

人类在理解事物时，赋予了它们比真实情况更强的秩序性。

弗朗西斯·培根
《新工具》，1620 年

就像在其他生活领域中一样，体育领域中也常有怪事发生。有时随机事件会产生匪夷所思、令人难忘的结果。

8 名高尔夫选手亲眼看到托德·奥巴霍斯基（Todd Obuchowski）在美国马萨诸塞州比弗布鲁克高尔夫球场一杆进洞的奇迹。他打出的球高高地飞过草地，上了高速路，撞上一辆经过的丰田汽车，弹回草地，滚入球洞。

◇◇◇

来自美国南达科他州布鲁金斯的戴维·霍华德（David Howard）是一位技术平平的高尔夫球手（9 洞 45 杆），通常一局得 210 分。2000 年 7 月，他第一次打出了一杆进洞，数小时后，打出了一局 300 分的成绩。

◇◇◇

2001 年 8 月，波士顿红袜队的斯科特·海特伯格（Scott Hatteberg）

击出了罕见的三杀[①]。在轮到他下一次上场击球时，他又用四分本垒打弥补了过失。

◇◇◇

1990年9月在波士顿，罗恩·瓦尚（Ron Vachon）坐在数千名球迷中观看棒球比赛，奥克兰运动家队的外野手里奇·亨德森（Richey Henderson）连续击出两个界外球，都打中了他。

罗恩·瓦尚被连续两个界外球击中的可能性应该是微乎其微的。有的事件每天在10亿人里只有1个人会遇到，但某人在一年里可能遭遇2 000次。

直觉的力量

如果不发明出一些解释，我们便无法理解这样的事件。它们具有稀奇古怪、变幻不定的模式，诱惑我们去发现并不存在的规则和现象。大自然讨厌空白，人类的本性痛恨混乱。我们要在随机中找到规则、模式、集中趋势和倾向。

托马斯·吉洛维奇在《理性犯的错》（*How We Know What Isn't So*）[②]中指出："在我们用以理解世界的认知机制中，固定存在着为模糊的刺激赋予规则的倾向。"我们对秩序的渴望有好的一面，那就是我们拥有发现真实的模式、制造联系和形成科学理论的能力。但它也存在不好的一面，这表现在虚假的相关性、迷信和我们所做的蠢事上。最后一点在体育运动的粉丝、教练、球员和讲解员身上尤其明显。我们知道篮球运动员有时会进入最佳状态，而每个棒球击球手都会经历起起落落。我们知道应该把球传给手气好的得分后卫，应该让运气好的选手当二垒手。但是我们很可能会误解选手的趋势。要想知道为什么会这样，让我们来看一看有关随机性的事实。

① 在棒球比赛中，三杀就是指防守方一次性使进攻方的三个跑者出局。——译者注

② 该书中文简体字版由湛庐文化策划、中国人民大学出版社出版。——编者注

为什么随机序列看起来不随机

识别体育直觉的关键是理解这样一个简单的生活事实：随机序列看上去很少像是随机的，因为它们包含的连续系列比人们认为的更多。很久很久以前，有些人非常擅长感知下雨的模式、在水坑边狩猎的模式以及庄稼生长的模式。我们是这些模式识别者的后代。由于遗传，我们倾向于不断寻找规则和有意义的模式，哪怕是在随机数据中寻找。

想一想随机抛硬币。如果有人抛了 6 次，以下哪个序列看起来最有可能出现？是正正正反反反、正反反正反正，还是正正正正正正？

丹尼尔 · 卡尼曼和阿莫斯 · 特沃斯基说，大多数人认为“正反反正反正”是最有可能出现的随机序列（让人们预测 6 次抛硬币的结果，他们很可能告诉你一个类似这样的序列）。事实上，所有序列出现的可能性相等（或者你也可以说，它们同样不可能出现）。为了证明这个现象，我自己抛了 51 次硬币（你也可以试试），结果是：正反反反正正正反反反反正正反反正反反正正反反正反反反正反正**反反反反反反正反反**正反**正正正正反正正**反反反反。仔细查看这个序列，模式跃然而出：带下划线的第 10 ~ 22 次抛硬币结果几乎是完美的两个反接着两个正的模式。在用黑体字表示的第 30 ~ 38 次结果中，我的手气很差，抛了 9 次只出现了一个正面。不过我很快时来运转，抛 7 次有 6 次是正面。

为什么会出现这些模式？我是否在练习用超能力控制硬币？我是否已经摆脱霉运，进入了巅峰状态？这些解释都是不必要的，因为在任何随机序列中都能发现这类趋势。比较连续两次抛硬币的结果，50 次中会有 24 次发生结果改变，也就是说在抛硬币的过程中，改变率接近 50%。尽管在这些数据中似乎存在着模式，但每次抛硬币的结果都对下一次的结果没有任何启示作用。

20 世纪 90 年代末对“圣经密码”的狂热为《圣境预言书》（*Celestine Prophecy*）的作者詹姆斯·雷德菲尔德（James Redfield）所说的“看似偶然巧合”提供了例证。“看似偶然巧合”指的是感觉像是经过有意安排而发生的怪异事件。如果将希伯来语文章转换成一连串没有空格的字母，计算机会发现其中包含某些单词，这些单词由纵的、横的以及对角线方向的若干字母组成。例如，以色列被刺杀的总理伊扎克·拉宾（Yitzhak Rabin）的名字的希伯来语字母拼写起来非常像英语的“刺杀”。一旦事件发生后，人们似乎可以在各种文本中找到被编码的各种单词。一位 NBA 球迷在芝加哥公牛队 1998 年夺冠后，使用“等距字母序列”技术在《战争与和平》中找到了“Chicago”（芝加哥）这个词。我们是否应该说“托尔斯泰密码”预言了芝加哥公牛队第 6 次夺冠呢？在足够多的随机字母序列中，从各个方向上查找，我们总会发现一些单词或一些模式。

思考一下，在图 7-1 中，哪个 10×10 网格的黑白小块设置得更随机？

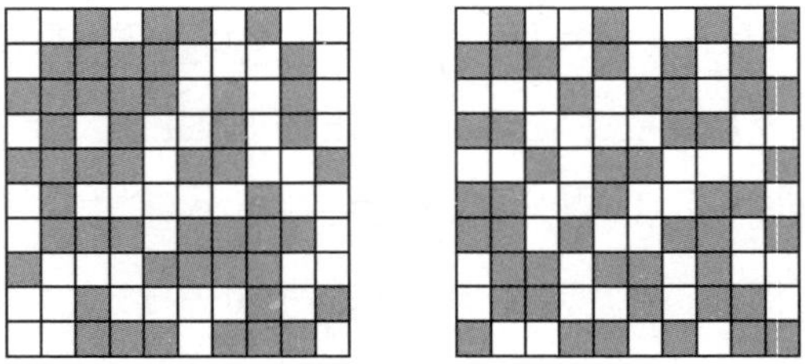

图 7-1　随机马赛克图案

在随机网格图案中，任何一格的颜色都无法给我们提供判定下一格颜色的线索，它完全是随机的。左侧的图案就是这样。研究者鲁马·福尔克（Ruma Falk）和克利福德·科诺尔德（Clifford Konold）发现，对大多数人来说，右侧的图案看起来更随机。然而情况并非如此。人们之所以产生这样的印象，是因为无论横行还是竖列，这个图案的变化率更高（63%）。图案越复杂、越难记住，人们就会认为它越随机。在尝试产生随机序列时，人们会创造出过多的变化，而缺乏我们在左图中看到的系列和群集。

我的一位数学家朋友曾试着按照随机的数字表格来摆放红砖、白砖和黑砖，形成一面随机的砖墙。后来她不得不放弃那张表格，因为她发现很大一片区域中只有黑砖。随机放置的结果看起来一点都不随机。

战争时期的伦敦人感受过这种在随机图案中看出集中趋势的倾向性，并由此认为它们根本不是随机的。例如他们看到德军在伦敦某个区域投的炸弹很不均匀，于是认为工人阶级聚居的伦敦东区遭受了更多轰炸，因为德军试图离间穷人和富人。然而战后的统计分析显示，炸弹的分布完全是随机的。德军的V型飞弹和火箭弹虽然能够找到伦敦，但无法准确地定位在某个区域。

最近美国人遭受了鲨鱼群的袭击，还发现有些社区的癌症或白血病发病比较集中。公共健康官员收到了数千个集中发病社区的报告。其中一个社区位于加利福尼亚州的麦克法兰（人口为 6 400），一位孩子患有癌症的女性在几个街区内又发现了其他 4 个病例，后来医生又发现了其他 6 个病例。这引发了对杀虫剂生产商的法律诉讼，因为人们相信是杀虫剂生产商污染了地下水，因此导致癌症高发。正如矿工的黑肺病提醒我们的，环境可能有毒。然而让“深受毒害的”社区无法相信的是，研究发现环境因素并不能解释近期癌症的高发。加州首席环境健康调查员得出结论，鉴于被记录下来的癌症有成千上万例，因此人口调查肯定会显示出发病率的随机上升。他指出，如果你所在的社区出现了这种上升，这并不一定意味着什么。

我父亲曾经从西雅图的养老院中打电话给我，那里每年大约会死 25 个人。他在思考一个令人奇怪的现象：“死亡好像扎堆儿出现，为什么会这样？”上帝真是很古怪，喜欢让人们成群地离开。

这里的启发是：**随机序列比我们认为的更混杂。由于随机序列中不可避免地会出现某种趋势，因此我们会在没有规则和模式的地方看到规则和模式。**

该不该把球传给手气正顺的队友

每个篮球运动员、教练和球迷都本能地知道，热手球员很少会投不中，而冷手球员投篮时会犹犹豫豫。用他们自己的话说就是：

“我们看到了有热手的家伙，杰夫就有热手。”肯塔基大学队的教练塔比·史密斯（Tubby Smith）解释说。杰夫·谢泼德（Jeff Sheppard）连续投出3个三分球，这使得这支球队进入了1998年美国大学生篮球联赛的冠军赛。

◇◇◇

“你永远不知道谁的手会变热。”在北卡罗来纳队击败阿拉巴马队后，教练西尔维娅·阿切尔（Sylvia Hatchell）解释说，“今天是胡安娜，我告诉球员把球传给她。这不是良好的教练技术，只是常识。”

◇◇◇

“当球员有热手的时候，你会希望他能得到球。孩子们很擅长发现这样的队友。”当地高中的教练在看到他队里的球星随随便便就投篮命中后这样说。

◇◇◇

霍普学院（Hope College）篮球队的控球后卫在加时赛中，投了10次篮，结果一个都没投中。当地体育专栏作家批评霍普学院篮球队的教练道：“你必须发现有热手的球员，而不是盯着总也投不中的家伙。”

◇◇◇

业余球迷也常常会目睹热手现象。米德伯理学院（Middlebury College）英语教授杰伊·帕里尼（Jay Parini）对自己午间时分的球赛策略总结道：“我尽量与队友合作，把球传给那天有热手的队友。”

说这些话的人几乎都是篮球迷。在托马斯·吉洛维奇、罗伯特·瓦洛内和阿莫斯·特沃斯基对费城76人队进行访谈时，队员们估计在投篮命中后再投篮，投中的概率会比没投中后再投的命中概率高25%。10个球迷中有9个会赞同，与连续失误两三次后相比，球员在投中两三个球后，再次投篮时命中的可能性会更大。因此队员们会给热手队友传球，而教练会让冷手球员下场坐冷板凳。

然而事实证明根本不存在热手现象。吉洛维奇和他的同事研究了多支球队球员的投篮记录，其中包括费城76人队、波士顿凯尔特人队、新泽西网队、纽约尼克斯队、康奈尔大学男篮队和女篮队，结果都没有发现热手现象。球员无论在投篮命中后还是在投篮不中后，投中得分的可能性都一样。如果有什么不同的话，那就是投中后再投篮，投不中的可能性会略微提高。在整个赛季中，费城76人队连续投中三个球后再次投中的概率为46%，连续投中两个球后再次投中的概率为50%，投中一个球后再次投中的概率为51%，一次投不中后再投的命中率为54%，两次投不中后再投的命中率为53%，如果连续三次没投中，再投的命中率上升为56%。（鉴于结果与热手现象相反，我是否可以做一回事后诸葛亮，认为在连续投中三次后，变得越来越大胆的球员会开始在条件不够理想的情况下强行投篮，或者对方的防守会变得更加严密？）吉洛维奇的研究团队还分析了波士顿凯尔特人队在两个赛季中的罚球统计数据。在第一个球投中后，第二个球投中的概率为75%。在第一个球没投中后，第二个球投中的概率也是75%。凯尔特人队的球星拉里·伯德（Larry Bird）在投中第一个罚球后，投中第二个球的概率为88%。如果他第一个罚球没投中，投中第二个球的概率为91%。心理学家艾伦·瑞夫曼（Alan Reifman）对NBA的三分球投篮进行了类似的观察，球员同样在投不中之后更有可能投中。

难道所有球员、教练和球迷都被蒙蔽了，相信在得分后更有可能得分，在失误后更有可能失误？是的，真实情况就是这样。原因很简单，他们对暂时趋势的感知没有任何问题，只是错误地理解了它们。他们注意到了暂时的集中趋势，并认为这是因为球员正处在巅峰状态，但暂时的集中趋势是任何随机序列中都会出现的。就像医院工作人员有时会注意到在一段时间中男孩或女孩集中降生的趋势，比如 1997 年 8 月，在美国纽约州丹斯维尔市的医院中连续降生了 12 个女孩。医院工作人员将这种现象归因于神秘力量，比如怀孕时的月相①。暂时的集中确实存在，但解释是错误的。

或许你可以从图 7-2 的两个序列中看出其中一个有热手现象。这两位球员的命中率均为 50% 左右（21 投 11 中），谁的结果序列看起来更像是我们期望中的随机序列呢？

图 7-2　两位球员的投篮结果序列

在大多数人看来，球员 B 的结果更随机，但他连续投中或投不中的次数其实是少于预期的。投篮就像抛硬币一样，每种结果的概率都是大约 50%。但在 70% 的情况下（20 次中的 14 次）球员 B 的投篮结果在下一次投篮时发生了改变。尽管 7 投 6 中的热手过后是 6 投 1 中的冷手，但球员 A 投中的概

① 或许你也注意到有些家庭特别容易生男孩，有些家庭特别容易生女孩。我的同事来自有 8 个男孩、4 个女孩的家庭。这些兄弟姐妹又生育了 28 个男孩和 8 个女孩。统计学家约瑟夫 · 罗杰斯（Joseph Lee Rodgers）的妹妹曾说“罗杰斯家的男人生男孩”，因为罗杰斯兄弟 8 个生育了 21 个男孩、3 个女孩。于是约瑟夫 · 罗杰斯开始对这种明显的现象进行研究，认为其具有生物学基础。然而当罗杰斯和黛比 · 道蒂（Debby Doughty）分析了 6 089 个随机抽取的家庭的孩子性别后，他们发现并不存在明显的性别偏差。例如在 132 个有 4 个孩子且前 3 个孩子性别相同的家庭中，69 个家庭中第 4 个孩子还是相同的性别，而 63 个家庭中第 4 个孩子变成了另一种性别。自从罗杰斯的妹妹发表了那番评论后，罗杰斯家的男人又养育了 5 个孩子，其中 4 个是女孩。

率仍比 50% 高。在 20 次投篮中有 10 次，他接下来的投篮结果发生了改变。

数学家长期以来争论圆周率是不是一个真正的随机序列（新的证据显示它可能是）。无论如何，这个奇数和偶数构成的序列对我们来说足够随机了。不过想一想，即使在圆周率中也会出现暂时的趋势。查看圆周率的前 1 254 543 位数字，我在数字串中发现了 5 位家人中 4 位的生日。（如果查看到第 131 564 位，则正好开始显示我的生日“92042”。这是神祇在向我示意吗？①）已退休的化学家布鲁斯·马丁（Bruce Martin）很有闲情逸致，他发现如果我们把圆周率中的奇数看成是硬币的背面，把偶数看成是正面，那么前 100 位数字构成的序列如下：

反正反反反正正反反反正反反反反正反正正正正正正反反正反正反反反正正正正正反反反反正反反反反反反反反正反正正正反反正反正正反反正反正反正反正正正正正正正正正正反反正正正正正反正正正反反正正反反反正正反反

在这 49 个反面和 51 个正面中，集中的趋势比通常情况更明显一些。前后两个数字同为奇数或同为偶数的情况出现了 57 次。不过神奇的是，这些集中趋势构成了连续 8 个反面和连续 10 个正面。如果这是篮球比赛，你能想象当一名球员连续失误 8 次，而另一名球员连续投中 10 次后，半场评论会对教练和球员给出什么样的建议吗？对于命中率为 50% 的球员或投硬币来说，这样的集中趋势很可能发生。霍普学院篮球队那位投了 10 次却 1 次都没投中的球员的命中率为 47%。

① 你可以在 www. facade. com/legacy/amiinpi 这个网站上查找你的生日。如果你的生日在 1~9 月（可以用 5 位数字表示，第 1 位为月，第 2~3 位为日，第 4~5 位为年），几乎可以肯定你能在圆周率的小数点后前 1 000 000 位数字中找到它。选取任意一位数字，有 1/10 的概率与你生日的第 1 位相符；这位数字和它的下一位数字与你生日的前两位相符的概率则是 1/100……以此类推，找到全部 5 位数字的概率为 1/100 000（如果你的生日是 6 位，则概率为 1/1 000 000）。

当然，人们无法证明非随机的集中趋势永远都不会发生。肯定会有某位球员觉得不舒服或状态极佳的时候。不过热手现象必须面对冰冷的事实。在检视体育运动的数据后我们发现，正如我们预期的那样，集中趋势经常会发生。因此我们不需要为它们编造解释，也不应该根据它们来改变教练策略。

对于这种有违直觉的研究结果，球迷们往往会提出抗议："难道你认为篮球只是一种碰运气的游戏，就像抛硬币一样，技术、防御、情绪等等都不重要吗？球员能够感觉到热手！任何人都能看出来！"

我不是这个意思。技术、防御、情绪等当然都很重要。有些球员的投篮比其他人更优秀，拉里·伯德能投中 90% 的罚球便证明了他的技术，但是无论什么原因，每位球员都有发挥比较好和发挥比较差的时候。已有数据所证明的是，前一次投篮结果不足以被用来预测下一次投篮结果。

直觉的力量

在没有进一步数据的情况下，名声响当当、颇有影响力的热手神话似乎只不过是一种幻觉。感觉处于巅峰状态似乎更多的是投篮命中的结果而不是原因。

但是不是有些球员的巅峰状态比其他球员的更多呢？底特律活塞队的球迷应该记得外号"微波炉"的维尼·约翰逊（Vinnie Johnson），他被认为是 NBA 最棒的投篮手之一。1987—1988 赛季中，在上一个球没有投中的情况下，由约翰逊投下一个球的概率为 20%；在上一个球投中的情况下，由约翰逊投篮的概率为 45%。尽管上一个球投篮得分增加了约翰逊连续投篮的概率，但其实他在没投中后和投中后再次投篮的命中率并没有差别。

篮球专家仍然倾向于相信眼见为实，或者更准确地说是相信根据所见做出的直觉推断。在得知吉洛维奇的发现后，曾一度担任凯尔特人队教练的雷德·奥尔巴克（Red Auerbach）回应说："那家伙是谁？他做了项研究，但我一点儿都不关心。"在听到哥伦比亚广播公司篮球评论员比尔·帕克（Bill Packer）劝告大学球队教练要识别出热手现象时，我的一位朋友将我的文章概要发给他。帕克回应说："谁能投中、什么时候投中以及投中的频率是有模式可循的，这种模式会随着比赛情况的变化而发生改变。请告诉做统计的那个家伙，别胡扯了。"①

赛场上出现奇迹的概率有多大

即使统计学家（兼体育迷）让你怀疑热手神话，但你可能依然会认为整支球队的表现是有集中趋势的。在任何赛季中，球队都会有发挥得非常出色或接连遭遇失败的时候，然后他们会从中摆脱出来。2001 年 5 月，棒球界常败将军芝加哥小熊队连续输了 8 场比赛，之后很快赢得了接下来的 13 场比赛。

球队的表现真的有集中趋势吗？密歇根州立大学心理学教授戈登·伍德（Gordon Wood）思考着这个问题。伍德教授也是一个喜欢体育、善用统计的学者。于是他收集了 1988 年 26 支主要棒球队的比赛结果，每支球队的比赛场数大约为 160 场。球队在一次比赛失利后是否更容易再次失利，或者在一次比赛取胜后是否更容易再次取胜呢？研究者查看了四千多场比赛的数据并在各队之间进行了平均，失败后取胜的概率是多大呢？ 50%。胜利后再次取得胜利的概率是多大呢？还是 50%。

① 帕克对统计学的蔑视是一以贯之的。3 个月后，他又对美国大学体育协会（NCAA）女子项目的收视率超过了男子项目的常规赛以及高尔夫球的鲍勃·霍普精英赛提出了质疑："收视率就好比 SAT 分数，只有没时间讨论现实的懒人才会拿它出来说事儿。"

伍德还分析了1988—1989赛季25支NBA球队的比赛，每支球队的比赛场数为82场。正如我们预期的那样，顶尖球队获胜的可能性更大，无论是在赢了或输了之后。不过平均来说，球队在赢得比赛后的发展趋势会怎样？他们再次获胜的概率正好是50%。在输球后呢？也正好是50%。

这些数字是惊人的，难道球队的表现不存在非随机的集中趋势吗？棒球运动员的击球肯定存在非随机的集中趋势，难道不是吗？可以肯定的是，球迷、运动员、俱乐部经理和讲解员都认为存在这种趋势。听一听芝加哥小熊队电台评论员罗恩·桑托（Ron Santo）怎么说：

> “像任何人一样，当处于最佳状态时，他（指萨米·索萨[Sammy Sosa]）会一直保持下去。他的本垒打会接二连三地出现。”
>
> ◇◇◇
>
> 在二、三垒有人的情况下，芝加哥小熊队的投手向科罗拉多队的托德·赫尔顿（Todd Helton）投出一个好球。评论员说：“哦，他们应该保送他上一垒。赫尔顿在过去两天里打出了8个安打，他现在手气正顺！”
>
> ◇◇◇
>
> “今天杰夫·布劳泽（Jeff Blauser）打出了3个安打。罗恩，你认为这是否表示在未来几周里他会越打越顺手？”“是的，我认为是这样。他正蓄势待发。”

如果有人了解热棒现象，这个人应该就是桑托。桑托成年后不仅评论棒球赛，自己也打棒球。他和极少数其他人一样，亲眼看到了原始数据。他在一场比赛中会看到80次打击，一年看到13 000次，整个职业生涯中会看到50万次以上，难道他的眼睛欺骗了他？难道他对热棒的直觉是不可靠的？

一些流行的棒球神话已经得到了证实。比如当投手使用的手臂与击球手相反时，击球手的打击率平均会高20个百分点（比如从0.260提高到0.280）。

如果是在主场比赛，击球手的打击率平均会高 8 个百分点。如果在球数上处于有利状况，而不是已经两好球，击球手的打击率平均会高 123 个百分点。当一垒有人且无人出局时，如果击球手用牺牲短打促使跑者进垒，那么单一一次跑垒得分的概率会略微提高一点儿（从 0.39 提高到 0.42），但该局跑垒净得分的平均值会从 0.85 下降到 0.69。击球手像篮球运动员一样，也存在集中趋势。但从他们的赛季平均成绩来看，这种集中趋势是否比我们预期的更多呢？相对于预测维尼·约翰逊接下来的表现，最后一次或最后几次尝试的结果是否能更好地预测出萨米·索萨接下来的表现？

印第安纳大学的统计学家克里斯蒂安·奥尔布赖特（Christian Albright）研究了击球表现好坏的集中趋势是否比随机概率模型所预测的更加频繁。他仔细研究了大联盟球员在 4 个赛季中的数据，其中包含 501 个球员，每人在赛季中都有超过 500 次打击，留心出局和安打的序列（在第二次分析中则为失败与成功的序列，其中安打、四坏球保送或牺牲打都被定义为成功）。击球手在前一次打击成功后是否会变得更成功？如果前两次打击都成功了呢？前三次？前二十次？在某一个赛季里，一些选手确实表现出了比预期更频繁的集中趋势，但这种趋势并没有延续到其他赛季。它被其他选手出乎意料的稳定性抵消了。总之，奥尔布赖特的结论是：“如果将所有被研究选手的行为作为一个整体来看，那么它与随机模式所预期的结果并没有什么明显的差别。”但不要指望罗恩·桑托会相信这个结论。

体育统计学家兼顾问斯科特·贝里（Scott Berry）所做的另一个分析或许会让桑托感到满意。他分析了 1998 年全垒打赛季期间 11 名打出全垒打的顶尖击球手的全垒打分布情况。正如桑托的感觉，萨米·索萨的全垒打连续出现的频率确实高于随机序列的预期。在赛季开始时他的成绩平平，在 6 月接下来的比赛中，他便成了炙手可热的人物，打出了 20 个全垒打的纪录。然而索萨的集中趋势被安德烈斯·贾拉拉格（Andres Galarraga）超乎想象的一致性抵消了。对于其他 9 位强击手来说，全垒打的分布情况符合随机的统计数据。

因此经理们应该记录这些结果，而选手们应该振作精神。即使你的安打率或全垒打数量在最近几场比赛中下降了，这对于预测你在下一次上场击球时是否能大获成功也没有任何意义。记住，集中趋势是会发生的。

享受着退休乐趣的布鲁斯·马丁用圆周率模拟了随机击球的集中趋势。为了创造出一位打击率为 0.300 的击球手，他将数字 0、2 和 4 赋予安打，将其他 7 个数字赋予出局。果然在 100 位数字中有 30 个安打，70 个出局。将这 100 个数字分成 4 个数字一组，以形成 25 场模拟的比赛，其中包括 1 场 3 个安打的比赛，4 场没有安打的比赛（其中有 3 场连在一起），以及一个连续 13 场击出安打的集中趋势。这就是在随机数字序列中出现的集中趋势。

然而这不足以解释许许多多被认为是历史上最不可能发生的棒球成绩。例如 1941 年乔·狄马乔（Joe DiMaggio）在连续 56 场比赛中击出安打。鉴于 1941 年狄马乔的平均成绩为 0.356，平均每场比赛有 3.9 次打击（不算四坏球保送和牺牲打），艾奥瓦州立大学的统计学家哈尔·斯特恩（Hal Stern）计算出狄马乔在 154 场比赛的赛季中连续击出 56 个安打的概率为 1/3 200。由此扩展出的问题是："一位像狄马乔这样的选手，在职业生涯中的 1 736 场比赛里，击出连续 56 个安打的概率是多大？"概率大大增加，但依然是令人难以置信的 1/200。斯特恩还提出了另一个更宽泛的问题："在棒球历史 100 年的记录中，任何一位选手击出连续 56 个安打的概率是多大？"或者我们可以问一个范围再广一些的问题："在棒球的统计数据中，我们找到像狄马乔连续安打这样极其不可能的结果的概率是多大？"将约翰·保罗斯（John Allen Paulos）的话改编一下就是："在棒球中，可以想象到的最令人震惊的可能性就是完全没有奇迹出现。”

尽管结果的不可预知性使得体育比赛既令人兴奋，又容易受到迷信的影响，但我敢保证篮球和棒球的神话还会存在下去。具有集中趋势的随机序列像营养丰富的肉汤一样，将会继续滋养着我们用来解释世界的心智。多亏我们所具有的先入之见以及怪异但自然的随机事件群集，我们才得以发现模式。然后我们会形成理论，用来解释为什么球员会表现出集中趋势。“在有些日子里，球员处在极佳的状态中。投篮者一投就中，击球手手气正顺。大家都很有信心。”正如我们在前面提到过的，无论证据如何摧毁理论的基础，理论往往都会存在下去。获得某个理念比去除这个理念更容易。

体育领域的其他神话

就像我们将在接下来的几章里看到的，不可预测性是虚假直觉生长的土壤。在打棒球的过程中，接住飞来的球是很平常的事。因为它的成功率超过95%，所以几乎没有相伴而生的迷信行为。击球中充斥着更多的不确定性，而不确定性中会滋生预感和习惯。因此击球手拥有各种各样的击球方法，每一种方法都具有独特的热身、轻叩本垒板、抬腿和挥棒的方式。

决定胜负的黄金时刻

另一个普遍的体育直觉是在比赛结束时获得的分数更重要。在实验室和现实生活中，我们倾向于将邻近（“时间上接近”）的事件联系在一起。在比赛将要结束时，我们会把最后投中的球与比赛结果联系起来。事实上，它与任何时间投中的球具有相同的重要性。不过比赛最后时刻感觉起来似乎对结果更具有决定作用。因此大多数球迷、教练、球员和解说员一致同意，让最好的球员在决定性时刻上场是非常重要的。先让沙奎尔·奥尼尔（Shaguille O'Neal）[①]坐在替补席上，直到最后再让他上场。

社会心理学家戴尔·米勒（Dale Miller）和萨库·古纳斯卡兰（Saku Gunasegaram）让人们想象两个人抛硬币。如果他们抛的结果相同，那么每人获得1 000美元。如果结果不同，两人一分钱都得不到。第一个人抛出的是正面，第二个人抛出的是背面。谁该受到指责？几乎所有人都指责第二个人，凭直觉认为他应该感到更内疚。与之类似，托马斯·吉洛维奇注意到，如果湖人队的沙奎尔·奥尼尔在20个任意球中投中10个，而他的队友科比·布莱恩特（Kobe Bryant）10个投中了9个，但他的失误发生在比赛结束时，且湖人队只输了一个球，那么人们会认为是科比而不是沙奎尔输掉了比赛。

我曾问教练们：如果你的明星球员已经犯规4次且比赛只剩下10分钟了，你不知道他还能在场上打多久（因为你不想让球员打得没有把握），你是会尽可能延长他的比赛时间，还是会缩短比赛时间，以确保他能在比赛结束时的关键时刻上场？你愿意让明星球员上场6分钟（或许先休息1分钟），在比赛还剩3分钟时被罚下场，还是想让他只在最后3分钟出场？

由于我们人类是凭直觉根据时间上的接近性给事件寻找原因的，因此大多数教练似乎认定比赛的最后3分钟比其他时间段里的3分钟更能决定比赛结果，这一观点也得到了球迷的支持。"在黄金时间用黄金球员！你有多少次看到比赛中最后一个球没有投中？"他们也不想想，有些比赛之所以会演变成最后一球决胜负的状况，正是因为黄金球员一直在坐冷板凳。

① NBA实力最强的中锋之一，入选NBA"50大巨星"。——译者注

《体育画报》诅咒

为什么运动员因为巅峰表现而登上《体育画报》的封面后经常会很快成绩大跌呢？（2002年，这本杂志分析了它所有的2 456个封面，发现了913起厄运事件。这似乎证明成为封面人物后的确会出现厄运或表现下滑。）为什么诺贝尔奖获得者在获奖后往往很少再做出大成就呢？是因为注意力被分散了还是因为失去动力了？也许吧，但更有可能的是，这只是一种简单的现象——回归效应。

思考一下：平均结果总是比极端结果更典型，更在意料之中（钟形曲线的中部比两端包含更多的个案）。因此极端情况后面更有可能伴随着不太极端的情况。在不寻常的事件发生后，事情会归于平常。让我们来看一些例子：如果某次考试中一个学生的考试成绩比平时成绩高出许多或低了许多，那么在重测时，他的成绩会回归平时的平均成绩。如果具有超感官知觉的被试在第一次测试时侥幸成功了，那么在重测时他们几乎肯定会失去“超自然能力”。上一年里收益最高的共同基金这一年很可能回归到更典型的表现。美国今年事故率最高的交叉路口第二年发生的事故很可能会减少。某个运动员超常的表现不会一直持续下去。

因为偶然变异总会出现。体育界为我们提供了很多案例：

“二年生症候群”：一项分析显示，美国联赛或全国联赛的新秀十有八九在第二年的表现不像第一年那么好。

◇◇◇

另一项研究分析了58名赛扬奖（Cy Young Award）获奖投手。在第二年，其中52人的获胜率减少了，50人的投手责任失分率升高。

◇◇◇

在全明星赛的季中休息前就击出30个全垒打的击球手，在休息后击出的全垒打数量通常会少于30个。休息后击出多于30个全垒打的击球手在休息前的全垒打数量几乎都不会超过30个。

◇◇◇

在前半场比赛中全部投中或全部没投中的篮球队员在后半场中很可能会回归到他们平时的水平。

有时我们承认事情不可能始终保持极好或极坏。经验告诉我们，否极泰来，乐极生悲。不过我们常常不承认这种回归效应。我们为《体育画报》带来厄运感到困惑，或者疑惑为什么年度新秀在第二年会表现平平，难道是因为他们变得过度自信或不知道自己是谁了吗？我们忘记了超常表现倾向于回归正常。

回归效应对教练的影响是可以理解的，但结果很不幸。它使得教练在球员表现好的时候不能给予足够的表扬，而在球员表现差的时候对他们大吼大叫。为了了解为什么会这样，想一想保罗·沙夫纳（Paul Schaffner）的巧妙实验。在实验中他模拟了使用表扬与惩罚的结果。沙夫纳邀请鲍登学院（Bowdoin College）的学生训练一个假想的四年级男孩哈罗德。他应该每天早上8:30到校。计算机会显示哈罗德每天到校的时间，持续3周。他到校的时间总在8:20到8:40之间。被试要选择对哈罗德的回应，从大大的表扬到严厉的训斥。正如你想的那样，如果哈罗德在8:30之前到校，被试就会表扬他；如果哈罗德在8:30之后到校，被试便会训斥他。沙夫纳将电脑程序设定为显示随机的到校时间。因此哈罗德在被训斥后，他的到校时间得到了改善（向8:30回归）。例如如果哈罗德8:39到校，他几乎肯定会挨骂，而随机选择的第二天的到校时间很可能向平均数回归（比8:39早）。因此即使被试的训斥没有任何效果，大多数被试在实验结束时仍相信自己的斥责是有效的。

直觉的力量

大自然的运作方式经常让我们感到，我们会因奖励他人而受到惩罚，因惩罚他人而受到奖励。

如果球队在前半场表现特别优异，教练会发现他的表扬似乎产生了适得其反的作用，球队后半场的表现会变得不那么优秀。那些因为队员在前半场表现特别糟糕而大吼大叫的教练或许会感到自己没白吼，因为球队的表现在后半场得到了改善（回归正常）。当单个球员表现特别出色或特别糟糕时，教练做出相应反馈的情况也是如此。

在写完这些内容后不久，我翻看当地报纸的体育版，头条新闻讲的是投手杰夫·韦弗（Jeff Weaver）是如何鼓舞底特律老虎队取得胜利的。“老虎队第五局打得很松懈，两个投球失误导致3次劳而无功的跑垒，结果罗彻斯特皇家队以3 : 1领先。”韦弗对“松懈的队友”大发脾气，训斥了他们很长时间。“我记得我说了什么，”韦弗后来对记者说，“重要的是，这些话起作用了。”教练也会受制于奖励和惩罚。在赛季中期，当一支球队表现得极其糟糕，比如连续输球后，一位棒球教练被解雇了。我们所期待的结果正是后来发生的情况：变更教练后，球队恢复到了平时更常见的水平。随便选两个在前几个月表现很差的俱乐部，将它们的经理互换，在接下来的那个月，两个俱乐部的表现可能都会有所改善。

事实上，正如每位学心理学的学生所知道的，正强化通常更有效，而且没有什么消极的副作用。不过当教练在观察自己的表扬和训斥会产生怎样的结果时，他可顾不上那么多。

运动天才的惊人直觉

我们已经注意到，出乎意料的集中趋势和未被认识到的回归如何扭曲了体育迷、教练、球员和解说员的直觉。体育中是否存在直觉的力量？确实存在。在伟大的运动员身上我们都能看到直觉性专家技能的例证。

想一想大威廉姆斯的接球速度是多么快，复杂程度是多么高，或者马克·麦圭尔（Mark McGwire）在面对兰迪·强森（Randy Johnson）的快球时进行了多么复杂的计算。当球离开强森的手时，麦圭尔判断出了球的速度、旋转和方向，并在 0.15 秒内计算出了他将在何时以及哪里与球相遇。他的大脑开始指导身体摇摆（或不摇摆），在哪里以及何时旋转肩膀，移动胳膊，转动臀部并向前移动重心，所有这一切都是同步完成的，期望能在合适的时间用合适的力度精确地拦截住球。从球离开投手的手开始计算，这一切都发生在不到半秒的时间里。当被击中的球飞到中野时，外野手的大脑开始计算球的轨道，使他能够准确地接住传球。直觉真是出类拔萃。

当科比·布莱恩特完成一个倾斜的急停跳投时，他机敏的大脑进行了数量大得惊人的计算，来调整身体的位置、运动和距离。这里使用的牛顿力学非常复杂。“每次投篮就相当于让篮球走一个抛物线，”卡尔·萨根（Carl Sagan）说，“决定抛物线轨迹的万有引力也决定了弹道导弹的飞行轨迹、地球绕太阳运行的轨道以及航天器与某些遥远世界的交会点。为了把球投入篮筐，你必须用恰当的速度向高处掷球，1% 的错误和重力都会让你投不中。投三分球的篮球运动员还要考虑到空气的阻力。”当球嗖地落入网中时，科比咧嘴一笑，在热手上吹一吹。他知道自己的直觉思维在现实的物理学考试中取得了优异的成绩，这场考试的难度足以让麻省理工学院的高材生们直挠头。

团体体育项目的运动员像象棋大师一样，也逐步发展出了读懂比赛中模式的直觉性专家技能。马尔科姆·格拉德威尔（Malcolm Gladwell）解释了韦恩·格雷茨基（Wayne Gretzky）[①]是如何预见到比赛中将要发生的事情的。“在其他人看来，他把球传到冰面上空无一人的地方，此时他的队友会神奇地出现在那里接住冰球。其实他只是从已有的知识库中提取出有关这种情境的事实。

① 加拿大职业冰球明星，得到 2 857 分的“伟大冰球手”，全球冰球传奇人物。——译者注

在这种情况下，很可能会有人出现在那个地方，如果现在不在，到时候也会在。”（这让我想起了赫伯特·西蒙的推断：“直觉只不过是识别。”）

不必去问大威廉姆斯、马克·麦圭尔、科比·布莱恩特或韦恩·格雷茨基是如何做到的。虽然他们知道自己是如何做的，但无法清楚地表达出来。他们就是知道。肌肉运动的协同顺序没有时间让他们一一做出有意识的决策。事实上，停下来思考会破坏他们的准确性以及优美的动作。当技艺高超的运动员将太多的注意力放在了如何推杆或如何罚球上，这将干扰运动员自动化的节奏。棒球界有一句格言：“思考非常令人讨厌。”随心而动。即使在节奏比较慢的高尔夫比赛中，老虎伍兹也曾说过：“我学会了相信潜意识。我的直觉从来没骗过我。”

橄榄球的四分卫能够读懂防守方的意图，足球中场队员能够根据球员们的移动来决定往哪里传球，篮球控球后卫知道如何判断出队友的移动，他们都展示出了类似的直觉天赋。尽管我只是在每天中午临时组队打一会儿篮球，但经过上千场比赛后，我偶尔也能在跑动中把握完美的时机，把球传出，球正好落到悄悄插入侧翼的队友跟前，然后他上一步，轻轻将球送入篮筐，打出漂亮的后门上篮。我们没有时间做出理性的规划，只能见机行事。这一切给人的感觉就是直觉，或者应该说是复杂、优雅、老练的直觉。

18 投资中的直觉

对人们来说，随机是一个难以接受的理念。当事情成片成群地出现时，人们会去寻找解释和模式。他们不相信这样的模式会出现在随机数据中，同时这也是抛硬币中常有的模式，股市同样也是这样。

伯顿·麦基尔（Burton G. Malkiel）
《漫步华尔街》（*A Random Walk Down Wall Street*），1989 年

从前经济学家把智人看成是"经济人"，倾向于利用理性来获得最大的自身利益。人类被认为不会被情绪和不理性所干扰，能够创造有效的市场，根据经济波动准确地估计股票价格，冷静地调整我们的消费与储蓄。

如今的行为经济学家说，对不起，这种假想的理性并不能反映人类现实。情绪和群体影响不容小觑。斯波克是瓦肯人[①]，不是人类。

当我们给素未谋面的酒店服务员或再也不会见面的侍者留下小费时，显然有理性的自利以外的什么东西在发挥作用。那是慷慨，不是非理性。然而在以下情况中存在着明显的非理性（故事灵感来自行为经济学家理查德·泰勒、心

① 瓦肯人是《星际迷航》中设定的一个外星种族，崇尚摒弃感情，绝对理性。——译者注

理学家丹尼尔·卡尼曼以及已故的阿莫斯·特沃斯基）：

你是否会为了省 10 美元而驱车 8 公里？很多人会开车 8 公里去折扣店购买 25 美元的随身听，而不愿花 35 美元在社区商店购买。但是在购买价值 920 美元的家庭娱乐系统的时候，我们不会为了 10 美元而这样做。

◇◇◇

你会花 500 美元为你的车配备 GPS 导航系统吗？大多数人不会，除非我们购买的是价值 20 000 美元的汽车。嘿，多付 500 美元算什么？与之类似，很多耳背的人舍不得花 5 000 美元买一副电子助听器（这可以改善他们的生活质量），却几乎不会为新房子讨价还价，省掉 5 000 美元。

◇◇◇

如果涨工资了，你会把其中多少钱转入退休账户？与刚拿到新涨的工资时相比，如果在涨工资前问这个问题，人们想转入退休账户的金额会多得多。未来的牺牲感觉很不真实，不像是牺牲（因此，为了增加国家的储蓄率，泰勒提出公司应该让员工在实际涨工资之前就拨出存款的部分）。

◇◇◇

你是否更愿意从事时薪较高的工作？许多纽约出租车司机会在达到当日收入目标时收工。这意味着在活儿多的时候，他们可以缩短工作时间，而在活儿少的时候，他们需要延长工作时间。

◇◇◇

在什么时候涨工资其实等于没涨？年末时公司宣布把萨拉的工资从 50 000 美元涨到 55 000 美元，她感到很开心，但当年的通胀率为 10%。萨拉的弟弟山姆从事类似的工作，第二年公司把他的工资从 50 000 美元涨到了 52 500 美元，山姆觉得有些失望，而当年的通胀率为零。

我们做出的经济决策是理性的吗

越来越明显的事实是，人们的购买、销售和投资行为不像是电脑所为，而更像是不完美的人类行为。“人们并不愚蠢，”另一位懂心理学的行为经济学家罗伯特·希勒（Robert Shiller）说，“但他们具有局限性。”当我们凭直觉做事时，通常会迅速做出决定，这些决定往往是明智的，但有时也是愚蠢的。经济直觉有时会与经济逻辑相违背。请思考以下 5 个很说明问题的反常现象。

损失规避

你想买一辆车，需要花 20 000 美元。你决定出售一些股票。你是会卖掉价值 20 000 美元的 GE 股票还是会卖掉价值 20 000 美元的美国电话电报公司的股票？ GE 公司的股票是你花 10 000 美元买来的，而你为美国电话电报公司的股票投入了 30 000 美元。

特伦斯·奥迪恩（TerranceOdean）分析了 10 000 个账户的交易记录，他发现大多数人更愿意“锁定”收益，而不愿意接受损失。换种说法就是，大多数人倾向于卖掉赚钱的股票，而继续持有赔钱的股票——或者正如彼得·林奇（Peter Lynch）所说:“拔掉鲜花，浇灌野草。”这里不存在逻辑上正确的答案，任何投资者都不知道股票的未来价值。但是由于投资者的目的是赚钱，而不是挽回过去的失误，因此以上那种偏好便是令人奇怪的。此时这位投资者是赚钱了还是赔钱了其实都是不相干的（如果有什么关系的话，那就是税务上的考虑。卖掉赚钱的股票要支付资本收益税）。然而规避损失的倾向使人们不愿“锁定”损失，一旦卖掉赔钱的股票，损失就不再是纸面上的了，而变成了真实的损失。

卡尼曼和特沃斯基的研究显示，由于损失带给我们的痛苦比获利带给我们的快乐更大，因此从心理学角度看，这种倾向是可以理解的，虽然它不符合逻辑。因此当有机会锁定获利时，我们会比较保守，但当有机会避免损失时，我们会显得很大胆。在抛硬币的实验中，相比不确定或什么也得不到，人们更倾向于确定的收益。然而为了避免损失，他们更愿意接受不确定或什么也得不到。

事实上，卡尼曼和特沃斯基报告称，**我们从损失中感受到的痛苦比从相同数量的获利中感受到的快乐强烈两倍。**

在实验室之外，人类对损失的厌恶也非常明显：

为了弥补损失，赌徒在一天的赌博即将结束时会以小搏大，下赢钱概率极小但赔率很高的赌注。

◇◇◇

每份保险费中大约仅有 60 美分被返还给被保险人，以补偿他们的损失（其他钱都被用于投资），因此聪明的保险代理会劝说人们选择较大的免赔额，而不是为较小、可承受的小损失投保。长期来看，保险公司利用人们厌恶损失的倾向赚取了利润。同样的倾向促使人们购买了防范家用电器发生故障的保险，但从长远来看，由此产生的花费可不小。

◇◇◇

你的篮球队在比赛即将结束的时候落后对手两分。你希望他们最后一击时能得到两分还是得到三分？许多教练从本能上倾向于避免损失，因此希望球员投入一个两分球，进入加时赛。毕竟成功投出三分球的可能性仅为三分之一，而投进两分球的可能性为 50%。也就是说，他们有 50% 的可能性进入加时赛。在加时赛中，球队取胜的可能性也是 50%。这样反败为胜的可能性其实只有 25%。

禀赋效应

你愿意和邻居交换生活吗？你愿意和他交换房子、汽车、工作或鼻子吗？除非你抑郁了，否则与大多数可替代物相比，你会更喜欢自己已拥有的生活和事物。从经济学的角度看，让人们放弃某事物时，他们索要的代价往往比他们为了获得这个事物而愿意付出的代价更大。经济学家泰勒把这种现象称为禀赋效应。

在一项研究中，实验者给一些被试两美元，给另一些被试价值两美元的彩票。然后实验者宣布他们可以进行交换，然而大多数人倾向于保留自己已经拥有的东西。在其他几项研究中，研究者以康奈尔大学的学生作为被试，送给他们每人一个咖啡杯。不久之后研究者问这些大学生，他们愿意出售自己的咖啡杯的最低价格是多少。研究者又问一些没有咖啡杯的学生，他们愿意花多少钱买一个咖啡杯。前者给出的价格是后者价格的3倍多。拥有会产生惰性。一些商家会为顾客提供试用期，在试用期如果不满意，顾客可以把商品退回去，把钱要回来。但是如果你把家庭娱乐系统搬回家，可能永远也不会再把它退回去了。我们会认为自己所拥有的东西价值更大，只是因为它是我们的。许多音乐爱好者最多只会为音乐会门票花30美元，但要买他们手中的门票，少于50美元是不可能的。

禀赋效应其实是损失规避的必然结果。我们非常不愿意失去已经拥有的东西。投资者寄希望于消除损失，避免失去与所有权相联系的附属感，因此会为了挽回损失而白白送掉钱。对损失的厌恶及禀赋效应使得我们对放弃失败的项目犹豫不决，因为我们为之投入了太多。在实验和现实生活中，已经为失败的项目投入很多的人们更愿意继续投入资源，即使他们绝对不会为一个同样的新项目投入资源，即使放弃项目才是更理性的经济决策，他们也不改初衷。

作为一个家庭基金会的投资者，我通过自身的经历痛苦地认识到了这种现象。了解人类经济直觉的危险性对我们会很有帮助。不过了解并不能保证做出最理性的决策。反思自己对聪明人为什么会做傻事的研究，阿莫斯·特沃斯基说："我们也会受到这些问题的愚弄。"

直觉的力量

正如错觉会愚弄研究错觉的人一样，令人信服的经济学错觉也会让那些非常了解它的人落入陷阱。

沉没成本效应

把自己想象成卡尼曼和特沃斯基另一个实验中的被试。在实验中，你决定看一出门票为 20 美元的戏剧。在走向剧场的时候，你发现自己丢了 20 美元。你还会花 20 美元买戏剧票吗?

你可能会像 88% 的被试那样，回答“是的”。但是如果人们丢的是价值 20 美元的戏剧票，那么问他们是否还会再买一张票时，大多数人表示不会（因为这部戏剧不值 40 美元）。从理性上看，20 美元是沉没成本。它失去了，无论是以票的形式还是以纸币的形式。因此看向未来你所面临的问题是这部戏剧是否仍然值 20 美元。

在哈尔·阿克斯（Hal Arkes）和凯瑟琳·布卢默（Catherine Blumer）的实验中也出现了类似的沉没成本现象。他们让俄亥俄大学的学生们想象自己购买了一张价值 100 美元的密歇根周末滑雪旅行票，后来又买了一张价值 50 美元的威斯康星周末滑雪旅行票，结果发现两张票的时间冲突了。阿克斯和布卢默问:“你会参加哪个滑雪之旅？”大多数学生不想浪费成本更大的票，因此他们说会去密歇根滑雪，虽然去威斯康星会更有趣。

沉没成本同样有助于解释“投入太多，因此无法放弃”的现象。20 世纪 50 年代末期，福特汽车公司错误地推出了埃德塞尔汽车（Edsel）。公司为之投入了 2.5 亿美元，因为不想接受这么大的损失，公司错上加错，在接下来的两年半里继续生产这种汽车，又额外投入了 2 亿美元。

如果从头再来，美国永远也不会挑起越南战争。但是越南战争却持续了很长时间，因为美国为之投入了很多，损失了很多生命和金钱，越来越难罢手。前美国国防部长罗伯特·麦克纳马拉（Robert McNamara）说:“我们无法像转换电视频道那样，轻易地放弃一份涉及两任总统、5 个联盟国和 31 000 名死难者的计划。”

政府在不切实际的国防及公共项目上的投入之所以会继续，是因为终止它们意味着浪费已经投入的金钱。有人批评说，完工后的田纳西 – 汤比格比水道的价值还比不上完成它所投入的金钱。作为对这种批评的回应，参议员杰里迈亚·登顿（Jeremiah Denton）指出：“终止一个已经投资 11 亿美元的项目意味着肆无忌惮地乱花纳税人的钱。”

直觉的力量

过去的已经过去了。我们可以从中吸取经验教训，但在做决策时，记住每一天都是你未来的第一天。不要往回看。

在《半斤非八两》（*Why Smart People Make Big Money Mistakes*）一书中，盖瑞·贝斯基（Gary Belsky）和托马斯·吉洛维奇开玩笑地写道：“如果可以，我们想送给你一粒可以消除记忆的药丸，让你忘掉已经花了的钱。因为钱一旦花了，事情便过去了，它就变成了无关的事情。”因此不要让沉没成本影响未来决策。做决策时要基于现状，放眼未来。

锚定

你觉得密西西比河的长度超过了 1 000 公里，还是不到 1 000 公里。你猜它有多长?

在估计这条河的长度时（密西西比河长 3 779 公里），随意提出的比较数字（“锚”）很容易影响人们的判断。如果我一开始问你觉得密西西比河比 8 000 公里长还是短，你肯定会说“短”，但你做出的估计肯定会比我提出上一个问题后的估计大很多。

接下来，特沃斯基和卡尼曼通过旋转一个写着从 1 到 100 数字的圆盘，让被试看到这个比较数字是随机选择的。即使如此，当圆盘停在 10 的时候，人们会估计 25% 的联合国国家位于非洲；而当圆盘停在 65 的时候，人们的估计值变成了 45%（正确答案是 32%）。虽然这些是毫无意义的“锚”，但人们依然会根据它来校准自己的回答。

锚定现象同样会影响我们的金融直觉。纳斯达克指数虚高时的 5 132 点会对凭直觉判断它现今的真实价值产生误导作用。同样，如果一家公司股票的价格只是以前高价时的一半，人们便会觉得很便宜；如果最近涨了一倍，人们便会觉得很贵。我的姑姑在 1986 年微软公司刚刚上市的时候买了它的股票，从那之后一直持有。她很高兴自己从来没有以股票发行第一周的股价 20 美分作为锚定点（后来因为股权分割，股价有所调整），认为股价被高估了。

金融作家贝斯基和社会心理学家吉洛维奇以图森市富有经验的房地产代理为被试，复制了 1987 年格雷戈里 · 诺斯拉夫特（Gregory Northcraft）和玛格丽特 · 尼尔（Margaret Neale）做过的一个巧妙实验。

研究者让一部分房地产代理看了一处房子，拿到一摞 10 页的房产信息，其中这栋房子的标价为 65 900 美元。然后让房地产代理进行估价，他们给出的估价平均为 67 811 美元。另一部分代理看到的是相同的房子，得到的是相同的信息，只是房子的标价为 83 900 美元。他们给出的平均估价为 75 190 美元。

我能想象房地产代理如何利用锚定效应。他们会问客户：“你猜这栋房子的标价比 25 万美元高还是低？”“低，但愿如此。”“你猜标价是多少？”“23 万美元？”“不，只要 21.9 万美元！”

过度自信

正如我们在前面章节中提到的，当我们在判断自己过去的知识（“我一直都知道”）、当前的知识（高估了自己判断某些事实的准确性）以及在预测自己未来的行为、成功和完成时间（虚幻的乐观）时，往往会表现出过度自信的现象。过度自信也渗透在经济直觉中。例如人们对经济的预测总是过于乐观：

> 1984 年，《经济学人》（*The Economist*）让四位欧洲的前财政部长、四位跨国公司的董事长、四位剑桥大学的学生以及四位伦敦的收垃圾工人预测未来 10 年的经济波动、增长率和英镑汇率。10 年后对他们的预测进行评分，收垃圾工人和公司董事长打成平手，并列第一，财政部长的分数最低。
>
> ◇◇◇
>
> 罗纳德·里根和他的顾问非常自信他们的大幅减税政策能够刺激经济增长，从而增加政府收入，减少赤字，结果他们错了。
>
> ◇◇◇
>
> 正因为对未来的成功普遍持乐观的态度，大多数处于起步阶段的企业的计划显得过于宏大。
>
> ◇◇◇
>
> 大多数公司会高估未来的产量。
>
> ◇◇◇
>
> 华尔街分析师预测 1982—1997 年，标准普尔 500 指数中的公司平均每年收益增长会达到 21.9%。尽管经济持续增长，但这些公司的年收益增长率只有专家们估计的三分之一（7.6%）。
>
> ◇◇◇
>
> 分析师顽强的乐观精神还体现在他们推荐买卖的股票上。2000 年年底，在 8 000 个有关标准普尔 500 家公司股票的分析师建议中，只有 29% 建议卖出。

对于不可预测的事件，人们的自信程度最高。正如我们所预期的那样，任何领域的过度自信都没有股市中丰沛。最近股市异常活跃，每天股票的交易额能够达到 20 亿美元，买方对股票将会升值很有信心，卖方则相信股价不会再升了。唉，就像在拉斯维加斯，永远立于不败之地的是那些收取交易成本和税金的人。耶鲁大学的捐赠基金经理戴维·斯温森（David Swenson）指出，交易很活跃的人其实输给了市场，因为他们的交易成本很高。交易成本包括管理费、交易佣金和公司差价。华尔街这块大蛋糕一部分就是由那些自称股市弄潮高手的人的交易成本构成的。

加州大学戴维斯分校的研究者布拉德·巴伯（Brad Barber）和特伦斯·奥迪恩（TerranceOdean）分析了 1991—1996 年 66 465 位折扣经纪人账户中的交易记录。那些相信股市看涨的人交易得最多，他们的年收益率为 11.4%，而市场收益率为 17.9%。巴伯和奥迪恩强调了投资直觉的危险性，他们说：“投资者交易得太多了，这对他们造成了损害。”

在对 35 000 个经纪人账户的追踪研究中，他们发现“男性比女性更过度自信”。他们的交易频率比女性高 45%，而他们的收益结果比市场收益率低 2.65%（女性的投资收益比市场收益率低 1.72%）。这项研究证实了之前的发现，那就是男性较少依赖经纪人，与女性相比，他们对回报有更高的预期。与在其他领域中一样，在股票交易中男性会做出更多自利归因。他们把成功说成是自己的功劳（“我有一种感觉”），认为环境该为失败负责（“都是因为罢工，利率增加，经济低迷”）。

20 世纪 90 年代末，股市出现了泡沫，美联储主席艾伦·格林斯潘（Alan Greenspan）称之为“非理性繁荣”。经济泡沫破灭后有些人出现了“非理性悲观”。不用进行以上那样细致的分析，我们就能看到心理因素在“非理性繁荣”和“非理性悲观”中发挥的作用。交易者像狼一样，成群活动。“惯性投资策略”（momentum investing）会形成自我实现的预言。在这种情况下，投资者不是因为股价被低估才买入，而是因为股价在上涨。1999 年 5 月出版的《钱》杂志（*Money*）在封面上写着：“在技术股上人人都赚到了钱，问题是如何买到这些股票。”

不久之前，当股价下跌时，同样的一群人疯狂地抛售股票。惯性投资在短期内能够推动股价螺旋式上涨。当交易者谈论着他们的飞来横财时，其他人必然会受到诱惑。谁想错过在债券基金中顺手捞钱的机会？共同基金同样购买的是广受欢迎的股票，这使得这些股票的价格进一步高涨。

另外，媒体上报道的奇闻轶事以及“新经济”证明飙高股价合理性的理论都起到了推波助澜的作用（就在纳斯达克泡沫开始缩小时，经济学家伯顿·麦基尔指出，如果思科系统公司 [Cisco System] 在未来 20 年要为投资者创造 15% 的回报，那么它的市值将超过目前美国的国内生产总值）。

就像 17 世纪荷兰发生的郁金香狂热一样，现实最终恢复了它的本来面目。股票的价格最终要回归它们为投资者创造的现金流价值。当股价开始回落时，分析师改变了他们的腔调。他们就像事后诸葛亮，异口同声地告诉我们市场正在“纠错”。2000 年 4 月纳斯达克下跌 25%，《纽约时报》上的一篇文章引用了沮丧的分析师的话：

> “以大多数衡量标准来看，技术股若干年来一直存在泡沫……周五股价的猛跌可以将股价中多余的水分拧干。”
>
> “尽管股价猛跌，但技术股仍被高估了。除非技术股跌得更多些，否则很多保守的投资者不会对它感兴趣。”
>
> “人们感到恐慌，停止一切消费。这会让事情变得更糟糕。”

“太快买入的投资者可能会去‘接落下来的刀子’[①]。”

2001年“9·11”恐怖袭击后，股价进一步下跌，麦基尔警告说，昨天不理性的繁荣有可能变成今天不理性的焦虑。

一点点好消息就会让人们觉得行情看涨，使股价飙升，而一点点坏消息就会产生相反的作用。这让我想到我自己对“群体极化”进行的研究。群体放大了他们共同的倾向性。在一项研究中我们观察到，当怀有偏见的高中生一起讨论种族问题时，他们的态度会变得更加偏激。当没有什么偏见的学生探讨相同的问题时，他们会变得更宽容。

群体极化能够放大广受欢迎的灵性意识，能够加强自助群体中人们的决心。不过群体极化也会产生可怕的后果。在实验中，群体决策放大了对挑衅行为的报复反应。在现实世界中，一群充满愤懑的人聚集在一起，由于与能够起到缓和作用的影响相隔绝，他们会变得越来越极端，恐怖主义由此诞生。在市场中，垂涎收益或惧怕损失的人们互相煽风点火。有时候他们的乐观被放大了，有时候他们的悲观被放大了。由此自然会产生的结果是过度反应，即非理性繁荣和非理性恐慌。

随机漫步华尔街

金融经济学家们运作着一个连续体。连续体的一端是“有效市场”的信奉者，他们假定市场了解一切并会对信息做出迅速而恰当的反应，而股价体现了股票的真实价值。有一个老笑话：两位芝加哥大学的教授，也是有效市场理论的铁杆信奉者，向教工俱乐部走去，这时一个学生发现地上有100美元。其中

① 指在股市（或个股）大跌的时候入市，特别是当市场恐惧的时候。在这个时候入市无异于接落下的刀子！——译者注

一位教授说不可能，因为如果那儿有100美元，早就被人捡走了。连续体的另一端是行为金融学理论家，他们认为情绪和羊群行为驱动着市场。大多数经济学家赞同这两种视角中都蕴含着智慧。市场的波动性说明情绪和羊群行为确实发挥着作用，而且市场会在几分钟内对相关消息做出反应，效率高得惊人。

康奈尔大学经济学家罗伯特·弗兰克（Robert Frank）说："经济学家们在很多事情上意见不一致，但我们有一个共同的信念，那就是如果投资者根据从媒体上听到的数字进行交易，那么他们几乎永远不可能在金融上取得大的进展。"只需要5分钟，收益及红利的消息便会反映在股价上。弗兰克指出："当我们听到消息的时候，其他人已经据此操作很长时间了。"金融领域的独家新闻，无论是来自美国全国广播公司财经频道、《经济学家》和《华尔街日报》，还是来自某人最喜欢的金融新闻通讯，都已经被反映在当前的股价中了。

如果个人投资者没有希望通过积极的交易来战胜市场，那么花高价请专业人士代我们操作是否会好些呢？是否有方法识别出顶尖的选股高手？《消费者报告》（*Consumer Reports*）和《钱》杂志为我们提供了一些观点。他们每年都会报告前一年，甚至前几年的顶尖基金经理。他们发现近期业绩良好的基金很可能持续胜过业绩一直比较糟糕的基金。然而正如伯顿·麦基尔反复记录的，共同基金过往的业绩并不能预测它们未来的业绩。假设从1980年开始我们在每年的1月1日买入前一年业绩最好的基金，这些热门基金第二年的业绩并不会超过市场的平均业绩。事实上，如果我们每年投资前一年《福布斯》基金荣誉榜上的基金，那么从1975年开始，在近20年的时间里，我们每年的回报率为13.5%，比市场的平均回报率还低（市场每年的总体回报率为14.9%）。在加拿大1994年的81只顶尖基金中，有40只的业绩在1995年期间超过市场平均业绩，其他41只基金的业绩不及平均业绩。

如果我们查看更长期的结果会如何？根据 4 年的业绩评选出的顶尖基金经理是否在未来 4 年中依然能够胜人一筹？一项研究对 1991—1994 年 162 位业绩处于前四分之一的机构基金经理进行了分析，看他们在接下来的 4 年里业绩发展情况如何。令人奇怪的是，在 1995—1998 年，其中一半多一点的基金经理的业绩低于市场平均业绩。某一阶段业绩突出者在下一个阶段不一定依然有不凡的表现。

另外，86% 由高薪专业人士管理的共同基金在过去 10 年里落后于标准普尔 500 指数。这些基金经理是 20 万注册专业人士中的佼佼者，他们以建议我们如何进行投资维生。难道他们也无法战胜市场吗？让一群被蒙上眼睛的人向金融版扔飞镖选择投资什么股票，如果不考虑交易和管理成本以及在手上持有现金的需要，他们乱选的股票业绩并不比优秀专业人士的业绩更差。

让我们这样来想一想：任何股票的价格都是由投资者与经纪人愿意买入的价格和其他投资者与经纪人愿意卖出的价格的中间值决定的。因此我们知道，建议我们买股票与建议我们卖股票的经纪人是对立的。

尽管这听起来既严酷又玩世不恭，但对于受到很多诋毁的经纪人来说，这不啻于一种慰藉。另一位新行为经济学家马修·雷宾（Matthew Rabin）注意到人类的本性如何让许多投资者相信，自己的分析师比事实上更差。“如果某位分析师一开始的业绩比较糟糕，那么投资者很快会对他弃而不用。当投资者这样做的时候，他其实高估了分析师的不称职。如果某位分析师一开始的业绩比较好，那么投资者会继续听取他的建议，直到他发现分析师的业绩也只是达到了平均水平。由于投资者会纠正自己过度积极的推断，而不是过度消极的推断，因此其信念存在下行偏差。”缺乏耐心的投资者在业绩上升的时候频繁更换经纪人，由此可能会产生业绩在发生改变的虚假直觉。这是不是很像那些因为球员糟糕的表现而大吼大叫，结果发现情况好像有所改善（其实只是回归正常水平）的教练？

难道就没有某些新闻通讯或基金经理曾经有过杰出的记录吗？约翰·邓普顿（John Templeton）、沃伦·巴菲特（Warren Buffet）和彼得·林奇都曾为投资者赚取了数十亿美元的收益。要是 1965 年我们的父母能抵押房屋，将所有的钱投给巴菲特的伯克希尔·哈撒韦公司（Berkshire Hathaway）该多好啊！但是约翰·邓普顿、沃伦·巴菲特和彼得·林奇都属于异常值，即使如此我们也无法确定他们的方法在未来依然会有效。预言家那么多，总有人会说准一些事情。

约翰·保罗斯（John Allen Paulos）用一个故事进行了解释。一位精明的股市高手每周五晚上给 1 000 个人发出一封信，正确地预测出下一周股市会涨还是会跌，他这样连续预测了 6 周。之后大多数收到他来信的人都成为了他的消息订购者，并支付给他高昂的费用。他的方法万无一失，肯定能为 1 000 名潜在客户提供 6 周的准确预测。他的方法也很简单。第一周他发出 64 000 封信，告诉其中一半人下周股市会涨，告诉另一半人，下周股市会跌。第二周他继续给收到准确“预测”的 32 000 人发出第二封信，依然是告诉其中一半人下周股市会涨，告诉另一半人下周股市会跌。到第 6 周时，他能确保自己的清单上有 1 000 个人。

共同基金的体系就像那些信。假设有 640 只基金，我们可以预见到的是，哪怕纯粹凭运气，其中也会有 10 只能够在连续 6 年里胜过其他基金。《钱》杂志和《消费者报告》会为我们记录下这些基金。股票经纪人会给我们展示这些令人难忘的图表，告诉我们这些基金如何常胜不败，创造了非同凡响的长期收益，然后把这些基金卖给我们。要是我们当初投资了这些基金该多好啊！基金公司的做法也与之类似，他们会提供许多具有各种不同策略的基金，大肆宣传明星产品，把失败的基金产品掩藏起来。个人投资者往往会追逐那些最近业绩表现很突出的共同基金。贝斯基和吉洛维奇注意到一个具有讽刺意味的结果，那就是 1984—1995 年股票共同基金的年平均收益率为 12.3%，而投资者投资股票共同基金取得的收益率仅为 6.3%（当跳来跳去的随大流投资者放弃业绩差的基金，转向近期业绩突出的基金时，那些突飞猛进的基金往往正在回归平均水平）。

由于在连续若干个月或若干年中，基金的业绩可能会非常好，因此人们很容易认为这种优异的表现会持续到未来。麦基尔指出，在连续几年的牛市中，《华尔街日报》选出的选股者的业绩优于靠扔飞镖选股的投资者的业绩。但是在熊市中，他们的业绩会下滑得更快。他说，生活的事实不曾改变，“股价从本质上看是无法预测的”。

直觉的力量

就像抛硬币、篮球比赛及棒球比赛一样，在投资中也会存在集中趋势。随机数据是变幻莫测的，我们只能期待在“漫步华尔街”时碰到股市中的集中趋势。

人们逐渐意识到皇帝没有穿衣服，也就是说，交易者、经纪人和共同基金无法胜过市场，因此越来越受人们欢迎的投资选择是购买没有成本的股票指数基金。简·奎因（Jane Bryant Quinn）说：“不要把指数基金看成是市场平均数，而应该把它看成是标准，打败标准是很难的。”正如约翰·邓普顿（他现在已经从管理共同基金的位置上退下来了）所说，“不受管理的市场指数不需要支付佣金买卖股票，也不用给证券分析师或共同基金经理支付薪酬”，在指数基金被卖出之前，它们暂时也不用交纳大多数资本收益税。除此之外，购买指数基金的钱全部在市场中，没有钱以现金的形式被闲置着。

当然指数基金也会受到羊群行为的影响。蜂拥购买指数基金的人们会使其中的股票价格升高。确实，如果人们只购买指数基金，市场就会变得乱七八糟。指数内的股票价格会被抬高，指数外的股票毫无价值可言。如今共同基金中十分之一的资金被投入指数基金，指数基金的价值是由公司股票市值决定的（这意味着他们必须买入更多大公司的股票，比如通用电气的股票）。他们需要购买大盘股以提升这些股票的价格。不仅股票会影响指数，指数也开始影响股票。如果某家公司的市值缩减，退出指数，由另一家公司取代，两家公司的股价可能都会有 10% 的改变，但它们的价值不会发生根本性的变化。因此尽管指数基金会继续以非常低廉的成本使投资者获利，但具有讽刺意味的是，不难想象，投资者对有效市场的忠诚会驱使市场变得无效。受到指数基金青睐的大公司在未来 10 年的业绩完全有可能不像过去 10 年那样优秀。

冒险投资和稳定收益哪个更有利

除了购买指数基金或无附加费基金之外，麦基尔和他的经济学同行还有其他什么建议吗？是的。你还记得大多数人有规避损失的倾向吗？因此人们会选择确定无疑的收益，避免确定无疑的损失。由于投资股票比投资债券更有可能遭遇损失，因此投资者希望从股票中获得更大的收益。这样一段时间后，愿意承受股市波动的人们就能够得到补偿。长期来看，愿意承担更大的风险往往会带来更大的收益。1981—2000 年，股市每年的平均回报率大约为 17%，债券为 10% 左右。但是在 21 世纪初，投资者意识到这 20 年的股市是不同寻常的牛市。从长远的视角来看，将大萧条时期也包含进来，想一想如果在 1925 年 12 月投资 1 美元，在 20 世纪末它会值多少钱。如果这 1 美元购买的是美国国库券，它会涨到 16 美元；如果购买的是美国长期债券，它会涨到 40 美元；如果购买的是大公司的股票（比如标准普尔 500 指数中的公司股票），它会涨到 2 846 美元。或者从更长远的角度看，想象你的爷爷在 1802 年为你投资了 1 美元。尽管当时的 1 美元值现在的 14 美元，但如果用它来投资美国长期债券的话，在两个世纪后的今天它的价值将是 10 000 美元；如果投资大盘股票，它现在的价值是 1 000 万美元。

思考一下两所学院的长期财富。“谨慎学院”将刚刚获得的 100 万美元捐款投入了债券基金，从历史上看，债券基金的平均回报率为 7%。50 年后捐助人从天堂往下看，他们看到这些债券基金现在价值 2 900 万美元。与此同时，“谨慎学院”有一个比较乐观的邻居“希望学院”。它将获得的 100 万美元捐款投入了股票指数基金，其平均回报率为 11%。50 年后捐助人从天堂往下看，他们都笑了，这些基金现在价值 1.84 亿美元[①]。如今谨慎学院的资金筹集人加班加点地募集捐款，以弥补与希望学院之间 1.55 亿美元的差距。唉，现在希望学院已经让他们望尘莫及了。

这个例子也说明了有违直觉的复利计算。假设一位 22 岁的年轻人花 2 000 美元进行投资，每年的收益率为 15%。从那之后他没有再存过一分钱，到 65 岁退休时，他将拥有 80 万美元。假设某人在 1963 年花 2 000 美元购买了标准普尔 500 指数中的公司股票，每年在价格最高时买入，那么到 1999 年，累计起来的价值能够达到 876 004 美元。如果另一个人从 1973 年开始投入 4 000 美元购买同样的股票，且每年在股价最低时购买，那么到 1999 年他的股票累计价值还比不上第一个人的股票价值。韦林顿·马拉（Wellington Mara）非常了解这种与耐心有关的数学计算。1925 年在他 9 岁的时候，他爸爸花 500 美元购买了纽约巨人队的股票（New York Giants）。到 2001 年，马拉出售了一半股

① 假定两所学院每年从捐款中提取的用于开支的现金都已由新的捐款抵销了。

票，获得了 7 500 万美元。

普林斯顿神学院（Princeton Theological Seminary）与我们虚构的希望学院非常相似。多年以来，它获得的捐款由约翰·邓普顿管理。在他作为受托人的 37 年中（不包括 20 世纪 90 年代的牛市），在最初 300 万美元捐款的基础上，又增加了 2 500 万美元的捐赠，而更令人惊叹的是，投资增长使这些捐款增值到了 3.5 亿美元（如今的普林斯顿神学院拥有 8.2 亿美元，是学术上最杰出的神学院之一）。

2001 年共同基金集团（CommonFund）进行了一项研究。这家集团为一千四百多所高校提供资金管理服务。它的研究显示，不是只有普林斯顿神学院懂得风险与回报的数学计算。非常富有（捐款超过 10 亿美元）的大学会将 29% 的资金投入"另类投资"，一半以上是风险资本和私募股本，仅有 20% 投入固定收益证券。在 20 世纪 90 年代，这些高校的平均投资回报率为 16%。而捐款不足 1 亿美元、比较谨慎的高校在此期间的平均投资回报率为 12%。这些高校仅将 6% 的资金投入另类投资，28% 的资金投入固定收益证券（记住，回报率 4% 的差异通过复利计算，在长时间后会形成巨大的悬殊）。在 2000 年，耶鲁大学仅将 9% 的捐款投入了债券基金，14% 投入了国内股票。它将 2000 年 25% 的捐款投入了私募股本。从 1973 年开始私募股本的年平均收益率为 34%，这使得耶鲁大学的捐款暴增到 100 亿美元。个人和高校一样，有钱人更倾向于冒险。经过一段时间后，这会进一步加大富人与穷人之间的差距。

将捐款、退休金或个人投资用于购买股票的风险在于，如果在不恰当的时机做出了错误的选择，投资很可能会贬值。谨慎学院则体现出了另一种风险，那就是失去了机会成本，也就是说谨慎学院会缺乏增加竞争优势所需的资源。耶鲁大学的捐款基金经理戴维·斯温森放眼未来，认识到长期看来承担风险的投资者将能够获得更高的回报。他和他的同事们保守地避开了过去 25 年中业绩非常突出的股票，而是假定经过较长的一段时间后，他们在债券投资上的回报率将超出通胀率 1.5%，在股票上的投资回报率将超出通胀率 4.1%，而他们精心挑选的私募股权基金的回报率将超出通胀率 9.8%。

幸运的是，我们有办法可以用较低的风险换取更大的长期回报。想象有人邀请你用毕生积蓄的 10 万美元来赌抛硬币。如果正面朝上，你可以获得 30 万美元；如果背面朝上，你将一无所有。你可能会说："谢谢，我不赌。"这是可以理解的，因为你担心损失存款。如果我们将它分成 10 份较小的赌注，那会如何呢？如果 10 个人分别邀请你拿 1 万美元的储蓄来赌 3 倍回报或失去一切，那又会怎样？你会接受第 1 个邀请吗？第 2 个呢？……第 10 个呢？唐纳德·雷德梅尔和阿莫斯·特沃斯基发现，当要人们一次承担全部风险的时候，他们仍会规避风险。但是当同样的信息以集合的形式提出来时，人们则不会那么抗拒风险。

通过将风险分散为 10 份，在 10 万美元的赌博中获得积极回报的概率显然对人们是有利的，因此大多数人会冒险一试（见表 8-1）。他们知道在第一次赢得 3 万美元时不应该太激动，因为还会输掉一些。如果第一次抛硬币让他们损失了 1 万美元，他们也知道不应该太沮丧，因为他们不会一直那么不走运。

表 8-1　将 10 万美元分为 10 次赌博的风险与回报

赢钱的次数	可能性（百分比）	赢钱的数额（美元）
0	<1	0
1	1	30 000
2	4	60 000
3	12	90 000
4	21	120 000

续前表

赢钱的次数	可能性（百分比）	赢钱的数额（美元）
5	25	150 000
6	21	180 000
7	12	210 000
8	4	240 000
9	1	270 000
10	<1	300 000

我们在这里得到的启示是，当单一的大风险被打包成一组较小的风险时，促使人们小心谨慎的本能直觉会让人们变得敢于冒险。

直觉的力量

通过将大风险分解成众多可承受的风险的集合，机构或个人都能够享受到更高的回报。此时人们进行的是理性的冒险，而不是那种为了弥补损失而不顾一切的疯狂冒险。

企业家的直觉靠谱吗

本章的首要启示是，我们的金融直觉有时会与金融逻辑相违背，了解金融直觉中的异常现象有助于我们做出明智的决策。但是我们的金融直觉不是同样具有很大的力量吗？许多成功的高管说，他们常常会凭直觉做出重要的决策。克莱斯勒公司前总裁鲍勃·卢茨（Bob Lutz）在描述他对道奇蝰蛇汽车（Dodge Viper）的设想时回忆道："那是一种潜意识的、来自内心深处的感觉。我只是觉得那样做一定对。"在 20 世纪 90 年代，道奇蝰蛇汽车帮助他拯救了公司。

强生公司 CEO 拉尔夫·拉森（Ralph Larsen）在做出重大决策的时候，也会运用内心深处的感觉。“当有人向我提出一项收购建议时，账面上的数字看起来总是非常棒。它满足预期资本回收率，投资的回报率也很棒，增长率更是好极了。我有各种理由相信这是一个不错的收购项目。但是就在那一刻，在我得到大量经过细致分析的量化信息的时候，我开始发挥我的作用。我会查看那些信息，凭直觉就能知道这起收购好还是不好。”

卢茨和拉森在运用他们学到的专家知识。“直觉和判断是凝固成习惯的分析。”赫伯特·西蒙说。在看这页的内容时，你正在体验着自己无法解释的感觉过程。卢茨、拉森以及其他明智的企业家同样习得了他们无法解释清楚的规则和模式。他们就像具有场地感的篮球运动员。在六旗娱乐公司（Six Flags Entertainment），总裁罗布·皮特曼（Rob Pittman）看到更多的利润来自商品和零食销售，而非来自门票收入。后来在美国在线（American Online），皮特曼根据经验直觉性地感知到，应该让美国在线摆脱基于小时收费的商业模式，转向从广告和电子商务中获利的模式。企业经理人就像象棋大师一样，他们的直觉有时会将多年的经验压缩成瞬间的洞察。

然而即使对于经验丰富的人来说，有时他们也没有准备好应对新的挑战和机会。轮船、印刷机、电报、白炽灯以及打字机都遭遇过怀疑。当回想自己促使“富尔顿的蠢物”[①]下水的努力过程时，罗伯特·富尔顿（Robert Fulton）说：“在前进的道路上，我没有得到一句鼓励的话，没有人对轮船的未来怀有光明的希望，也没有人对之报以热情的祝福。”

约翰·怀特（John White）的著作《拒绝》（*Rejection*）讲述了一个又一个人们的成果遭到贬损的故事，其中包括米开朗基罗、贝多芬和美国诗人威尔伯·史蒂文斯（A. Wilber Stevens）。出版社曾把史蒂文斯的诗稿烧成灰寄还给

① 罗伯特·富尔顿是美国著名工程师，世界上第一艘蒸汽轮船的发明者。但他在巴黎塞纳河上进行首次试航时，轮船看起来既笨重又无用，因此被人们称为“富尔顿的蠢物”。——译者注

他。苏斯博士（Dr. Seuss）[①]的作品曾被二十多家出版社拒绝，富有经验的出版人凭直觉认为他的作品永远也不会畅销。尽管被拒了15次，其中包括被双日出版社（Doubleday）的编辑拒绝（“写一个不知名的荷兰画家，这本书根本卖不出去”），但欧文·斯通（Irving Stone）写作的有关梵高的作品依然卖出了2 500万册。在一个可能是杜撰的故事中，碧雅翠丝·波特（Beatrix Potter）写的《彼得兔的故事》（*Tale of Peter Rabbit*）被7家出版社拒收，其中一家出版社说，这个故事闻起来有一股烂胡萝卜的味道。

屡遭挫败的作家查克·罗斯（Chuck Ross）的经历说明了职业直觉是多么不靠谱。罗斯使用笔名将杰西·科辛斯基（Jerzy Kosinski）的小说《台阶》（*Steps*）寄给了28家主要的出版社和文稿代理商。所有人都拒收这部小说，其中包括兰登书屋（Random House），而兰登书屋早在10年前就出版过这本书并荣获美国国家图书奖（National Book Award），销量达到40万册。曾出版过科辛斯基其他三部小说的霍顿·米夫林出版公司（Houghton Mifflin）差点接受了这部小说：“我们中的一些人阅读了您这部没有题目的小说，非常敬佩它的写法和风格。它让我们想到了杰西·科辛斯基的作品……按照现在的情况来看，这部手稿的缺点是它总体上不能令人满意。”

由于认识到了直觉的危险性，许多公司，包括杰克·韦尔奇（Jack Welch）领导的通用电气公司，已经开始求助于数据驱动的管理系统，比如六西格玛（Six Sigma）。为了改善质量，公司对活动做出界定、设立标杆并衡量业绩。高登食品服务公司（Gordon Food Service）是一家大型的美国中西部食品分销商，它根据供应商是否能按时供给保质保量的产品来进行定量的评估，而不是做出主观判断。每个月供应商都能知道客户对他们有怎样的期望，以及他们自己做得如何。

---

① 美国著名的作家及漫画家，以儿童书最为出名。——译者注

就像在质量控制、金融和投资领域中一样，当可以获得客观的信息时，我们一定要留心这些信息。但是并非所有重要的事情都是可测量的。对有些事情来说，不存在具有决定性的数字。人们应该如何衡量苏斯博士提交的手稿呢？在这种情况下，丰富的经验、消息灵通的直觉以及我们积累的难以言表的知识会引导我们的判断。

9

临床中的直觉

科学方法的真正目的是确保人类的本性不会误导你，让你以为你知道自己其实不知道的事情。

罗伯特·波西格（Robert Pirsig）
《禅与摩托车维修艺术》（*Zen and the Art of Motorcycle Maintenance*），1974 年

假释裁决委员会需要考察被判有罪的强奸犯，思考是否可以释放他。危机干预行业中的工作人员需要判断打来电话的人是否有可能自杀。医生需要留意病人的症状，推断出他患有癌症的可能性。学校社工需要衡量孩子偷听到的威胁性言语只是男孩子间的玩笑，还是一时的情绪爆发，或者是暴力行为的潜在迹象。

这些专业人员必须决定如何衡量主观判断与客观证据的重要性。他们应该凭直觉做事吗？他们应该听从基于经验的直觉、预感或内在的智慧吗？或者他们是否应该更多地依靠具有研究基础的智慧，这些有时会体现在公式、统计分析和计算机预测中的智慧？

经验说了算还是数据说了算

在头脑与心灵的竞赛中，临床医生往往会聆听经验的低语，用心灵来进行投票。他们不希望让冰冷的计算来决定温暖的人类的未来。感情战胜了公式。

然而当研究者让直觉与统计预测进行对决的时候（将访谈者对学术成绩的预测与基于年级和态度评分的公式进行比较），令人震惊的是，公式往往是胜出的一方。正如你预期的那样，统计预测有可能会出错，但在预测未来方面，人类的直觉，甚至是专业人士的直觉更容易出错。在证明统计预测优于直觉的三十多年后，明尼苏达大学临床研究者保罗·米尔（Poul Meehl）在一篇回顾性文章中提出了更有说服力的证据：

> 社会科学中的许多研究像这项研究一样，得出了同一方向的结论。在这方面不存在任何争议。……当你进行了 90 项调查研究，对各种事情进行过预测，从足球比赛结果到肝病诊断，却找不到能够证明临床医生的预测更可靠的些微证据，那么是时候得出实事求是的结论了。

相关证据还在不断增加。1998 年，加拿大总检察长的研究团队整合了来自 64 个样本的数据，其中包括 25 000 多名患有心理疾病的违法犯罪分子。什么因素能够最好地预测出未来的犯罪可能性？和对其他类型犯罪者的研究结果一样，最好的预测因素是以往犯罪活动的数量（再一次说明预测未来行为的最好方法是看过去的行为）。而最不准确的预测因素是什么呢？是临床医生的判断。

最近明尼苏达大学的研究团队对 134 项研究的数据进行了整合与综述。这些研究涉及临床直觉与统计预测的比较，内容包括行为、心理学或医学诊断。在 8 项研究中，临床直觉胜过了“技术性的”（统计）预测。在 63 项研究中，统计预测更胜一筹。在其余研究中，两者打成平手。

如果允许临床医生对病人进行直接询问而不只是看一看病例，结果会有所不同吗？会。研究团队报告称，直接询问会让临床医生的判断变得更糟糕。许多这类研究没有涉及心理健康专业人士日常做出的判断，而且这些研究常常将有经验的临床医生的判断和没有经验的临床医生的判断混在一起。不过研究者得出的结论是："可以说临床医生掌握着主动权。相对于技术性预测，临床医生预测的准确性较低，因此临床医生必须大力鼓吹自己的预测更准确或更具有成本效益。"

在某种程度上，我们确实承认统计预测更卓越。对于人寿保险公司的总裁来说，保险统计预测是保险行业的应有之义。或者你可以想象一下某人这样说道："我对今天的总统大选有一种预感，我觉得 X 会赢得大选。"可能你跟他有相同的预感，但当得知盖洛普民意调查的结果出来了，而结果显示 Y 领先时，你可能会改变主意。盖洛普民意调查在美国全国大选前进行，已经持续了半个多世纪，调查结果与大选结果只有不到 2% 的出入。就像从身体中抽几滴血，这个随机抽取的样本能够说明总体是什么情况。

然而当论及对个人的判断时，人们对直觉的信心会猛然增加。1983 年美国最高法院对杀人犯托马斯 · 贝尔富特（Thomas Barefoot）的诉状做出了裁决。诉状对精神病医生的预测提出了质疑，医生预测贝尔富特具有危险性。哈里 · 布莱克门（Harry Blackmun）法官对两位精神病医生的临床直觉表示怀疑，这两位医生是为检方作证的。尽管两人都没有对贝尔富特进行过检查，但其中一位医生以"医学上合理的确定性"证明贝尔富特会继续做出威胁社会的行为。另一位医生也表示赞同，他说他在精神病方面具有特别突出的专业技能，这些技能不适用于普通人。他可以百分之百地肯定贝尔富特会继续做出威胁社会的行为。他们的临床判断使托马斯·贝尔富特在1984年10月30日被执行死刑。实验心理学家玛格丽特·哈根（Margaret Hagen）在《法院的妓女》（*Whores of the Court*）一书中说，这样的证词属于垃圾科学。在哈根看来，这类专家证词的准确性类似于目击者的回忆。自以为是的专家们的“心理学行话”对于心理学来说，就像占星术之于天文学。

在有关错误记忆的实验中，人们也能看到临床直觉的局限性。在三项不同的研究中，精神病医生、心理学家、社会工作者、律师和法官分别对录像带中孩子们的证词做出评估。他们是否能够分辨出哪些孩子的回忆是虚假的，受到了反复提出的暗示性问题的影响呢？

直觉的力量

研究发现始终显示，尽管专业人士对自己明察真伪的能力非常有信心，但实际上他们的准确性并不比撞大运更好。错误的记忆看起来、感觉起来就像真的一样。

如果我们将临床直觉与统计预测结合起来，那会怎样？如果我们把有关某人未来学业成绩的统计预测，或者把有关某人可能实施暴力行为或自杀的统计预测告诉专业人士，让他们来改进这些预测，那又会如何？卡内基梅隆大学的心理学家罗宾·道斯指出，有些研究已经这样做了，结果发现没有经过“改进”的预测更准确一些。

那么这些研究对临床实践产生了什么影响呢？道斯说：“影响可以用一句话来总结，那就是一点影响都没有。”例如临床研究者保罗·米尔非常受尊敬，在很年轻的时候就被选为美国心理协会（American Psychological Association）主席，后来又被选入美国国家科学院（National Academy of Sciences），但人们对他的忠告置之不理。

米尔将临床医生对自己直觉性预测的信心归因于“道德上的错误概念”：

> 如果我试图预测出对大学生、罪犯或抑郁症病人非常重要的事情，而我采用的是无效的方法，同时向这些人或纳税人收取的费用是我做出更准确预测时所需费用的10倍，那么这完全是不道德的做法。预测者可能会说，他们让人感觉更好、更温暖、更可亲。在我看来，这真是一个蹩脚的借口。……“我不在乎什么研究发现，我是临床医生，所以我要依赖我的临床经验”这样的说法是不可行的。当科学证据不足以告诉我们答案时，当我们只有临床经验时，人们便会求助于临床经验。而当研究得出相反的答案时，它并不足以形成一个有效的反证。人们会想“我的经验显示如何如何”。这些人是在自欺欺人，肯定没有读过有关医学的历史，更不要提有关迷信的心理学。以为获得博士学位就能对种种错误产生免疫的想法既可笑又自负。这些错误包括涉及人类思维的抽样错误、感知错误、记录错误、记忆错误、提取错误以及推论错误。

既然我们具有社会直觉能力和直觉性专家技能，为什么专业人士的直觉还会如此不靠谱呢？

为什么说临床直觉靠不住

想一想，为了准确地解释或预测行为，我们必须怎么做？我们必须凭直觉感知到不同预测因素与标准（比如学业成绩、暴力行为、自杀或其他任何标准）之间的相关性。然后我们必须恰当地权衡每个预测因素的重要性。但是正如前文提到的，在这类任务上我们很容易犯错。专家直觉使我们能够出色地完成下象棋、分辨小鸡性别这样的任务。但是在相对简单的计算任务，比如杂货店的收银任务中，我们会更需要计算器。

洛伦·查普曼（Loren Chapman）和琼·查普曼（Jean Chapman）做过一个具有开创性的实验。他们展示了虚假的相关性对临床解释会产生怎样的影响。他们邀请临床医生们研究一些心理测试结果和诊断。有些临床医生相信可疑的人在画人测试中会画出很独特的眼睛，即使事实上可疑的人画出独特眼睛的概率并不比不可疑的人更高，临床医生依然看到了自己期望看到的东西。当我们假定存在着相关关系时，便很可能会注意到证实这种关系的事例。所信即所见。

后视偏差也促使临床医生相信他们本可以预测到已经发生的事情。在摇滚音乐人科特·柯本（Kurt Cobain）自杀之后，周一早上的评论员们说，他们能够看出柯本的歌词中透露出来的忧郁。戴维·罗森汉（David Rosenhan）和 7 个助手提供了一些令人吃惊的例子，说明事后的解释多么容易出错。为了测试心理健康工作人员的临床判断，研究小组中的每个成员与不同精神病院的住院处分别做了预约，抱怨自己总听到实际并不存在的说话的声音。他们没有提供真实姓名和职业，但诚实地报告了自己的人生经历以及情绪状态，而且没有表现出其他症状。大多数人被诊断患有精神分裂症，并被留院治疗了两三周。临床医生在假病人的人生经历及他们住院期间的行为中寻找可以证实并解释诊断的事件。一位假病人对临床医生如实地说，在童年早期，他和妈妈的关系更亲密，和爸爸比较疏远。不过在进入青春期以后，他和爸爸成为了好朋友，和妈妈的关系开始冷淡下来。目前他和妻子的关系既亲密又真挚，只是偶尔会发生点小摩擦，交流时会带着怒气。他很少严厉地斥责孩子。

由于临床医生知道他患有精神分裂症，因此是这样解释的：

> 39 岁白人男性……长期表现出对亲密关系的矛盾情绪，这种矛

盾始于童年早期。在青春期，他与母亲热络的关系变得冷淡起来，与父亲疏远的关系变得非常亲密。缺乏稳定的爱。在妻子和孩子面前，他试图控制自己的情绪性，但时不时会爆发愤怒，偶尔会严厉地斥责孩子。虽然他说自己有几个好朋友，但可以感觉到这些关系中也潜藏着矛盾情绪。

罗森汉后来告诉一些医院的工作人员（他们听说了这个富有争议的实验，但不相信这种错误会发生在自己的医院里），在接下来的 3 个月里将有一名或多名假病人去他们的医院申请住院。3 个月后罗森汉邀请工作人员用他们的临床直觉来猜测在此期间入院的 193 名病人中谁是假病人。在这 193 名新入院的病人中，有 41 人被至少一名工作人员指认为假病人。而事实上，一个假病人也没有。

一旦临床医生为诸如幻听这样的问题猜测出一种解释后，这种解释便可以自己存在下去了。在早期展示信念固着的研究中，斯坦福大学的心理学家李·罗斯及他的同事让被试阅读了一些真实的临床病例。然后他们告诉被试病人之后发生的某个事件，比如自杀，让被试用病例来解释这个事件。最后，他们会说出真相，那就是没有人知道病人后来的经历。当让被试估计病人发生这个事件以及其他事件的可能性时，之前解释过的事件就会显得特别有可能发生。

在另一项研究中，罗斯引导学生们认为自己具有非常棒的临床直觉（他告诉学生他们在区分真假自杀遗书上做得非常好）。在学生们解释了自己为什么对此非常擅长之后，罗斯告诉他们，他刚才撒了个小谎。有关他们直觉的积极反馈是假的。尽管真相被披露出来，但学生们依然相信自己的临床直觉很准，并引用刚才想出来的解释理由来佐证自己出众的直觉能力。

临床直觉非常容易受到虚假相关性、后视偏差、信念固着以及证实偏差的影响。在明尼苏达大学的一些实验中，为了评估专业直觉，加强批判性思维，心理学家马克·斯奈德和他的同事让访谈者查看一些假设的真实性。为了感受他们的研究，你可以想象自己见到了某个人。在此之前有人告诉他，你是一个无拘无束、外向活泼的人。为了验证这种说法是不是真实的，他会在与你的交谈中插入一些问题，比如“你曾经在人前做过疯狂的事情吗”。当你回答这类问题的时候，如果他在寻找支持你很腼腆害羞的证据，那么他眼中的你是否会非常不同呢？

斯奈德发现，人们确实经常会寻找可以支持自己预感的信息来验证预感。如果他们想知道一个人是否外向，便会收集与外向有关的事例：“如果想活跃派对的气氛，你会做什么？”如果是为了验证一个人是否内向，他们更有可能问：“什么因素使你很难对他人打开心扉？”从回答的特点来看，那些被证明外向性的人的回答似乎表现出更多爱交际的特点，而那些被证明内向性的人的回答似乎表现出更多害羞的特点。

即使给人们一个结构化的问题清单，让他们从中选择，当在验证外向性的时候，他们也会更倾向于选择那些能够引发外向回答的问题，甚至连有经验的心理治疗师也不能免俗。如果他们事先形成了明确的观点，那么在让他们自己构想出问题的时候，也会发生相同的情况。**强烈的信念会自己证实自己。**

为了看一看自己是否能让人们通过驳斥来验证一个特点，在实验中斯奈德告诉被试“找到某人与刻板印象不同的方面非常重要，而且是有益的”。在另一项实验中，如果被试所提的问题能够发现被访谈者最全面的特点，他会奖励被试 25 美元。尽管如此，证实偏差依然存在：在验证外向性的时候，人们抗拒使用“内向的”问题。

斯奈德的实验有助于我们理解为什么接受心理治疗的人的行为看起来常常

很符合治疗师的理论。哈罗德·雷诺（Harold Renaud）和弗洛伊德·埃斯蒂斯（Floyd Estess）对100名健康成功的成年人进行了人生经历的访谈。他们吃惊地发现这些被试的童年经历中充满了“创伤性事件”、与某些人紧张的关系以及父母的教养失误。而这些因素常常会被用来解释精神方面的问题。如果某人心情不好，那么这类回忆就会被放大。因此当弗洛伊德学派的治疗师在童年经历中找原因时，他们往往会发现自己的直觉被证实了。正如罗伯特·勃朗宁（Robert Browning）[①]所写：

你有什么样的头脑，
就会进行什么样的搜寻：
你会找到
你所期待的东西。

对于临床医生来说，这些研究的意义很容易表述（尽管不容易实践），那就是一定要监控直觉的预测力量。人们总是去看自己期望看到的联系，你一定要留心这个倾向。你要意识到当事后诸葛亮是很诱人的，它会让你变得过度自信（不过有时它也会让你对自己很苛刻，埋怨自己没有预见到灾难并及时规避）。你还应该意识到，理论一旦形成，那么即使缺乏基础，它也会持续存在下去。要警惕，不要只提能够证实自己观点的问题，也应该思考相反的观点并去验证它们。记住理查德·费曼告诫性的话语：“最重要的是，千万不要愚弄自己，你是最容易被愚弄的人。”

更好的做法是，充分利用统计预测的力量。就像大学招生专员使用统计方法来预测学生未来的学业成就一样，临床医生也可以运用诸如“暴力风险评估

① 英国维多利亚时期代表诗人之一，与丁尼生齐名，是维多利亚时代两大诗人之一，主要作品有《戏剧抒情诗》《剧中人物》《指环与书》等。他以精细入微的心理探索而独步诗坛，对英美20世纪诗歌产生了重要影响。——译者注

指南”（Violence Risk Appraisal Guide）这样的检查清单。这个检查能够预测罪犯从最高戒备的医院里出来后，是否会做出进一步的暴力行为（在一项研究中，55% 被预测为高危险性的罪犯以及 19% 被预测为低危险性的罪犯又实施了新的暴力行为）。如今内科医生也有类似的统计指南，以预测患者患乳腺癌和前列腺癌的危险性。所有这类指南的基础是客观数据的集合，它们能够完成直觉无法完成的事情——系统化地衡量多种因素的重要性。如果我是一名内科医生，我的经验告诉我前列腺特异抗原水平并不能预测前列腺癌的致命性，虽然数千例研究的结果与我的经验相反。我该怎么做？嗯，我最好不要那么看重自己有限的经验，或者至少考虑一下这个选项，因为大量其他的案例展示了更多的数据。曾经做过记者的卡罗琳 · 密斯（Caroline Myss）曾在《奥普拉脱口秀》（*Oprah Winfrey Show*）上向观众们展示她如何通过看一眼或简短的谈话就做出“诊断”。如果这类“医学直觉”真的能做出更准确的预测，那它们应该很高兴有机会能与统计预测一较高下。

另一项基于研究的分析能够对学校中的暴力行为做出预测，它对 18 项学生的性格特点进行打分，从守纪律情况到对动物的残忍性。还有一种方法可以通过将预测清单上各个项目的得分加起来，预测出性犯罪者再次被捕的可能性（是否从未结过婚？受害人中是否有陌生人？年龄是否小于 25 岁？之前性犯罪的数量是多少？是否有过暴力犯罪？之前所有犯罪行为的数量是多少？）。汇总之后的分数能够预测罪犯再次犯罪的风险。风险最高的群体的分数会超过满分的 50%，风险最低的群体的分数在满分的 10% 左右。我们获得的启示是，精算科学能够让临床判断变得更准确，至少它能够提供另一种见解。精算科学还有助于避免从业者遭遇医疗事故诉讼。在诉讼中，临床医生可能会被指控没有参考相关研究而做出了错误的决策。

有些领域会毫不犹豫地充分利用精算预测。虽然天气预报一直是人们取笑的对象，但长期以来它都是专业预测领域中的主角。临床医生可能永远都不知道自己对暴力行为的预测是否准确，但天气预报员与之不同，他们能够不断得到及时的反馈。经过一天天的预测和反馈，预报员便知道了应该如何校正自己的缺点。因此即使在精确的电脑预报出现之前，他们已经能够熟练地校准自己预报的精度了。如果他们说降雨的可能性是 25%，实际概率确实就会是 25% 左右。如今在卫星和电脑程序（将气压、风速、温度和其他许多变量结合在一起）的辅助下，他们预报的准确性已经比以往提高了很多。当地的气象学家会将电脑的“指南”与他们自己的专业知识结合起来，因此预报的准确性还会进一步提高。

信用卡公司也会使用复杂的计算机程序来监控人们的行为，及时发现信用卡用户不正常的行为活动。最近维萨信用卡公司（Visa）给我打过 3 次电话，因为我女儿的卡或我妻子的卡出现了可疑的活动。其中一次是异常但正当的海外消费。在其他两个情况中，信用卡公司的人工智能立即发觉存在欺诈行为，促使客户代表给我们打电话，而且在几分钟内卡便被关闭了。这种发觉欺诈行为的速度和能力令我惊叹不已，人类的判断永远只能望尘莫及。

那些违反直觉的治疗方法有效吗

在对临床医生的自负的一片批评声中，也有些许令人乐观的迹象。由保罗·斯彭格勒（Paul Spengler）领导的波尔州立大学（Ball State University）的研究团队用了近 6 年的时间，对 1 000 多项有关临床决策的研究进行了追踪研究。在他们所研究的一个样本中，在对风险和预后的判断上（这些判断通常由心理健康专业人士做出），保险精算预测只略微领先于临床医生的判断。另外保罗·斯彭格勒报告称，随着临床经验的积累，临床医生的判断会变得越来越准确。

准确性也会随着临床医生自信程度的提高而提高吗？为了找出这个问题的答案，戴尔·麦克尼尔（Dale McNiel）和他的同事邀请 78 位精神科医生评估了 317 名精神科住院病人在住院第一周里出现暴力行为的可能性。在第一周里，根据护理人员的报告，11% 的病人确实出现了暴力行为。对于自信程度适中或较低的精神科医生来说，他们的预测不比碰运气好多少；对于特别自信的精神科医生来说，他们预测可能出现暴力行为的病人中有四分之三确实有暴力举动，而他们预测没有暴力倾向的病人确实没有出现暴力行为。因此在没有精算预测的情况下，或者当有用的信息超出了精算指导准则的范围，明智的临床医生会利用丰富的经验做出判断，只要他们的直觉觉得情况一清二楚。

然而对各种治疗效果的判断是很微妙的。临床医生不仅不能像天气预报员那样获得迅速而经常的反馈，而且像所有人一样，他们还会误解自然的"回归平均水平"效应。人们在最抑郁的时候开始接受治疗，在结束治疗的时候，他们已经不那么抑郁了。因此大多数病人和治疗师会认为这种治疗方法很成功。治疗的种类非常多，从放血疗法到再生疗法，从用枷锁束缚起来到草药治疗，从浸没室到系统脱敏疗法——但所有这些治疗都有一个共同点，那就是实践者都认为它们是有效的。开始接受治疗的时候，病人强调的是他们的悲伤。在可以停止治疗的时候，他们会强调自己现在是健康幸福的。如果他们对治疗感到满意，治疗便会继续。治疗师当然知道存在失败，但那是其他治疗师的失败，那些治疗失败的病人会找新的治疗师来解决他们长期的或反复出现的问题。

为了确定某种治疗的效果不只是安慰剂效应或自然的回归效应，我们必须进行实验。对心理学家来说，区分现实与一厢情愿的直觉的最有力的工具是对照研究：将一些病人随机分配去接受一种新疗法，其他病人接受另一种疗法。

重要的不是我的直觉或你的直觉，而是这种疗法是否有效。对这种疗法进行检验时，有关它的预测能否得到证实？

对有些形式的心理治疗来说，结果是令人鼓舞的。无论是否接受治疗，病人都会有所改善（从最糟糕的状态回归正常状态）。然而当玛丽·史密斯（Mary Lee Smith）和她的同事对心理治疗结果进行了首次统计概括后，他们欣喜地发现，心理治疗对所有年龄段的人都具有益处，它们的效果就像学校的教育作用、药物的治疗作用或业务能够转化为利润一样可靠。后续的统计概要基本上也得出了相同的结论。正如某人所说："数百项研究显示，心理治疗确实是有效的。"在一项费时费力的研究中，美国国家心理卫生研究所对三种抑郁症疗法——认知疗法、人际关系治疗和标准药物治疗进行了比较。28 位富有经验的治疗师分别来自俄克拉何马州的诺曼、华盛顿特区和宾夕法尼亚州的匹兹堡。他们接受了其中一种疗法的培训，并被随机分配去治疗 239 名抑郁症患者。与只服用无效的药物并接受支持性关注、鼓励和建议的控制组相比，这三组中病人的情况都有了更多的改善。在完成全部 16 周治疗的病人中，有一半以上病人的抑郁症状减轻了；而在控制组中，只有 29% 的病人出现了好转。这个结论与早期研究的结果是一致的。那些没有接受治疗的病人常常也会有所改善，但接受治疗的病人病情改善的可能性更大。

那么最近出现并被广泛宣传的替代疗法的效果如何呢？对于大多数疗法来说，之所以缺乏充分的证据，主要是因为支持者觉得没有进行对照研究的必要。他们凭直觉认为这些疗法会有效。满意的病人证实了他们的直觉。数以百万的人，包括戴安娜王妃，都认为没有必要进行对照实验。他们凭直觉相信巫师、催眠治疗师、"释放愤怒"治疗师、反射论者、芳香治疗师、结肠灌洗治疗师以及身心治疗师。不过有些疗法吸引了太多人的注意，人们已经开始仔细考察它们了。思考以下五种有违直觉的疗法，其中三种已经被认为是不可靠的了，而另外两种被认为具有惊人的疗效。

治疗性触摸

全世界有数万名治疗性触摸从业者（其中很多是护士）曾经用手在距离病人身体十几厘米的地方移动，目的是“让能量场达到平衡状态”。支持者称这种做法有助于治疗各种疾病，从头疼、发烧到癌症。怀疑者说，证据显示，除了安慰剂效应之外，这种疗法没有任何治疗作用。但是我们能证明这个说法吗？当某人把手放在治疗师手的上方时（治疗师看不到），治疗师能凭直觉感知到所谓的能量场吗？迄今为止的实验显示：他们不能。因此治疗性触摸（事实上并没有触摸到）似乎没有效果，也没有任何可信的理论能够证明它可能是有效的。

眼动脱敏再加工治疗

一天，弗朗辛·夏皮罗（Francine Shapiro）走在公园里，她发现当她的眼睛自发地到处乱瞟的时候，焦虑感消失了。由此产生了一种新的疗法，据说目前已经有 22 000 名心理健康专业人士接受了这种新疗法的培训。病人想象一个会造成创伤的情境，治疗师通过在病人眼前晃动手指来触发眼睛运动。这种方法最初被用于治疗创伤后应激障碍，据称治疗是成功的。受到治疗效果的鼓励，眼动脱敏再加工治疗师最近开始将这种技术用于对焦虑障碍、疼痛、悲痛、精神分裂症、愤怒及内疚的治疗。如果眼睛不动，而只是手指轻轻敲击，或者治疗师晃动手指，但病人的眼睛直视前方，治疗效果会如何呢？有人对此进行了检验，结果发现疗效相同。这种治疗之所以有效，似乎不是因为眼睛运动，而是因为将有效的暴露疗法（在安全的状态下重新经历创伤体验）与安慰剂效应结合在了一起。

阈下自助磁带

鉴于我们在意识之外直觉性地加工了很多信息，那么带有觉察不到的微弱信息的商业化磁带真能重塑我们的潜意识思维，从而使我们获得成功和幸福吗？耳朵听不到的信息，比如“我设定了我的优先事项，我能够提前完成”是否能重塑拖延者的思维？为了找到这些问题的答案，华盛顿大学的研究者安东尼·格林沃尔德实施了16项实验，发现阈下自助磁带根本没有疗效。在一项实验中，他将提升记忆力的磁带分给一些有记忆力问题的被试，把提升自尊的磁带分给一些存在自尊问题的被试。对于其他被试，他搞了一个小小的恶作剧，交换了磁带的标签。尽管两种磁带对记忆评分或自尊评分都没有任何影响，但那些认为自己听的是记忆磁带的被试相信自己的记忆力得到了改善。认为自己听的是自尊磁带的被试也得出了类似的结论。尽管磁带毫无效果，但被试觉得自己得到了期望中的益处。

光照疗法

对有些人，尤其是女性以及生活在远离赤道地区的人们来说，冬天的沮丧情绪构成了一种抑郁症，即季节性情感障碍。20世纪80年代早期，为了抵消这些阴郁的心境，美国国家心理卫生研究所的研究人员想出了一个聪明的主意。每天让季节性情感障碍患者定时接受一定剂量的强烈光照（利用灯箱，目前可以租到或从保健品和灯具专卖店买到）。临床经验证实，许多季节性情感障碍患者在接受光照治疗后，变得不那么难过了。不过怀疑者在想，这是不是又是一种回归平均的趋势或安慰剂效应呢？实验得出了令人鼓舞的结果。大约50%~60%每天接受半小时光照疗法的患者感到症状减轻了，而接受夜晚光照或安慰剂治疗的患者中只有很少的人感到症状有所缓解。科学家还确定了季节性情感障碍背后可能的机制，即它将褪黑素分泌的时间提前了。因此结论是，对很多人来说，早晨明亮的阳光确实能缓解季节性情感障碍的症状。

电休克疗法

1938年，当电休克疗法刚刚被引入的时候，完全清醒的病人会受到令人痛苦的电击，100伏的电压常常会把他们电晕，使他们失去意识。所以毫不奇怪的是，电休克疗法会让人觉得既野蛮又原始，好像科学怪人。在如今比较温和的电休克疗法中，治疗师会对病人实施全麻，使用肌肉松弛剂，而且电击的时间很短，往往只对一侧大脑进行电击。这种怪异的疗法有效吗？令我震惊的是，目前电休克疗法被普遍认为是治疗对心理疗法和药物都产生了抗拒的重度抑郁症的最有效方法。每周经过3次这样的治疗，持续2~4周后，80%以上接受治疗的病人会出现显著的改善。虽然在治疗期间病人的记忆力会减退，但电击并没有导致可辨的大脑损伤。尽管我们对电休克疗法为什么有效的原因还不确定，但美国国家卫生研究院的委员会和美国精神病学会已经批准了这种疗法。

直觉的力量

当付诸检验时，有些听起来很疯狂的方法竟被发现是有效的，有时科学探究能够驳倒怀疑者。谁能想到明亮的光线或大脑中的电流会具有治疗作用呢？

然而更常发生的情况是，科学探究会将听起来疯狂的念头归入许许多多注定将被遗忘的主张中，比如永动机，比如穿越回几个世纪之前的体外旅行以及癌症的神奇治愈。荒唐的冒牌疗法最终只会导致虚假的疗效，善意无法掩盖愚蠢。为了区分真实的直觉与虚假的直觉，为了区分理智与荒谬，我们需要采取科学的态度，那就是保持怀疑但不玩世不恭，开放坦诚但不轻易相信。通过检验临床直觉，分辨出其中的智慧和错误，并知道什么时候应该用精算科学来强化直觉，这样实事求是的过程必然会带来良好的结果。

10
面试中的直觉

科学是狂热与迷信之毒的最佳解药。

亚当·斯密（Adam Smith）
《国富论》（*Wealth of Nations*），1776 年

许多面试人员都能证明，印象形成得很快。当应聘者坐到椅子上时，面试人员对他们的活力、外向性、热情程度和声音便已经形成了印象。正如我在第 2 章中提到的，这些瞬间形成的直觉很可能会透露出真实情况。学生们只需要看两秒钟关于老师的无声短片就能凭直觉知道自己到了本学期末是否会喜欢这位老师。

在最近的社会直觉研究中，托莱多大学（University of Toledo）的心理学家弗兰克·贝尔涅里（Frank Bernieri）及其同事用了 6 周时间来培训两名被试的面试技巧。然后这两名被试对 98 位各个年龄段的志愿者进行面试，对每个人面试 15~20 分钟并完成 6 页的评估报告。后来贝尔涅里的一名本科生特里西娅·普里克特（Tricia Prickett）决定看一看印象是多快形成的。她给人们展示了每位应聘者 15 秒钟的录像，其中包括敲门、进入房间、握手和坐下。令

人吃惊的是，陌生人能够预测出面试人员对 11 项特征中的 9 项会做出什么评价。贝尔涅里说："相关性的力量是非凡的。"正如谚语所说，握手能够说明一切。

仅仅是瞥一眼某人的行为，我们便能对他有所了解，这是因为诸如"善于表现"这样的性格特点很容易显露出来。有些人天生很善于表现（因此具有演哑剧和玩看手势猜字谜游戏的天赋），有些人则不太善于表现（可能会更擅长打扑克）。为了评估人们对自己表情的自主控制能力，弗吉尼亚大学的贝拉·德保罗（Bella DePaulo）和她的同事让人们在诉说观点的时候，尽量表现得富于表情或拘谨羞怯。值得注意的是，不善表现的人即使假装表情丰富，他们的表现力也比不上天生善于表现的人；而善于表现的人即使假装拘谨羞怯，他们的拘谨羞怯程度也比不上天生不善表现的人。在我每天中午和别人一起打篮球的时候，有些人闷声不响地打，有些人则一边打一边评论着，开着玩笑，互相庆祝或互相取笑。我就像球队里到处跑动的嘴巴。我常常发誓第二天一定要收敛些，但从来没有成功过。

直觉的力量

你很难做你不是的那种人，也很难不做你是的那种人。

善于表现的特征是难以压制的，这就是为什么我们能够在几秒钟内看出一个人是否外向开朗的原因。图片研究专家莫里斯·莱韦斯克（Maurice Levesque）和戴维·肯尼（David Kenny）让 4 组康涅狄格大学（University of Connecticut）的女生围坐在桌子旁。他们只让每位女生说出自己的姓名、年级、家乡和所在的大学公寓。通过几秒钟的语言表达和非言语行为，你是否能判断出哪个女生比较健谈？在他们的实验中，这种快速判断被证明能够相当准确地预测出每个女生的健谈程度。当我们判断诸如外向性这种具有表现力的特征时，极少的一点行为便能透露出真实情况。在完成某些任务时，直觉表现得非常杰出。

为什么面试官时常会看错人

由于我们能够立即看透一个人的某些特点，比如是否善于表现，因此可以理解的是，面试人员相信自己能够通过一面之缘、非结构化的面试来预测应聘者长期的工作表现。不过令人震惊的是，这些预测实际上非常不靠谱。在研究生院或职业学校里，无论是预测未来的工作效率还是预测成功与成就，面试都不是良好的预测方式。弗兰克·施密特（Frank Schmidt）和约翰·亨特（John Hunter）仔细查看了 85 年来有关人事选择的研究，发现对于所有工作来说，除了不太需要技能的工作之外，一般心理能力是预测工作成功的最佳因素。面试能够形成主观的整体评价，它比笔迹分析更有价值（笔迹分析毫无价值可言）。不过相对于态度测试、工作抽样、工作知识测试、同伴对过去工作业绩的评价，面试提供的信息显然是不充分的。如果把你对某人的直觉和从测试、抽样、同伴评价中获得的信息进行比较，那么胜出的一定是后者。

面试人员高估自己辨识能力的现象非常普遍，以至于社会心理学家理查德·尼斯比特给这种现象起了一个名字，叫作“面试错觉”。我的一位朋友是高级猎头公司的顾问，他有时会听到这样的说法：“我的面试技巧非常棒，所以不像那些不善看透他人的面试官那样，需要很多背景调查。”我的朋友回答说：“也许是吧，但我有些怀疑。研究显示面试是一种不可靠、不准确的调查工具。”

屡见不鲜的面试错觉

我从个人经历中吸取了很多经验教训。有时我对新聘用的人感到一百个不放心不满意，但事实证明他们是非常棒的同事；有时我或其他人觉得某个人是难得的好人选，但结果却令人失望，甚至是灾难性的。如果我们事先多打些电话，多问些问题，多做些调查，而不只是相信自己的直觉，那该多好啊。像我这样的情况并不少见。

Its Powers and Perils

面试失败的故事

“你最好去学点秘书技能，或者去结婚。”

1944 年模特经纪人拒绝了玛丽莲 · 梦露

“你应该回去开卡车。”

1954 年音乐会经理解雇了猫王

“不会表演，不会唱歌。有点秃顶，会跳一点舞。”

1928 年电影公司对弗雷德 · 阿斯泰尔（Fred Astaire）[①] 试镜的评价

罗宾 · 道斯在他离经叛道的作品《纸牌屋》（*House of Cards*）中指出，研究生院和职业学校面试人员的预测准确性也没有好多少。道斯报告说，在 20 世纪 70 年代，得克萨斯大学休斯顿分校医学院每年会招收 150 名学生。他们的招收依据是面试者对 800 名最符合要求的申请人的评价。当立法机构突然要求他们多招收 50 名学生时，学校承认目前只剩下面试者给予的评价比较低的申请人了。那么这两类学生的表现有什么差异呢？毫无差异。在最受好评的 150 名学生和评价稍差的 50 名学生中，都有 82% 获得了研究生学位，而且优等生所占的比例也差不多。即使在住院医生实习期的第一年过后，两组学生的表现也一样好。我们必然会得出的结论是：有些人只是比其他人更善于面试。

我的侄女很清楚这点。她进的是名牌大学，取得了美国优秀学生奖学金（National Merit Scholarship），除了得过一个 A– 之外，其他成绩都是 A。她对

① 美国著名电影演员、舞者、舞台剧演员、编舞家与歌手。他在舞台与大银幕上的演出生涯长达 76 年，期间参与了 31 部歌舞剧的演出。1950 年，获颁奥斯卡终身成就奖。1999 年，他被美国电影学会选为百年来最伟大的男演员第五名。——译者注

科学课程掌握得非常好，在医学院入学考试中取得了优异的成绩。另外她还选修了西班牙语，在使用西班牙语的大学里学习了一个学期。她立志要做一名内科医生，帮助那些没有得到充分医疗服务的人群。然而她家乡的华盛顿大学医学院拒绝了她，因为面试官认为她不够见多识广，不够成熟，无法在医学院取得成功（后来她了解到自己之所以被拒，是因为不知道如何回答几个有关科学和时事的问题，并且说自己应对压力的方式是祈祷，或向父母寻求建议和支持）。

为了解释统计预测的优越性，道斯让我们思考一下研究生院面试人员的工作：

> 什么使我们认为我们对学生半个小时的面试比把各种相关变量（比如本科时的平均分数、研究生入学考试分数及推荐信中的评价）汇总起来更能产生准确的预测结果？在我看来，最合理的解释是我们高估了自己的认知能力。这真是一种认知狂妄。例如我们可以想一想平均分数中包含着什么。对于大多数申请读研究生的学生来说，平均分数的基础至少是三年半的本科学习，其中包括至少 28 门课程的成绩，随着学季制的流行，课程数量甚至能达到 50 门。……然而你和我只是看看文件夹或者和申请人谈半个小时，就认为自己形成的印象能够比三年半中 20~40 位教授做出的累计评价更准确……最后，如果我们确实想不理会平均分数，那么这样做的唯一原因显然是我们相信申请人特别聪明，尽管他的成绩记录不是这样显示的。在证明学生的聪明才智方面，有什么证据比经过精心设计的态度测试分数更有说服力？我们是否真的认为无论教育考试服务中心会犯什么错，我们都比它更善于评估这类态度？

为什么会出现面试错觉

什么导致了面试错觉？为什么在人事聘用和学生招收方面，专业直觉与现实情况之间存在那么大的差距？当艾略特沉思着说“在想法与现实之间，在意向与行动之间，总有一道阴影”时，他的脑海中好像就出现了那些面试官。

之所以会有阴影，首先是因为被面试者在面试中展露出来的是当下的意图，而当下意图不像习惯性行为那样能够揭示出真相。意图很重要。人是可以改变的，但对一个人会成为什么样子的最好预测方法，仍然是看他过去一直以来是什么样。无论我们走到哪里，我们都承载着自我。

存在阴影的第二个原因是，面试官往往只去看被他们雇佣的应聘者如何成功，而不去看被他们拒绝的应聘者所取得的成就。由于他们聘用的大多数人获得了成功，这种不完善的反馈进一步证实了他们自以为是的招聘能力。在被本应该热情欢迎她的学校拒绝后，我的侄女去了世界一流的医学院之一——约翰·霍普金斯医学院。在那里她如鱼得水，被招聘为约翰·霍普金斯医院的住院医生，并继续为芝加哥南部社区门诊部中的穷人提供医疗服务。然而华盛顿大学医学院里的家伙不知道这些，因此他们在评估自己面试的成功与失败时，永远不会把我侄女算上。

存在阴影的第三个原因是基本归因错误的巨大力量。基本归因错误是一种直觉性偏差，当涉及他人时，我们倾向于低估环境对他的影响，而高估内在性格的影响。我们假定既然在这种情境中他们是这样的，那么他们一定就是这样的人。就好像我现在在篮球场上，所以我明天也应该在篮球场上，而不应该在一小时后去参加教职工会议。对环境力量的低估是社会心理学中最大的研究课题之一。我们知道自己会根据不同的情境做出不同的行为，比如在参加礼拜时，在和朋友一起玩乐时，或者在参加早晨 7 点的面试时，我们会做出不同的行为。但是在面对他人的时候，我们倾向于认为我们看到的就是这个人的本质。从健谈到责任心，大量研究都显示，正如马尔科姆·格拉德威尔所说，我们的行为更多的是与情境中的细节有关，而不是与某种固定不变的内在罗盘有关。面试是一种特殊的情境，它以偏概全地代表了其他情境，就像一名投票者代表了全部选民。把我们迷得神魂颠倒的申请人日后可能是个迟到大王。

另外，面试的环境和面试官的行为也会影响被面试者的表现。我曾经协助我们学院另外一个系的老师面试两位应聘者。其中一个应聘者同时接受我们 6 个面试官的面试，每个人问 2~3 个问题。在离开时我想道：他是一个多么拘谨笨拙的人啊！在喝咖啡的时候，我遇到了第二位应聘者。很快我们发现我们有一位共同的好朋友。聊天中她给我留下的印象是非常热情、非常迷人。直到后来我才想起了基本归因错误，并重新评估了自己的直觉。我曾经将第一个应聘者的拘谨和第二个应聘者的热情归因于他们的性格，但事实上他们的行为一部分是由不同的环境造成的。

存在阴影的第四个原因是，面试官的先入之见和情绪影响了他们对被面试者的反应的感知和解读。格拉德威尔讲过一个应聘者的故事，他让应聘者谈一谈自己不擅长的事情。应聘者回答道："有很多事情我不是非常了解，但只要给予我适当的环境、适当的鼓励，我相信我能做好。""答得好！"格拉德威尔赞叹道，他对应聘者的喜爱和高期望得到了证实。后来他想，如果在此之前他对这个应聘者就产生了不好的印象，那么对于这样的回答他会有什么反应？相同的回答是否会证明这个人既自负又爱吹牛？第一印象会成为自我实现的预言，因为我们会为它寻找证明，并且只听到我们期待听到的东西。

在很多情况中，第一印象在面试之前就形成了。在对实际生活的研究中，知道申请人通过了预选的招聘者对申请人会有更积极的评价。某人的年龄、性别、是否有魅力以及种族等也会影响第一印象的形成。在卡尔·沃德（Carl

Word）、马克·赞纳（Mark Zanna）和乔尔·库珀（Joel Cooper）的经典实验中，他们让普林斯顿大学的白人男性学生面试白人和黑人应聘者。当应聘者是黑人时，面试人员坐得比较远。与面试白人应聘者相比，他们的面试时间缩短了25%，言语中的错误多了50%。想象一下，如果你被一个坐得远远的、说话结结巴巴、突然结束面试的面试官面试，这对你的表现会有什么影响？

在第二个实验中，研究者训练面试官分别采取第一个实验中对待白人应聘者和黑人应聘者的方式。他们给被面试的学生录像，然后根据录像做出评价。像黑人应聘者那样被对待的学生显得更紧张，给人留下的印象不太深刻，之后他们自己也觉得自己比较紧张，没有给面试官留下好印象。无论在别人身上看到了什么，我们都倾向于从他们身上激发出我们看到的东西。

决定终生幸福的面试——相亲

马尔科姆·格拉德威尔通过观察发现："对大多数人来说，聘用某人本质上是一个浪漫过程。在这个过程中，工作面试就像一个去除性别特征的约会。我们寻找能够和我们产生某种化学反应的人，即使这种结合的最终结果是令人难过的。"那么我们是否能反过来，说约会本质上是一个与性有关的延长版的面试？对于那些招募、筛选终身伴侣的人来说，约会和求爱其实就是深层面试。

在这个人生最重大的面试中，大多数人做得如何呢？就像很多人发现自己与雇主合不来，由此导致各行各业的人员流动一样，强制性的婚前面试往往也会导致婚姻中的人员流动。从20世纪60年代中期到1980年，美国的离婚率增加了一倍多，目前的离婚率差不多达到了50%[①]。这个熟悉但令人沮丧的

① 事实上并不是将近一半的人都离婚了，而是有将近一半的婚姻以离婚告终。多次结婚的人（想想结过8次婚的伊丽莎白·泰勒和米基·鲁尼）提高了离婚率。

数字甚至还可能是对婚姻状况的高估。得克萨斯大学婚姻研究者诺弗尔·格伦（Norval Glenn）从 20 世纪 70 年代早期就开始追踪研究一些婚姻的演变。到 20 世纪 80 年代末，那些过分乐观的新婚夫妇中只有三分之一尚未离婚，并声称自己的婚姻“很幸福”。

1988 年盖洛普咨询公司进行了一项全国性调查，得出了同样令人沮丧的结论：三分之二 35~54 岁的人已经离婚或分居，或者即将分居。报告总结道：“如果这种模式继续下去，婚姻不稳定将很快成为美国成年人的主要经历。”如果婚姻往往命运多舛，那么同居（对很多人来说，同居替代了婚姻）就更加不稳定了。在 1995 年，根据美国国家卫生统计中心（National Center for Health Statistics）的数据，在 15~44 岁的女性中，只有 10% 的人报告自己依然和第一个同居对象在一起。

婚姻可能是个人幸福最好的预测因素，40% 的已婚成年人说自己很幸福，只有 23% 的未婚成年人说自己很幸福，离异和分居的成年人中幸福者的比例就更低了。父母稳定的婚姻和共同教养能够预测孩子的幸福感。婚姻还可以预测出家庭良好的经济状况，孩子不太可能陷入贫穷。婚姻还可以预测健康与长寿。因此婚姻非常重要。然而我们结婚并永远幸福地生活在一起的可能性变得越来越低了。最初的激情和令人眩晕的欢欣多半会突然变成冷漠、毫无爱意的冷战，或者更糟。

直觉的力量

就像吸毒者发现吸毒时间越长，吸毒的快感会逐渐减小一样，情侣也发现激情总是会冷却。对彼此的强烈吸引会不可避免地消退，在成功的婚姻关系中，取而代之的是更加稳定的温情，社会心理学家称之为伴侣之爱。

我们知道这一切都是事实，但在婚前筛选结束时，面试错觉往往会再次占上风。回忆一下第 4 章的内容，大多数申请结婚证的人估计自己离婚的可能性为零。在热恋中时，我们很难想象到其他的结果。在享受着浪漫的激情时，我们不会想到自己也要面对婚姻中的很多压力，比如为了照顾宝宝晚上没法安睡，房间又脏又乱，有一堆账单要付。萧伯纳写道："当两个人深陷在最强烈、最疯狂、最具迷惑性、最转瞬即逝的激情中时，他们一定会发誓他们将永远保持这种不正常的、令人激动、令人精疲力竭的状态，直到死亡将他们分开。"

因此如果你让我预测婚姻的持久性，我首先想知道的事情不是你对这段关系的直觉性感受，比如你觉得它多么令人激动，多么充满激情。爱情如果不是盲目的，至少也是近视的。在你的直觉和精算预测的竞争中，我肯定会支持如下的精算预测因素：

1. 你们结婚时是否超过了 20 岁?
2. 你们俩是否都生长在父母双全的稳定家庭中?
3. 在结婚前，你们是否约会了很长时间?
4. 你们是否都受过良好的教育?
4. 你们是否都拥有一份好工作，收入稳定?
6. 你们是否生活在小镇或农场上?
7. 在结婚前你们是否没有同居过或没有怀过孕?
8. 你们是否加入了同样的宗教团体?
9. 你们是否年龄相仿，且具有类似的教育背景、态度和价值观?

这些预测因素中的每一个因素本身并不是至关重要的。但是如果对几乎所有的问题你的回答都是否定的话，那么可以说你的婚姻很可能会破裂。如果你对几乎所有问题的回答都是肯定的，那么你的婚姻很可能会持久而幸福。你当下的感受在某种程度上是重要的（非结构化面试后获得的感受同样具有一些预测力），但幸福婚姻的迹象更加重要，比如新婚夫妇的行为风格。幸福的新婚夫妇在进行互动时，积极行为（比如微笑、触摸、赞美、大笑）的数量肯定会超过消极行为（比如讽刺挖苦、不赞同、侮辱）的数量，它们的比至少是 5∶1。

乌莎·古普塔（Usha Gupta）和普什帕·辛格（Pushpa Singh）让印度斋蒲尔的 50 对夫妻完成了一份爱情量表。他们发现，因为爱情而结婚的夫妻，结婚 5 年多之后爱意便消失了。相比之下，包办婚姻（熟悉男方和女方的人将他们撮合到一起）中的爱情会随着时间的流逝而逐渐增多。

结构化面试有什么好处

在挑选员工和选择配偶的过程中，来自非结构化面试的主观感受只稍微有点帮助。面试能够让我们对某人至少在面试时是否善于表现、是否愿意进行目光交流、说话的声音和热情程度如何有所感知。但是这些信息并不能透露出这个人在其他环境中、对其他人会有怎样的行为表现。由于选对人非常重要，因此人力研究者一直在努力改善预测的准确性，他们让应聘者身处模拟的工作环境中，搜集有关应聘者过往表现和人际关系的信息，实施测试，汇集多位面试官的评估，并开发出了针对特定工作的结构化面试。

直觉的力量

结构化面试替代了随意的交谈，它的目的是采用有条理的方法来收集重点明确的信息，从而进行全面的评估。研究者分析工作，撰写问题；面试官会经过培训；所有应聘者会受到类似的对待，面试官会根据制定好的量表对他们进行打分。

在较为普遍的非结构化面试中，某人会问：“你是否很有条理？”或者：

“你与他人相处得如何？”或者：“你是如何应对压力的？”精明的被面试者知道如何能取得高分：“我通过排定事情的优先级或授权来减轻压力，而且我会确保留出睡觉和锻炼的时间。”

与之相比较，有结构的面试旨在将应聘者对特定情境和对各种不同情境的反应详细列举出来，就像测试婚姻相容性的测验（比较夫妻二人与婚姻有关的喜恶、习惯和价值观）一样，结构化面试探查的是与工作有关的行为。因此结构化面试的准备工作开始于准确地描述态度、行为、知识和技能，它们能够反映出特定工作中的高绩效。在面试中，面试官会请应聘者说一说他们会如何处理与工作有关的情境，还会让应聘者提供以前工作经历中与工作相关行为的具体事例。“你能说一个你的新点子对组织很有帮助的事例吗？你的新点子是如何产生的？你如何说服领导采纳了你的新点子？产生了什么影响？”为了减少记忆扭曲，面试官会做笔记并录音，并在面试过程中进行打分。这样就避免了不相干的问题，无意间提出的后续问题也被尽量减少了，这类问题有可能引发偏见。尽管结构化的面试让人觉得不太温情，太过丁是丁卯是卯，但面试官可以进行这样的解释：“这些谈话并不代表公司中的人际关系方式。”

管理研究者迈克尔·坎皮恩（Michael Campion）和他的同事发现，从工作面试研究中得到的证据最充分的结论之一是，对面试进行结构化提高了面试的可靠性和有效性，因此它对预测和决策是有益的。对 150 项研究进行综述后获得的另一个结论是，结构化面试的预测准确性是凭直觉面试准确性的两倍。坎皮恩提出，针对具体工作的结构化面试还有助于保证平等的就业机会，而且操作起来很简单。所以为什么不采用结构化面试呢？

与之相反，马尔科姆·格拉德威尔说：“如果我们让基本归因错误把无法定义的、非理性的直觉放大了，使得如今的聘用过程中充满偏见，那么我们所做的一切只不过是用新的朋友网络替代了老朋友关系网。在靠老朋友关系网招聘时，你会招聘自己的侄子。在靠新朋友网络招聘时，你会招聘握手时给你留下最深印象的人。除非我们万分小心，否则所谓的社会进步可能只是用不太明显的武断专制替代了明显的武断专制。”

II

对风险的直觉

这就好像我们积极热心地把所有小偷小摸的罪犯都关了起来，却把大批杀人犯邀请到我们的卧室里。

柯尔

《数学与头脑相遇的地方》(*The Universe and the Teacup*)，1999 年

你对生活中风险的感知与实际风险是否相符？研究显示，我们对风险的感知与实际风险相关，但关系不大。我们的见闻足够广，因此知道死于癌症的人比死于肉毒中毒的人多，死于他杀的人比死于恐怖主义的人多。然而专家说，我们对坠机、食品添加剂和毒素的恐惧是不恰当的。我们夸大了某些恐惧，对另一些恐惧则过于轻描淡写。在开车去机场的路上，我们可能会为即将开始的飞行感到忧虑不安。然而在 20 世纪 90 年代的后 5 年中，死于车祸的人数是死于坠机的人数的 37 倍。在我乘飞机前往纽约的过程中，最危险的部分是开车去机场那一段。一旦登上飞机，我应该大大松一口气才对。美国航班的死亡率为每 500 万名乘客中有 1 人死亡。因此乘坐飞机时我们死亡的概率相当于抛硬币时连续抛出 22 个正面。

“那又怎样？”后现代主义者可能会说。直觉中这个小小的瑕疵有什么关系呢？如果真相是个人构建出来的，那么或许被感知到的风险就应该引导着我们的生活。经济强权的掮客们通过提供数字参考来为转基因食品、核能和杀虫剂辩护，希望能够抵消大众的恐惧，但大众非常清楚真相。

直觉的力量

事实上公共政策是由最能影响公众感知的群体决定的，这使得那些享有经济和社会权力的人具有很大优势，于是游说胜过了科学信息。

乔治·奥威尔（George Orwell）在《1984》中描述的世界就是一个公众感知被操纵的世界，就像希特勒的纳粹运动。另外，当主观占据支配地位时，我们可能会被直觉的危险性害死——我们努力避免微小的风险，却让自己暴露在真正的威胁中。“如果我们用蚂蚁那么大的危险吓唬人们，那么当出现大象那么大的危险时，他们便会无所适从。”约翰·施托塞尔（John Stossel）说。思考以下事例：

即使在2001年9月11日之前，很多人也拒绝坐飞机。在盖洛普的一项调查中，冒险乘飞机的人中有44%表示自己感到害怕。有些人会购买航空保险。“每次我走出飞机，都把这看成是一次自杀未遂。”电影导演巴里·索南菲尔德（Barry Sonnenfeld）说。然而目前乘坐商业飞机旅行比以往任何时候都更安全。在20世纪90年代的一段时期中，美国各大航班连续飞行了1 600万次，搭载了10亿名乘客，没有出现1例死亡。即使将2001年9月11日纳入计算，当年全球有1 118名航空乘客死亡，这也比30年来的平均死亡人数1451人低23%。当一位朋友告诉我，在飞往纽约之前她修改了遗嘱时，我忍不住说道：“你更应该在开车去堪萨斯之前这样做。”即使她每周随便登上一架客机，在遭遇坠机之前，她必须先活上14万年（如果她的经历符合一般状况的话）。

◇◇◇

"9·11"事件中被劫持的4架飞机上共有266人丧生，我们可以理解由此产生了多么大的恐慌，人们踊跃地取消航班，这使得航空公司和旅行社遭遇了巨大的亏损。然而即使在2001年，乘飞机也比开车更安全（尤其是在"9·11"事件之后，因为安检得到了加强，乘客变得更加警觉，恐怖分子更难藏身了）。即使恐怖分子再劫持50架飞机，每架飞机上有乘客60人，在2001年我们乘坐飞机依然比开车更安全。具有讽刺意味的是，"9·11"事件的恐怖分子继续制造着人员伤亡，因为恐惧的人们涌上了更加危险的高速路。"当我们让人们对乘飞机产生恐惧时，会有更多的人采取驾车的方式，结果更多的人因此而丧命。"约翰·施托塞尔说，"这是统计的谋杀。"

◇◇◇

在20世纪80年代中期，我和家人在苏格兰生活了一年。在前往苏格兰的时候，我们乘坐的是印度航空公司煞费苦心保证安全的747客机，因为不久之前锡克教的恐怖分子在大西洋上引爆了印度航空公司的另一架747客机。在接下来的几个月里，当美国空袭了利比亚之后，接连发生了几起劫机事件，伦敦还发生了爆炸。此后前往欧洲的美国游客减少了一半。讽刺的是，即使将这些恐怖事件纳入考虑，那些想出去旅行的人将会面临的风险也比待在家里或自己开车走高速的风险更低。

◇◇◇

2001年，一些来自芝加哥北部天主教高中的篮球队声称，他们觉得去南部的天主教高中打球很不安全，由此爆发了一场争议。奇怪的是，他们觉得打篮球是很安全的，虽然打篮球每年会造成六十多万起伤害（数据来自《消费者产品安全评论》[*Consumer Product Safety Review*]）。

◇◇◇

约翰·保罗斯写道："一位女士在街道上开着车，汽车前座上的孩子在嬉戏玩耍。当他们抵达购物中心的时候，那位女士紧紧地抓着孩子的手，把孩子都抓疼了，因为她害怕孩子被绑架。"她没有注意到相对于撞车，被陌生人绑架是多么罕见的事件。一位男士说，在打雷时他会通过抽烟来缓解恐惧情绪。另一位男士开车时会避开城市中被认为不太安全的地区，却不系安全带。许多人认为当发生轻微交通事故的时候，他们能够保护好坐在他们腿上的孩子。很多不系安全带的司机认为，当发生轻微交通事故的时候，抵住方向盘便能保证自己的安全。这类错误的直觉导致很多儿童受伤，导致一些人失去了满口牙齿。许多公共决策与个人决策涉及对风险的判断。

◇◇◇

在发生三里岛和切尔诺贝利核泄漏事故后，人们对核能的恐惧超过了对它的主要替代者——燃煤的恐惧。将开采和发电站事故、核废料处理、酸雨、空气污染、全球变暖等因素都考虑进去，究竟哪一个的风险更大呢？是否像物理学家理查德·威尔逊（Richard Wilson）说的那样，“对切尔诺贝利核泄漏事故的恐惧所造成的损害已经超过了事故本身”？在回答这些非常重要的问题时，我们的常识显得准备不足。

◇◇◇

人们对某些疾病的恐惧也超过了对其他疾病的恐惧。例如相对于心脏病，很多女性更害怕患上乳腺癌，尽管死于心脏病的女性比死于乳腺癌的女性多 4 倍。各种致命性疾病究竟有多普遍？我们应该花多少经费来控制或消除它们？

◇◇◇

人们对社区附近用于让精神病患者康复的过渡疗养所很抗拒，因为他们脑子盘旋着电影里疯狂杀手的形象。他们会说：“不要把他们放进我家后院里。”其实被精神病院里出来的病人杀害的概率究竟是多大？

这类问题让我们不禁要问：为什么我们的风险直觉常常会出错？在思考风险的时候，我们如何能做到更聪明？

哪些因素会影响对风险的直觉

既然人们对发生某种风险的概率会产生错误的直觉，我们必须思考一下为什么会这样。有 4 个因素导致了感知与现实的分离。

生物倾向

在石器时代，人类的行为会得到实地检验。因此从生物学上看，我们天生会对令祖先感到害怕的东西产生恐惧。害怕蜘蛛、蛇、封闭空间、高处和暴风雨的祖先更有可能生存下来，养育后代，繁衍子孙，直到有了我们。心理学家发现，对这类刺激的恐惧很容易习得但很难消除。在实验中，人们很容易对蜘蛛而不是花朵产生条件性恐惧。现代的恐惧可能也具有进化方面的根源。生物学上的过往让我们具有害怕被囚禁和恐高的倾向性，因此我们害怕坐飞机，尤其是小飞机。游乐园唤醒了我们原始的恐惧，因此我们会觉得很刺激。当从游乐设施上下来的时候，我们感到自己刚刚大战了怪兽并且取得了胜利。

另外，想一想我们不希望从恐惧中学会什么。第二次世界大战中的空袭没有造成多少持久的恐惧症。随着闪电战的继续，英国、日本和德国的人们没有变得越来越恐慌；相反，他们对远处的飞机开始变得满不在乎。进化没有让我们准备好学会害怕天上掉下的炸弹、隐蔽的枪械或含铅汽油。不过毒蛇、蜥蜴和蜘蛛则是另外一回事了。我们确实害怕它们，尽管美国国家安全委员会报告称美国每年死于这三种生物的人数总和仅为 12 人。我们的大脑似乎会让我们从本能上避开过去的风险。

易得性启发式

小奥利弗·温德尔·霍姆斯说：“大多数人根据事件引人注目的程度来进行推理，而不是根据客观数字。”电视或杂志上可怕的画面会形成难以磨灭的记忆，谁能忘记在苏城（Sioux City）的跑道上，道格拉斯 DC-10 飞机陷入一片火海；在巴黎，协和式超音速喷气式客机在火焰中爆炸；或者美联航 175 号航班撞向世贸大楼？记忆中的易得性是我们凭直觉感知事件发生频率的经验法则。分别比较澳大利亚和缅甸、伊拉克和坦桑尼亚、墨西哥和巴西，我们对每一组中的前者的记忆似乎更鲜明，因此会直觉性地认为它们的人口比后者多。而事实上，后者的人口比前者多 60%~120%。相对于坠机的死亡率，坠机导致人员伤亡的故事登上《纽约时报》头版头条的可能性是癌症致死事件的 6 900 倍。如果某件事情只要了一个无名小卒的命，它绝对不会成为新闻，绝对上不了头版或在网上被传播。它必须一次要了很多人的命。

数千次安全驾驶消除了我们最初的焦虑感。而在不太熟悉的领域中，鲜明而令人难忘的影像会冲进我们的意识。风险研究者巴鲁克·菲施霍夫（Baruch Fischhoff）指出，人们会记住自己所看到的事物，“即使他们没有意识到自己看到的证据是多么不具有代表性”。人们能从统计上了解到被大白鲨攻击是多么罕见的事情，即使如此，你能猜到从 1876 年至今全球死于大白鲨无端攻击的仅有 67 人吗？然而在看过电影《大白鲨》之后，在享受冲浪乐趣的同时，我们仍不免会变得小心翼翼。在写这章的时候，我阅读了 80 岁老人杰西·阿博加斯特（Jessie Arbogast）的详细记述。他在美国佛罗里达州彭萨科拉距离岸边 5 米左右的水中游泳时被鲨鱼咬掉了一只胳膊。假如我们要在海滨酒店里连续开一周的会议，当我趁休息时间享受冲浪乐趣时，我能把鲨鱼的形象从自己的意识中抹掉吗？不太可能。我们或许知道自己的恐惧是不合理的，但没有用。恐怖电影中的场景深入我们的头脑，当我们独自在家时，发出吱嘎吱嘎声音的房子似乎带有不祥的气息。即使是老烟民，在乘飞机前也会感到烦躁不安（抽烟的习惯平均会缩短 5 年寿命，而按人来平均的话，乘坐飞机只会减少 1 天寿命）。

你可以用下面的问题测一测你的朋友，这会很有趣。假设你在参加里吉斯·菲尔宾的竞猜节目，奖金是 32 000 美元。根据消费者产品安全委员会（Consumer Product Safety Commission）从医院急诊室收集到的数据，以下哪种产品每年造成了最多的伤害事件？

A. 运动场设施

B. 家用电锯

C. 做饭用的煤气灶和炉子

D. 床、床垫和枕头

现在奖金涨到了 64 000 美元。以下哪种物品导致了最多的伤害事件?

A. 剪刀　　B. 锤子　　C. 链锯　　D. 马桶

尽管我们很容易想象人们在运动场上受伤，或者被热的、尖锐的东西弄伤，但正确的答案是：床、床垫、枕头和马桶（见表 11-1 和表 11-2）。

表 11-1　　伤害事件数量统计（1）

产品	估计的伤害数量（1998 年）
床、床垫、枕头	456 559
运动场设施	248 373
家用电锯	91 771
做饭用的煤气灶和炉子	44 824

资料来源：“NEISS Data Highlights-1998,” Consumer Product Safety Review, Fall 1999.

表 11-2　　伤害事件数量统计（2）

产品	估计的伤害数量（1997 年）
马桶	44 335
锤子	42 518
剪刀	30 290
链锯	29 684

资料来源：U.S.Consumer Product Safety commission's National Electronic Injury Surveillance System, reported in *Statistical Abstract of the United states,2000,* tabkle 213.

继楼梯、地板、篮球场和自行车之后，第 5 种最容易造成伤害的东西就是床。当得知每年有近 45.7 万人的受伤事件与床有关时，人们一定会努力想象受伤的场景。“医生，在和枕头打架的时候，我胳膊脱臼了。”（据说马桶伤害的基本上都是男性，不过我可不想试着想象那样的场景）

在知道这些离奇的事实后，如果你认为这意味着你可以漫不经心地使用链锯，但应该小心翼翼地爬上床或坐上马桶的话，那么想一想这些活动的基础比例吧。还记得第 6 章探讨的代表性启发式吗？链锯是一种更具代表性的可能造成伤害的事物。即使链锯比马桶危险 5 000 倍，但我们使用马桶的总时间会超过 10 000 小时，因此马桶造成的伤害依然比链锯造成的伤害多，它们的比是 2∶1（以上数字是我编造出来的）。

易得性启发式也有好的一面。若干年前，贝蒂·福特（Betty Ford）和哈皮·洛克菲勒（Happy Rockefeller）患上了乳腺癌。她们将自己的经历公之于众，使得数百万美国女性去找医生做检查。如果我们经历了某种不幸，比如遭到攻击、信用卡被窃或汽车抛锚，我们不会把它们看成只是无数人类经历中的一个。自身令人难忘的经历使我们发生了改变。这就是所谓的“吃一堑，长一智”，我们会发誓再也不让类似的事情发生了。

不过易得性启发式也有不太好的一面。我们会将自己难忘的经历过度泛化。如果西北航空公司的航班延误了 3 个小时，而且还把我们托运的行李搞丢了，我们或许会发誓：“再也不坐西北航空公司的破飞机了！他们完全不靠谱！”但是这只是数千架航班中的一架。要想评估乘坐飞机的实际风险，我们只需要查看一下美国联邦航空管理局（Federal Aviation Administration）发布的各家航空公司准点到达率和行李丢失率的表格（这些表格涵盖了数百万次飞行经历）。但是这类数字实在很乏味。真正被我们记住并会影响我们判断的是我们自身鲜明生动的经历。

缺乏控制

超出我们控制范围的风险比确定的风险更令人感到恐惧。据估计，滑雪造成伤害的风险是食品防腐剂的 1 000 倍。然而很多人开开心心地冒险去滑雪，却尽量避开防腐剂。相对于堵塞的动脉、开车和骑自行车，我们更害怕暴力犯罪、乘坐飞机和转基因食品。部分原因是，我们对自己无法控制的事物怀有本能的恐惧。风险分析师昌西·斯塔尔（Chauncey Starr）说："那些我们讨厌别人对我们做的事情，自己却开心地对自己做着。"

约 150 项对男性与女性在冒险方面的比较研究显示，男性在 16 个领域中的 14 个里都比女性具有更强的冒险精神（包括知识领域、身体技能、抽烟和性）。一位进化心理学家猜测，大胆的男性可能会吸引到更多的伴侣，因此享有繁衍上的优势。不过男性更爱冒险可能也是因为男性拥有更大的社会权力和更强的控制感。当女性获得了更多的权力和控制力之后，两性在冒险方面的差异便缩小了。

即时性

我们会对生物学上有所准备的事物感到恐惧。我们高估了广为流传且具有认知易得性的可怕事件发生的可能性。我们害怕那些我们无法控制的事物。我们也会对迫近的威胁感到恐惧。

青少年对吸烟的毒害满不在乎，因为他们对眼前的关注远远多于对遥远未来的关注。乘坐飞机的诸多危险被浓缩在了起飞和降落的时刻，而开车的风险弥散在整个旅程中，被大大稀释，所以显得微不足道。核事故近在咫尺，而全球变暖则遥远得多（后代子孙可能会鄙视我们这一代人，不过我们是看不到那一天了）。

如何更明智地评估风险

由于所有这些原因，卡内基梅隆大学的心理学家乔治·勒文施泰因及其同事指出:“人们对具有危险性的技术和活动的风险感知会受到风险维度的影响……这些风险维度与可能的结果以及风险发生的概率没有什么关系。”如果我们对风险的直觉同真实的结果和发生概率都无关，如果风险直觉会对我们的个人选择和公共政策产生影响，那么我们如何能更明智地思考风险呢?

评估成本与收益

1998 年，肆虐的龙卷风侵袭了俄克拉何马州德尔城。克林顿总统强烈要求人们在重建时在自己家里建起避难所:“我们知道，在房屋中哪怕有一间用混凝土包裹的房间，也能在几乎所有情况下挽救人们的生命。”不过鉴于修建这样一个房间的平均成本大约为 3 500 美元，而普通人在龙卷风中丧生的可能性为 440 万分之一，那么为了获得安全保障，这是否是最明智的开销呢?是否花 45 美元买个自行车头盔，再花 1 000 美元买个防抱死刹车装置才是更好的选择?

当克林顿当局没有强制通用汽车公司更换旧款皮卡车上存在设计问题的油箱时，他们的决定明智吗?这个决定让通用汽车公司节省了大约 5 亿美元，换来的是公司为交通安全项目投资 5 100 万美元。义愤填膺的安全倡导者说:“通用汽车公司用小小的施舍收买了政府，代价是可能会有 30 人死于爆炸。”事实上，经过反复的诉讼后交通部说，目前剩下的旧皮卡车最多可能导致 6~9 人丧生。用节省下来的 5 亿美元（每条生命 7 000 万美元）对儿童进行可预防疾病的筛查或进行反吸烟的教育活动，我们可以拯救更多的生命。那些计算风险的人说，通过进行这种成本收益分析，我们的政府既可以节省数亿美元，又可以挽救千万人的生命。

想一想其他一些例子：建筑规范是否应该大幅改进，以保证新建房屋的安全性更高？不过这样做是否会导致房价升高，致使许多中低收入家庭更长时间地住在不安全的旧房屋里，并因跌落、失火等原因造成健康和生命的损失？

是否应该要求乘坐飞机的两岁以下孩子必须使用安全座椅？或者父母们是否能抱紧自己的孩子？美国联邦航空管理局的规定要求咖啡壶必须被绑缚固定，成年人必须系安全带，但对婴儿则没有这样的规定。安全座椅的主意听起来似乎很不错。但美国联邦航空管理局委托进行的研究显示，这个要求其实会导致更多人员伤亡，因为这意味着要购买额外的机票，大约五分之一的家庭会放弃乘飞机，而改为驾车旅行。据估计，飞机上的安全座椅每 10 年大约能拯救 1 个孩子的生命，而由此增加的驾车会让 9 个孩子送命。

我们可能会为这些数字和假设进行争辩。是否应该计算采用某个规范后所拯救的生命的全部生存年限（如果是这样，那么对于成本和效率相同的规范，我们应该更支持拯救孩子的规范，而不是拯救成人的规范）？是否应该去保护自愿冒险的人？如何衡量死亡与受伤孰重孰轻？是否应该把目标定为零风险？或者是否应该冒点儿险，比如说把杀虫剂中毒比例控制在万分之五到万分之十五，而不是控制在万分之零到万分之五（大多数人对 0~5 之间的差异，也就是无风险与小风险之间的差异，比对 5~15 的风险程度之间的差异更在意）？我们必须考虑到这些问题。风险专家、成本收益计算应该被作为任何新法规制定过程的一部分。知识比愚昧更可取。

在环亚航空公司 800 号航班坠机之后，民意调查再次显示，大多数人愿意为往返机票多付 50 美元，只要这样做能增加飞机的安全性。如果能利用这些钱，甚至每张机票只增加 5 美元左右，我们便能够以很多种方式拯救无数人的生命。曾经是世界银行的一名经济学家的施世面包组织（Bread for the World）总裁戴维·贝克曼（David Beckmann）指出："在过去10年里，全球饥饿人口有所减少，在抗击饥饿方面我们有可能会取得显著进步。据美国政府估计，如果美国每年投入10亿美元左右（相当于每个美国人每年付出4美元），到2015年美国的贡献能够使世界上的饥饿人口减少一半。这项帮助以及来自其他工业化国家的类似贡献将为农业、学校、基本医疗保健及其他投资提供资金，帮助那些苦苦挣扎的家庭改善生活。"

但是对于那些即将坐上飞机的乘客而言，他们的脑海里充斥着恐怖主义爆炸的画面，感到焦虑和轻微的幽闭恐惧，把抗击饥饿等事实告诉他们无济于事。即使机场安全措施并不能显著延长我们的生命，它至少让我们更安心了，单单这一点便可以证明它存在的价值。（另外，当我们身处机场里时，需要被保护的人是我们，而不是其他地方的饥民。"饶了我吧，让别人去死。"）

直觉的力量

我们需要记住的要点是，在考虑为了避免伤亡我们该如何把钱用到刀刃上时，聪明人不会被可怕但罕见的灾难所左右。所谓明智就是现实地认识到人们为什么以及如何受苦或死亡。因此聪明人的人道主义请求是："让我看到数字。"一个人是可以兼具善心与理智的。

有效传达风险信息

假设香烟是无害的，除了每50 000包中有1包里面装的不是烟草，而是炸药。脑袋被炸掉的风险好像还不算很高。不过每天全世界消耗的香烟有2.5亿包之多，因此估计每天会有五千多个倒霉蛋。这足以使任何地方都禁止吸烟[①]。

① 这一类比由数学家萨姆·桑德斯（Sam saunders）提出，被柯尔发表于其著作《数学与头脑相遇的地方》，我基于全球统计数据进行了改编。

具有讽刺意味的是，这些炸药香烟的杀伤力远没有现实生活中香烟的杀伤力大。在全球，香烟每年会害死大约 300 万个它最忠实的消费者，那相当于每天掉下 20 架装满乘客的巨型喷气式飞机。这还不是最糟糕的。根据世界卫生组织的数据，鉴于目前的趋势，每年的死亡人数将会增长到 1 000 万人。那意味着在目前生活在地球上的人中，将有 5 亿人死于香烟。从青春期就开始抽烟的老烟民死于香烟的概率为 50%，这种死亡常常极度痛苦，而且死者的年龄往往也不大。抽一根烟，你会减少 12 分钟的寿命。讽刺的是，这恰恰差不多是你抽一根烟所需的时间。

抽烟的危险性早已不是什么秘密。戴夫 · 巴里说，唯一一类意识不到吸烟有害的烟民就是脑子被勺子挖掉的烟民。每包香烟上都写着“吸烟有害健康”的警告。在美国，96% 的人相信吸烟对人是有害的（但相信这一点的烟草种植者的比例仅为 58%）。在加拿大，97% 的青少年和成年人赞同抽烟与肺癌有关，而且有差不多同样比例的人知道抽烟与呼吸系统疾病、心脏病存在联系。然而有关吸烟危险性的统计数据并没能劝阻青少年。10 个青少年中有 4 个会认为“虽然抽烟可能对人的健康有害，但他们接下来要抽的那根烟或许并不会导致伤害”（这根没关系，下一根也不要紧。就这样，有 30 万青少年在 60 岁之前达到了一天一包的吸烟量）。因此统计数据的含义如何才能被有效地传达出去呢？

加拿大政府想出了一个主意。他们用烂掉的牙齿、癌症患者的肺部以及受损的大脑和心脏的图片来展示抽烟的后果，这种方式更鲜明生动，更具有认知上的易得性。新规定要求香烟生产商在包装上留出 50% 的位置呈现这些可怕的图像。加拿大的研究显示，在说服吸烟者戒烟方面，这种方式的有效性是只呈现文字的 60 倍。一幅图胜过千言万语。

不过即使是数字，也可以被更有效地传达。商业作家戴维·德雷曼（David Dreman）对股市心理学的分析也适用于其他很多领域。他写道：“人们在做决策时倾向于低估或完全忽视过去的可能性，这毫无疑问是直觉性预测最显著的一个问题。”为了帮助人们留心可能性，心理学家公彦山岸（Kimihiko Yamagishi）用各种方式来构建同一条信息。当说法是每 10 000 个人中有 1 286 人死于癌症，而不是说每 100 个人中有 12.86 人死于癌症时，人们会觉得癌症的危险性更高。

其他研究也证实我们对风险的直觉存在这种反常现象。当被告知一位暴力型精神病患者做出暴力行为的可能性是 20% 的时候，仅有 21% 的心理学家和精神病医生认为病人不能出院。当说法被改成 100 个病人中有 20 个会做出暴力行为时，41% 的心理学家和精神病医生认为应该继续拘禁病人。相对于告诉人们暴露在某种化学物质中的死亡率为 0.000 001，告诉他们每 1 000 万人中会有 10 个人因为这种暴露而丧命，会使他们感到更加恐慌。如果从一罐软糖豆中摸出红糖豆就能获奖，那么很多人倾向于从装有 100 颗软糖豆、其中有 7 颗红糖豆的罐子里摸，而不是从装有 10 颗软糖豆、其中有 1 颗红糖豆的罐子里摸。在以上各种情况中，人们似乎只关注分子，而忽视了分母。100 个中有 7 个，他们看到的是 7 次获胜的机会。唉，误入歧途的直觉胜过了理性。

杰出的风险研究者保罗·斯洛维克（Paul Slovic）及其同事建议道，既然我们可以用多种方式来呈现统计信息，那么便应该使用不止一种方式，以此平衡偏差。例如可以说：“每 100 个与琼斯先生类似的病人中有 20 个可能会对他人做出暴力行为。换句话说，据估计琼斯先生做出暴力行为的可能性为 20%。”

用一生的说法来表述交通事故的统计数据能够给人留下更深刻的印象。我们应该告诉司机，他们一生中遭遇车祸并导致严重损伤的可能性为三分之一，而不是告诉他们下次外出时遭遇事故的可能性为十万分之一，因为前一种说法更有可能让司机们系好安全带。

我们还可以比较生动地传达统计数字。决策研究者梅利莎·菲纽肯（Melissa Finucane）和她的同事指出，如果“统计学是眼泪已经干掉的人性”，那么我们可以“把眼泪放回去”。为了让立法者对美国每年 38 000 例枪击致死事件有所触动，我们可以制作一张包含 38 000 名受害者面孔的照片。

风险是一种感受

在详细列举了有关风险的错误直觉后，最后让我们重申一下情商的重要性。有些大脑受损的病人感受不到情绪，他们无法凭直觉根据他人的情感来调整自己的行为，他们的社会功能存在障碍。有些无情感的人是反社会者。经过条件操作，反社会者知道即将受到电击，但他们的反应会比其他人的更轻微。他们是冷漠而麻木的。

情绪记忆再加上巴甫洛夫的条件作用，使我们能够避免许多真正的风险。正如在第 2 章中提到的，我们的大脑中有一条从眼睛到杏仁核的热线。杏仁核是我们的情绪控制中心，它使我们能够在用理性解读事件之前就对危险做出风驰电掣般的反应。这种固有的报警系统，加上情绪记忆的丰富库存，有助于人类祖先逃避捕食者和灾难。

我们的情绪直觉往往具有适应性，甚至具有更大的影响力。如果诸如滑雪或抽烟这样的活动能给予我们快乐，我们便倾向于低估它们的风险，而夸大它们的益处（反之亦然）。斯洛维克指出，情绪是改变我们直觉的另一个启发物。乔治·勒文施泰因和他的同事主张，当对某一情境的情绪反应与认知评估背道而驰时，情绪反应往往占据上风，驱动着行为。害怕蛇、公开演讲或乘坐飞机的人可能知道自己的恐惧是毫无根据的，但情绪控制了他们。正如我们在第 2 章中看到的，原始的杏仁核发送到大脑皮层的神经投射比它从大脑皮层收到的多。因此相对于思维掌控情绪，我们的情绪更容易绑架思维。电影的背景音乐操纵着我们的情绪，而情绪又影响着我们的感知。

既然如此，成本收益分析便有助于限制被误导的公众恐惧。在花费数十亿美元拯救数百人的性命之前，我们应该想一想也许可以用数百万美元拯救数千人的生命，想一想风险和成本。不要让恐惧和歇斯底里驱动我们。退后一步，三思而行。

12

赌博中的直觉

容易上当的人无论如何都不应该和钱打交道。

卡纳达·琼斯（Canada Bill Jones）
纸牌赌博中的庄家

美国人每年带着 5 000 亿美元走进赌场、彩票经销点、电子扑克游戏厅、赛马场等博彩场所，这大约是 1974 年的 170 亿美元的 30 倍，走出来时他们大约拿着 4 500 亿美元。可以说赌博已经取代了棒球，成为美国人主要的消遣。目前每年大约有 7 000 万人去观看职业棒球大联盟的比赛，而有 1.07 亿人走进拉斯维加斯、大西洋城和密西西比的赌场。受前总统克林顿和国会的委托，美国国家赌博影响研究委员会（National Gambling Impact Study Commission）报告称，根据 2000 年总审计局（General Accounting Office）的数据，美国人花在博彩上的钱为 540 亿美元，比花在音乐 CD、电影票、体育赛事门票以及主题公园上的总和还多。拉斯维加斯之所以能够提供 10 万个旅馆房间，建起价值数十亿美元的酒店，获得巨大的利润，要感谢游客每年带来的 60 亿美元。不过 48 个州有关赌博的立法、数百个近便的印第安赌场和内河船上赌场，以及数万台老虎机，使得拉斯维加斯的影响力有所减小。单单是蒙大拿一个城市，在 1 700 个酒吧和便利店中就有 17 400 台自动扑克机和基诺游戏机。

37 个州非但没有限制赌博，反而很支持博彩业，鼓励市民赌博，并依靠他们在赌博上的损失获取收入。目前各州每年投入 4 亿多美元哄劝人们去赌博。其中一个州的广告这样写道："未雨绸缪太遥远。如果买彩票，你可能一下子中 5 万美元。"这让人联想到另一则广告："你只有进来才能赢。"芝加哥的神父约翰·伊根（John Egan）说："在芝加哥最令人难过、最困苦的贫民区里，一个大广告牌上赫然显示着一张巨大的彩票存根。上面有一行黑体字：'你可能要靠它离开这里。'广告牌上没有写的是，赢得这张彩票的概率仅为 1/12 913 583。"

马萨诸塞州的广告嘲笑了教育和努力工作的价值。广告提供了两种"赚取百万美元"的选择："方案 1，从 7 岁开始非常刻苦地学习，长大后找一份好工作。从那之后，每天起早贪黑，拍老板的马屁，参与冷酷无情的竞争，踩着同事的肩膀往上爬，还要做做整容手术。这样的生活要持续 30 年，包括假期和周末。到你准备好退休的时候，你就能拿到钱了。方案 2，买彩票。"

似乎在跟马萨诸塞州比赛看谁更没格调，康涅狄格州竟然邀请它的居民在毕业舞会上试试运气。看到这种广告推销后，威廉·萨菲尔（William Safire）半开玩笑地问，如果各州想把步子迈得再大一点，那为什么要把卖淫的利润留给贪婪的皮条客？这样联邦政府还可以征收拉皮条费，并将它们用于老年人的医疗保健。我们有州立的彩票业，为什么不能有州立的妓院？

既然人们用于赌博的钱这么多，那么一点儿不奇怪的是，赌博业正在把钱往政客们的口袋里塞。同道会（Common Cause）的报告称，大约有 64% 的非法政治资金流入了共和党。1998 年，南科罗拉多州州长，共和党人戴维·比斯利（David Beasley）取消了 30 000 台自动扑克机。每台机器在前一年获得的平均利润是 22 000 美元。比斯利认为太多家庭因为赌博而流离失所，或濒临家庭解体的边缘。然而这成了他再次竞选州长时的首要障碍。选民把比斯利赶下了台，他们选择了比斯利的对手，那人得到了赌博业的大力资助。

对赌博的狂热并不是美国独有的现象。1998 年英国心理协会（British Psychological Society）在报告中说："据估计 90% 的英国人至少买过一张彩票。"在 2000 年，60% 的英国人会经常买彩票。

博彩投资的回报如何呢？如果你购买的是美国州立彩票或英国、加拿大的彩票，那么每投入 1 美元，你可以收回 50 美分。我的一位从事统计学的同事说，在密歇根州，如果你捐钱做慈善（金额超过 400 美元），比如捐助大学，那么你每捐出 1 美元会得到 50 美分的税收抵免。如果你详细列举减免项目，联邦政府可能还会给予你另外 15% 或更多的税收抵免。也就是说，捐助者每捐出 1 美元，便可以收回 65 美分或更多。与买彩票相比，把钱捐给当地的大学，你会多赚 15 美分或更多。

统计学家兼赌博专家迈克尔·奥尔金（Michael Orkin）算出了各种博彩游戏的回报。以轮盘赌为例，它有 38 个部分，18 个红色、18 个黑色和两个白色。如果你赌红色而且赢了，那么不但可以收回赌注，还可以赢得与赌注相等的钱。没人赢钱的概率为 2 : 38，也就是 1 美元的赌注庄家可以收回 5.3 美分。这比政府彩票的赢钱概率高很多。拉斯维加斯和大西洋城的 25 美分老虎机的回报率最高，1 美元可以收回 90~93 美分。一种掷骰子游戏的赢钱概率更高，庄家获胜的比例仅为 1.4%，但这种赌博每小时里的下注次数更多。确实，只要有足够多的人赌足够多的钱，而且反复不停地赌，赌场最终会比彩票让人们掏出更多的钱。赌场的利润率并不算高，但总数惊人。

谁会去赌博

每年数百万参与赌博的美国人构成了一个连续体。连续体的一端是自律的赌博者，他们只是为了娱乐一下。他们会玩老虎机、轮盘赌和掷骰子游戏，而且知道自己最终会输钱。他们对每天玩多少会有预算。有的人花钱滑雪，有的人花钱打高尔夫，有的人花钱坐过山车，有的人花钱在拉斯维加斯赌一把。当然很多娱乐比赌博更有利于身心健康（独自站在自动扑克机前并不能满足人类交流的需求，但和朋友在俱乐部里打牌或玩猜谜游戏却能。随着赌场的扩张，玩这两种游戏的人数大大减少了）。不过这种娱乐性的小赌博并不会导致破产，也不会导致婚姻瓦解。

连续体的另一端是梦想一夜暴富的人，他们怀着永不磨灭的幻想。《纽约时报》作家布雷特·普利（Brett Pulley）描述了在新泽西的一家橘子便利店里，顾客们前来寻找一本售价为 4 美元的“梦想之书”。这本书告诉人们如何将梦境和日常发生的事情转化为彩票上的数字。其中一条建议是这样的，如果梦到一只猫，那么你应该赌数字 114（如果是黑猫，那么你应该赌 244）。另一条建议是，如果你买了一顶帽子，那么应该赌数字 815 或 816。一个无法按时支付账单的 36 岁看守，每天都会花 15 美元买彩票，赌数字 898，连续买了一个月。“我希望 898 能中奖。”他满怀希望地说，因为如果那样，2 750 美元的奖金能够解决他所有的问题。

哈佛大学的研究显示，大约有 1 540 万美国成人和青少年存在赌博问题，甚至出现了病态的嗜赌现象。随着赌博和购买彩票变得越来越容易，匿名戒赌互助会（Gamblers Anonymous）的报告称，其在美国的分会从 1990 年的 650 个增加到了 2001 年的 1 500 个。纽约布朗克斯区一个 28 岁的侍者在强力球彩票上花光了 3 000 美元，那是他辛苦攒下的飞行学校的学费。“如果我中奖了，我就不用去上学了，我可以买下自己的飞机。”这类满怀希望的人大约占所有购买彩票者的 10%，他们购买的彩票占所有彩票销售额的一半。据伊利诺伊大学的一位经济学家估计，赌场年收入的 52% 来自这些问题赌徒或病态赌徒。乔伊斯是匿名戒赌互助会中的一名成员，他受到一美元成就梦想的广告的诱惑，开始购买纽约的 49 选 6 乐透彩票。四年后他中了 30 美元，却欠下了 40 000~60 000 美元的债。“这更像是一美元成就一场噩梦。”他后来这样反思道。

谁是彩票业的“最佳”主顾？同道会负责人、马萨诸塞州前首席检察官斯科特·哈什巴杰（Scott Harshbarger）说：“是那些最没钱乱花的人。”《波士顿环球报》（*Boston Globe*）报道说，在马萨诸塞州贫穷的切尔西地区，每 363 个居民就有一个彩票经销点，而在上层人士居住的韦尔斯利镇，每 3 063 个居民才有一个经销点。1998 年在新泽西，居住在 100 个低收入区域中的人每收入 10 000 美元会从中拿出 53 美元购买即开型彩票，而居住在 100 个高收入区域中的人每收入 10 000 美元只会从中拿出 12 美元购买彩票，穷人购买的彩票额占其自身收入的比例是富人的 4 倍多。贫穷社区在很受欢迎的选 4 彩票上的消费率是富裕社区的 6 倍。与之类似，受教育最少的人在博彩上的消费率是受教育最多的人的 5 倍。我可以想象出新泽西官员的目光越过哈得孙河，眺望着自由女神像，构思出了新的博彩宣传语：“把你的疲惫、贫穷、一团糟的生活，统统交给我吧。”

艾奥瓦州的旅游专责小组（Tourism Task Force）曾经说过“赌博创造财富”。事实上，赌博重新分配了财富。大主教威廉·坦普尔（William Temple）说，作为一种赚钱方式，它是爱的对立面，因为赌博是“从不可避免会遭受损失的其他人身上赚取利润，那些人还可能因此而受苦”。博彩业的所作所为恰好与绿林好汉的做法相反，它们劫贫济富，用穷人的钱帮富人减税。有的州用博彩业支持教育（这是一种诱导转向法，它仅仅转移了税收优先级），这等于是由贫穷的赌徒为大学学费提供补贴，而大学生多数属于中产阶级。州立彩票其实是向穷人征收的赋税。威廉·萨菲尔说，彩票是唯一一种保守派支持征收的税收，也是唯一一种自由派可以接受的递减税。

人们为什么要赌博

目前至少存在两拨赌徒。一拨是自律的、找乐子的赌徒，他们不会幻想着能够长期赌赢；另一拨是问题赌徒，他们错误的直觉会导致很多损失。1 美元彩票的预期价值为 50 美分（因为各州只会将人们买彩票的钱的一半返还给他们）。那么为什么还有很多人会怀有不切实际的希望呢？为什么会有人从邻近的州开两个小时的车过来，在强力球彩票的长队里排上 3 个小时呢？为什么很多顾客坚信他们眼前的老虎机马上就要赢钱了，因此不肯离开去上个厕所呢（这给清洁人员造成了麻烦：那些没有穿成人纸尿裤的人把尿撒在了塑料硬币杯里或直接撒在了地上）？

赌博的刺激当然是一部分原因。贪婪是另一个驱动力。但聪明的贪心鬼永远不会为只值 50 美分的东西花 1 美元，因此我们必须进行更深入的探究。为什么贪欲会让人受骗？什么认知病毒感染了赌徒的直觉？

概率错觉

彩票是唯一向穷人征收的赋税，不过德保罗大学（DePaul University）的数学家罗杰·琼斯（Roger Jones）说，这种税对人们的数学能力是一种挑战。我们发现人们很难凭直觉理解极为偶然的概率。比如高中二年级的篮球选手很难理解他们进入 NBA 的概率仅为万分之一，因此他们会选择放弃学业，一心想进入 NBA。

心理学家对不可能事件的“主观高估”进行了研究。艾奥瓦州立大学的统计学家哈尔·斯特恩说，赌徒会高估概率极低但结果非常诱人的事件的可能性。在一项研究中，他分析了香港 3 785 场赛马中的 38 047 匹马，结果发现人们倾向于低估最有希望的获胜者获胜的可能性，而高估获胜可能性极小的赛马取得成功的可能性。斯特恩总结道：“人们对概率的直觉非常糟糕。”

不过黑马确实有可能出现。1998 年伊利诺伊州退休电工弗兰克·卡帕奇（Frank Capaci）花 5 美元买了 5 张各州的强力球彩票，每张彩票的中奖概率为 1/80 100 000。在卖出的 1.385 亿张彩票中（将会有一到两人中奖），卡帕奇成了唯一的幸运者，赢得了 1.95 亿美元的大奖（税后的实际金额为大约 7 000 万美元）。两个月后，俄亥俄州 13 名装配线工人每人出 10 美元买了 130 张彩票，并成为卖出的大约 2.11 亿张彩票中唯一的赢家。9 个月后在波士顿，白天做保姆、晚上照顾残疾孩子的智利移民玛丽亚·格拉索（Maria Grasso）买了 3 张彩票，其中一张成为 8 300 万张售出彩票中的唯一赢家，为她带来了 1.97 亿美元的回报（税后的实际金额仍为大约 7 000 万美元）。

接连中了 3 张彩票，这可是天大的新闻。人们根本不会去注意这 3 个头奖产生自数十亿张一无所获的彩票（正如我们估计的那样，中奖者都是最容易受到彩票诱惑的人。他们最需要钱，但最承担不起赌债）。中奖的幻想诱惑着 42 岁的纽约卡车司机乔，他每周会花 30~50 美元买彩票。尽管 4 年来他一分钱没赢到（已经白白扔掉了一万多美元），但他坚持认为：“嘿，你永远不知道运气什么时候会来。”

确实，你永远都不知道。我们能够理解百分之一或千分之一这样的概率，但对于万分之一与八千万分之一或一亿分之一之间的差别，我们便有些搞不清楚了。如果中奖概率为万分之一，那么你会觉得希望非常渺茫。然而对于强力球彩票来说，即使是万分之一的可能性，你也至少需要 80 000 次机会才能中奖。人们对此却不肯放弃希望。

闪电肯定会击中某人（被闪电击中的可能性远远大于中彩票），不可思议的事情确实有可能发生。对玛丽亚·格拉索来说，中奖真是令人难以置信的好运。1999 年，塞尔维亚火车上的乘客以及 3 周后科索沃公共汽车上的乘客都遭遇了同样非常不可能的不幸事件。这两个交通工具在过桥的时候，恰好被北大西洋公约组织的炸弹击中。这种巧合简直不可思议。但是只要扔的炸弹足够多（或者买的彩票足够多），那么一定会有人被炸死（或中奖）。

如果虽然概率非常小，但你依然想赌一赌强力球彩票，那么你可以采取一种聪明的做法。像以上三位中奖者那样，挑选其他人不太可能选的数字（他们是有可能与你分享奖金的人）。1~49 中任意 5 个数字组合的中奖可能性都差不多，因此不要像大多数人想象的随机序列那样来选择数字间隔（比如 3、17、25、32 和 46）。在俄亥俄州幸运 13 人组合的中奖彩票中，有 4 个数字介于 39 和 49 之间。2001 年加利福尼亚州圣何塞（San Jose）的超市退休职员卡门·卡斯特利亚诺（Carmen Castellano）的彩票独得 1.41 亿美元的大奖，他选择的数字是 3、22、43、44、45（还有彩兆号 8）。

心理学家艾琳·希尔（Eileen Hill）在英国国家彩票中也发现了类似的现象。英国的彩票是 49 选 6。没有产生大奖得主的星期通常中奖号码序列看起来不太随机，比如 2、5、21、22、25、32。在产生多位中奖者的星期中，中奖号码的数字间隔均匀，没有集中趋势，就像很多人对随机序列的想象一样。第 9 期彩票的中奖号码是 7、17、23、32、38 和 42，产生了 133 位中奖者，他们将共同分享奖金。讽刺的是，大多数试图选择随机数字序列的人不知道随机数据中常常会出现挤在一起的数字。他们在选择数字序列时往往缺乏创造力。数字序列 1、2、3、4、5、6 中奖的可能性和其他数字序列一样高。第 63 期彩票卖出了 1.28 亿张，其中近 30 000 人选择了数字序列 1、2、3、4、5、6。尽管机选是产生随机序列的最佳方式，但很多人觉得自己能选得更好。

另一个普遍的非随机偏好是选择代表生日的数字。为了研究这种偏好，达特茅斯学院的研究者劳里·斯内尔（Laurie Snell）在 1996 年查看了强力球彩票中被 17 001 人选出来的 102 006 个数字。正如数字显示的那样，与生日相关的较小的数字确实更容易被选中。7 是最受欢迎的数字，最不受欢迎的数字是 37，选它的人数不到选 7 的人数的三分之一。在第一期英国彩票的中奖号码中，较小的数字确实占据了绝对优势（6 个数字中有 5 个小于 31），产生的中奖者是预期的 5 倍，其中包括 7 位大奖分享者。为了避免与人分享大奖，不要选那些很受欢迎的数字。

心理学家托马斯·霍特格雷夫（Thomas Holtgraves）和詹姆斯·斯基尔（James Skeel）研究了人们在印第安纳州选 3 彩票中体现出来的有关随机性的概念。你也可以试着玩一玩，从 0~999 这 1 000 个数字中随意选择一个三位数字。

你选的数字中是否有重复性的数字（比如 737）？可能没有。在 1991 年 7 月被选出的 224 万个数字串中，只有 14% 出现了重复数字。尽管重复数字实际发生的概率为 28%，但这样的数字看起来不太随机（人们喜欢赌看起来随机的数字串）。正如我们在第 7 章中提到的，在现实的随机序列中，模式和集中趋势出现的频率比人们预期的更大。

人们还可以利用其他人错误的直觉，赌刚刚中过奖的数字。研究者对马里兰州 12 个星期的选 3 彩票购买情况进行了分析，他们发现整整用了 3 个月的时间，已中奖号码才重新获得了彩民的青睐。研究者还分析了每天被卖出的

1 785 张新泽西选 3 彩票，他们发现选择上周刚刚中奖的数字的彩民比平常少了 25%。赌将要中奖的数字，避开最近刚中过奖的数字，是一种赌徒的谬论。我由此上了一堂绝妙的示范课。我在课堂上抛硬币，在抛之前让学生们写下他们的预测，是正面朝上还是背面朝上。然后我宣布抛硬币的结果是正、反、反、反、反。在第 6 次抛之前我说："无论是正面还是背面，朝上的概率都是 50%，所以一半人的预测是正面，另一半人的预测是背面，对吗？"然而通过举手示意，我们发现绝大多数人选择了正面，就好像到目前为止正面出现得比较少能够预示出下次结果的倾向性一样。

赌徒的谬论促使他们产生了一些直觉。"我要转运了。""风水轮流转，很快到我家。"特别糟糕的运气确实很可能伴随着不那么糟糕的运气（因为随机变化的结果总是倾向于从不正常回归正常）。托马斯 · 吉洛维奇说，如果在轮盘赌中你连续输了 4 次，那么在接下来的 4 次中，你运气变好的可能性为 95%。然而这不是一种自动纠错过程。如果你前几次赌赢了，再次赌赢的概率并不会改变。硬币、轮盘赌、骰子和彩票都没有记忆。

统计学家鲁玛 · 福尔克（Ruma Falk）提出了一个有趣的类比现象。想一想男性的姐妹是不是比女性的多？耶路撒冷希伯来大学（Hebrew University）中大多数刚开始学习概率的学生认为是这样。福尔克指出："从直觉上来看，好像应该是这样。因为平均起来每个家庭的男孩数量和女孩数量应该相等。"有了男孩的家庭更有可能生女孩，以达到数量的平衡。然而这种想法与赌徒的谬论如出一辙。第一个孩子的性别并不会对其他孩子的性别产生影响。在受精时，精子和卵子并不知道前一个孩子的性别。在有两个孩子的家庭中，以下四种组合出现的概率是相等的：男孩、男孩；男孩、女孩；女孩、男孩；女孩、女孩。注意，在其中一半家庭中，孩子具有相同的性别；而在另一半家庭中，孩子具有相反的性别。如果我们把这种分析扩展到孩子更多的家庭，结果也是一样的。因此对于鲁玛·福尔克的问题，答案应该是“否”。男性拥有的姐妹数和女性的一样多。

控制错觉

感染赌徒直觉的病毒可不止概率错觉这一种。哈佛大学心理学家埃伦·兰格（Ellen Langer）利用有关赌博的实验揭示了“控制错觉”。在实验中，研究者将彩票号码分配给其中一部分被试，而让另一部分被试自己选号。当要求被试卖出自己的彩票时，后者的索价是前者的 4 倍。当被试和一个笨拙紧张的人玩碰运气的赌博游戏时，他们下的赌注往往比和一个机敏自信的人玩时下的赌注更大。相比于由赌台管理员掷骰子，人们在自己掷骰子时会感到更有获胜的信心。如果再给他们一些练习的机会，他们的信心会变得更强。就这样，在五十多个实验中，研究者都一致发现人们以为自己能预测或控制随机事件。

对现实生活中赌徒的观察进一步证实了这些实验发现。在赌小数字的时候，赌徒会轻轻地掷骰子；而在赌大数字的时候，他们会用力地掷。为了让运气更好，他们会对骰子吹气，盯着想要的数字，换成左手掷或绕着椅子走三圈。由于赌徒的幻觉，赌博业变得非常兴旺繁荣。赌徒将赢钱归因于自己的技巧和预测能力；而输钱则是意外的失误，或者对于体育赛事的赌徒来说，输钱是因为裁判的错误裁定或球的诡异弹射。考虑到这类不切实际的直觉，18 世纪英国哲人塞缪尔·约翰逊（Samuel Johnson）将彩票看成是“对笨蛋收的税”。

令人难忘的赢家

从赌场到州立彩票，人们对失败者视而不见，只有赢家会吸引人们的目光。哪怕是很小的胜利，赌场也会用铃声、闪光或者 25 美分硬币在桶中发出的叮叮当当声来引起人们的注意，但输钱时会悄无声息。我们自己赢钱的时刻则更加显著而难忘（就像与一无所获的时候相比，我们更可能记住钓到鱼的时刻）。这有助于解释 1999 年美国民意研究中心（National Opinion Research Center）的调查发现。这一发现是，美国的赌博者认为自己在赌场中赢的钱比输的钱大约多 40 亿美元，但实际上他们离开赌场的时候比来到赌场的时候少了 200 亿美元。

彩票的大赢家，比如弗兰克·卡帕奇、玛丽亚·格拉索和幸运 13 人组合，会登上报纸头条，成为电视黄金时段的新闻。这种生动鲜明的事例很容易被我们从记忆中提取出来，正如我们看到的，“认知的易得性”是我们凭直觉判断事件发生频率的经验法则。在弗兰克·卡帕奇赢得了 1.95 亿美元的大奖后，堪萨斯州的一位女性向美国著名专栏作家安·兰德斯（Ann Landers）抱怨自己经常买彩票的丈夫。她丈夫说:“看啊，奇迹真的发生了。那也可能是我。”她对丈夫说:“是啊，吉姆，可那个人不是你。”

如何纠正赌徒的直觉

在其他章节中我们探讨了各个具体领域里的直觉，我们发现直觉虽然存在缺陷，但它同样非常强大。运动员在比赛中既表现出了直觉中存在的错误，也表现出了直觉的智慧。选股者表现出了不切实际的自信，而富有经验的企业管理者表现出了与习得的专家知识相伴而生的直觉。然而当赌徒有所预感的时候，他们应该得到的建议是:“直觉，退到我后面去吧！”

如果在赌博业中滋生出了虚假的直觉，散布着不切实际的希望，公共信息该如何加强人们对统计现实的认识？生动鲜明的产品警告是否会像药物和香烟产品说明中的警告一样有所帮助？获胜概率极小的赌博究竟意味着什么？以下是几种传达真相的方式:

- 如果你抛 26 次硬币，那么连续抛出 26 个正面的概率都比你在强力球彩票中获头奖的概率大。
- 如果你每周购买一张马萨诸塞州的彩票，那么按照合理的概率计算，你需要连续购买 160 万年才能获头奖。
- 如果你开车 16 公里去买强力球彩票，那么你在路上死于车祸的概率是中奖概率的 16 倍。
- 如果你是一个普通的英国公民，每周一买一张英国国家彩票，那么你在星期六开奖前离开人世的概率是中头奖概率的 2 500 倍。每周观看开奖节目的观众，在节目播放的 20 分钟内死去的概率是中头奖概率的 3 倍。

美国国家赌博影响研究委员会提出了其他纠正建议，比如停止在便利店里运营赌博设施，限制赌博业在政治上的投入，限制针对穷人的彩票销售，控制具有欺骗性的广告，将允许赌博的年龄提高到 21 岁。委员会还建议取消赌博场所中的自动提款机和刷卡机，贴出警告语，告诉人们赌博的危险和赢钱的概率。

或许学校中的数学教育可以让人们更好地理解各种形式的冒险会带来的长期成本、收益以及相应的概率。投资不可预知的股市、购买彩票或在赌场里玩玩都属于赌博。它们都能带来刺激感，都可能造成损失或带来收益。它们之间的差异在于，在过去 75 年中，投在公开交易的股票上的钱平均每年有超过 11% 的回报率，而花在赌场里和买彩票上的钱的总体损失率差不多也是 11%。

直觉的力量

如果一个人很享受冒险的刺激感并希望变得富有，那为什么不把钱押在对自己有利的东西上呢？如果那位每周花 40 美元买彩票的卡车司机，将钱投入股市中的指数基金，或者自己选 20 只股票买入并持有，那么如今他会富有得多。如果 25 岁时他开始每周将 40 美元放入年平均回报率为 11% 的退休基金中，那么在 65 岁退休时他将积累出自己的头奖——151 万美元。

希望通过赌博来赢钱、实则输钱的现象反映出了人们具有迷惑性的直觉，而不是经济受虐狂倾向。鉴于有关赌博的错误直觉是如此强大有力，确实需要用新的形式来让人们意识到风险。

13

超自然直觉

存在着两种看似对立的态度，它们之间的张力构成了科学的核心。一种是对新观念开放的态度，无论新观念多么离奇古怪或有违直觉；另一种是对所有观念，无论新旧，都持有怀疑的态度并进行最严酷的详细审查。

卡尔·萨根（Carl Sagan）
《谬论检验的艺术》（*The Fine Art of Baloney Detection*），1987 年

除了女性似乎具有更强的直觉这种说法之外，最令人着迷的有关直觉的说法可能就是第六感了。第六感是一种神奇的能力，具有这种能力的人能够读懂人心，能够在某人打来电话前想到这个人，能够凭直觉知道其他地方发生的事情，甚至能够与死去的人进行交流。

几年前，一位同事在我们系的网站上贴出了我对超感知觉的探讨。在没有任何宣传推广的情况下，这个网站成了用谷歌搜索“超感知觉”时被列在首位的网站。每年有数千人访问这个网站，很多人发了有趣的邮件，给我讲有关超自然直觉的故事或问一些问题。其中一个人，让我们称她为肯德拉吧，问我人们是否能获得这种直觉天赋并将它发展为超感知觉。肯德拉相信自己的梦具有启示性，并且她自己具有非同寻常的洞察天赋。她问：“像我这样的人有没有

可能进一步发展自己的直觉？为此我应该怎么做？”

美国灵媒詹姆斯·范普拉格（James Van Praagh）一定会鼓励肯德拉：“每个人天生都具有直觉性的感觉，有些人可能具有更高的敏感性。只要去训练自己，便能够感知到灵性。”

像肯德拉这样相信超自然直觉的人不在少数。在 2001 年 5 月的盖洛普调查中，50% 的美国人声称自己相信超感知觉。只有 27% 的人说自己不相信，剩下的人说不确定。更具体地说就是，36% 的人相信心灵感应，即不需要使用五感便能进行心灵沟通的能力，而不相信的人占 35%。32% 的人相信透视眼，即通晓过去、预知未来的心理能力[①]，而不相信的人占 45%。

媒体上有关超自然奇迹的报道让我们为之着迷，比如警察利用心灵感应与死者进行交流，侦破了神秘案件。虚构的电视剧和电影，比如《X 档案》（*The X-Files*）、《第六感》（*The Sixth Sense*）和《女巫布莱尔》（*The Blair Witch Project*）创造出了生动逼真的形象，让人们不由得相信那些怪异的事情是真实的。灵媒电话服务产业的年收入最近达到了 10 亿美元，其中很多来自低收入人群。即使在实验室里，超心理学家也曾被通灵者迷惑，这些人似乎能看到被封在信封里的东西，能影响骰子的滚动，或者能画出其他人在未知的远方看到的景象。

正如第 1 章到第 3 章中讲到的，当代心理学正在研究之前未被我们重视的直觉力量。我们知道的比我们认为自己知道的更多。我们具有理性的、有意识的思维，也具有后台思维，也就是心理学家盖伊·克拉克斯顿（Guy Claxton）所说的“底层思维”（under-mind）。思考、记忆和态度都是双重的过程，既有故意的、受到控制的有意识过程，也有自动的、不受控制的、意识之外的过程。

① 超心理学家（研究超常现象的人）将预言未来的能力称为“预知”（precognition）。

这些意识之外的直觉力量是否能让人们具有读心、透视或预见未来的能力呢？

研究型心理学家以及其他科学家，包括 96% 的美国国家科学院成员对此表示怀疑。如果超感知觉确实存在，那么我们如何解释大量证明人类思维与大脑紧密相关，且人类知觉来自感官的证据？什么形式的能量可以让心与心之间进行沟通，而物理学家还无法探查到这种能量？相信超自然能力的人们会说，有时新证据确实会推翻科学的先入之见。在经过详细的审查后，一些听起来疯狂的念头有时反而会得到证实。

在 18 世纪初，科学家认为陨石来自外太空的想法非常荒谬可笑。当陨石落入康涅狄格州韦斯顿后，两位耶鲁大学的科学家大胆地提出了有违传统观念的看法。托马斯·杰斐逊（Thomas Jefferson）揶揄道：“相信耶鲁大学的两位教授在说谎比相信石头从天而降更容易。”有时科学探究会将怀疑者驳得哑口无言。

心灵感应真的存在吗

通灵者能洞悉未来吗？1978—1985 年得到《国家询问报》（*National Enquirer*）认可的一流通灵者对未来提出了 486 个预测，只有两个与现实相符。在 20 世纪 90 年代期间，小报上的通灵者对奇异事件的预测都错了：麦当娜没有成为福音歌手，比尔·考斯比（Bill Cosby）没有作为大使前往南非，伊丽莎白女王没有退位进入女修道院。事实上他们在所有重大事件的预测上都出错了，比如辛普森案件、萨达姆·侯赛因袭击科威特、蒂莫西·麦克维（Timothy McVeigh）在俄克拉何马制造的爆炸案以及“9·11”恐怖袭击。令人难过的是，戴安娜王妃在临死前不久咨询的通灵师没有预见到即将到来的危险。

通灵术破案

通灵者为警察提供的超自然直觉并不比普通人的猜测更靠谱。协助警察的通灵者曾经有所斩获，但那是在做出了几十个，甚至上百个预测之后。正如一句古老的西班牙谚语所说:“说得多了，总会有说对的时候。”当万一说中时，便可以借此大做文章了。把预测说得模糊些会很有帮助，因为模棱两可的直觉在日后解释起来时可以往事件上贴。在知道肯尼迪总统遇刺后，回头看起来，我们可以把珍妮·狄克逊[①]的直觉解释为对这起事件的准确预测。16 世纪法国通灵师诺查丹马斯（Nostradamus）不小心说漏了嘴，他说模棱两可的预言是无法理解的，除非事件发生后再对其进行解释。

目前大多数警察部门对此已经有了明智的看法。当简·斯韦特（Jane Ayers Sweat）和马克·杜姆（Mark Durm）向美国 50 个大城市中的警察局询问他们是否曾利用过通灵师时，65% 的警察局表示他们从来没有用过。而那些使用过通灵师的警察局，没有一个认为这种方法有帮助。在追查钱德拉·利维（Chandra Levy）下落的过程中，各种超自然信息泛滥而出。在对此进行反思时，华盛顿特区警察局长特伦斯·盖纳（Terrance Gainer）说:“事实证明他们没什么用。100 个通灵师会提供 100 个不同的地点。”心理学家罗伯特·贝克（Robert Baker）说，这些年来警犬找到的失踪者、尸体以及毒品藏匿点比通灵师找到的更多，而且将来也会如此。

算命师的骗术

没人知道有多少自称通灵师的人是真诚的，自己也相信自己的能力，又有多少通灵师只是在行骗。算命先生、与死人进行交流的通灵师（其实是在骗活

① 珍妮·狄克逊（Jeanne Dixon）是美国名噪一时的占星家及特异功能者，曾预言了包括肯尼迪总统遇刺在内的诸多事件。——译者注

人）以及建议人们如何赚钱的商业通灵师都有着悠久的历史。

曾经坐过牢的詹姆斯·海德里克（James Hydrick）通过在美国广播公司的电视节目以及在其他一些公开场合中展示自己“精神控物”的灵异能力[①]，设法吸引了很多有钱的客户。这种灵异能力使海德里克可以只盯着电话号码簿看就让页面翻动起来。与大多数知名通灵师（比如尤里·盖勒 [Uri Geller]）不同，海德里克同意让心存怀疑的魔术师詹姆斯·兰迪（James Randi）对他进行检验。兰迪提出，如果谁第一个在适当的观察条件下证明自己具有超自然能力，那他将得到兰迪提供的长期有效的奖金（目前这 100 万美元仍存在高盛投资公司）。通过非常灵敏的麦克风，詹姆斯·兰迪发现海德里克在吹动书页。兰迪在打开的电话号码簿周围撒上了泡沫塑料颗粒，他让海德里克在不吹走颗粒或戴着能够呼吸但不能吹气的面具的情况下让书页翻动。唉，电话号码簿突然拒绝翻页了。于是评审团（包括超心理学家）一致认为海德里克不能拿走兰迪提供的奖金。后来海德里克承认了自己在骗人，他还说：“我这样做的初衷是想看一看美国人有多蠢，全世界的人有多蠢。”

最近公众的热情开始转向了约翰·爱德华（John Edward）、詹姆斯·范普拉格、苏菲亚·布朗（Sylvia Browne）以及其他自称能够与死者交流的灵媒们。2001 年盖洛普咨询公司的报告称，28% 的美国人（1990 年时是 18%）相信有人能听到死者的言语或通过心灵与死者进行交流，还有 26% 的人表示不确定。爱德华的真名叫约翰·麦基（John MaGee, Jr.），曾是一名魅力超凡的交谊舞教练。他从纽约广播电台的嘉宾一跃成为全国性讲座的授课人，接着又成了广受欢迎的科幻频道节目《穿越》（*Crossing Over*）的座上宾。这个节目的播出时间从半夜调整到了黄金时段，后来又被调整到了白天。《纽约时报》的

① 这种精神能力得到了这样讽刺的批评：“所有那些相信心灵致动（psychokinesis）的人，你们能举起我的手吗？”

报道称:“他时而风趣,时而尖刻,时而充满同情;他既敏感又强壮,将牧师、父亲和丈夫的角色融于一体,非常适合以女性观众为主的节目。”“他让我对婚礼表示感谢,你能明白吗?”爱德华问一位女性观众,他在向她传递她已故父亲的信息。那位女士当场崩溃了,痛哭起来。

在经过剪辑的娱乐节目中,电视观众能够看到这种令人印象深刻的一语中的。但是《泰晤士报》报道说,在录制同一期节目时,爱德华在20分钟里什么也没说中。怀疑者认为,他在电视节目中之所以能说中,是因为他可以先抛出一个信息看看反应。爱德华一边在观众中搜寻,一边说:“他们让我和一个M组合打招呼,他们是一个家庭中名字的首字母为M的两个人。他们告诉我有人得了帕金森氏病,或者某人患上了一种神经疾病。我看就是在这个区域。”他指着一排观众。“你们能明白吗?能?不能?”当有几个人点头的时候,他便锁定其中一个人,继续说出很多陈述(“你家里有人抽烟抽得很凶”)和问题(“《日瓦戈医生》对你有什么意义吗”)。许多信息是模棱两可的,这使得爱德华锁定的目标可以自己补充意义。爱德华在说人名的时候,会故意混淆J和G的发音。他还会说“在胸口看到了黑色”这种含糊的表述。

怀疑者还看出爱德华在使用经典的“冷读法”技术,这是灵媒、占卜师和算命先生长期使用的看家本领。

直觉的力量

冷读者能够从我们的服饰、身体特征、手势、非言语动作以及我们对他们所说的话的反应中洞悉我们。

心理学家雷·海曼(Ray Hyman)曾经给人看过手相,以此来补充魔术表演和心灵感应表演的收入,因此他很了解冷读法。想象你自己是一位看相大师,一个二十多岁或三十出头的年轻女士来找你看相。这位女士戴着昂贵的珠宝和结婚戒指，身上的黑色裙子却是用廉价材料做成的。善于观察的看相师注意到这位女士穿的鞋子是给脚有毛病的人特制的鞋子。这些线索说明什么？

海曼说，通过这些观察，看相师便可以让他的客户大吃一惊了。他先假定像大多数女性客户一样，这位女士之所以来找他，是因为爱情或财务问题。黑色连衣裙和结婚戒指让他推测女士的丈夫最近去世了。昂贵的珠宝说明丈夫没死之前，她过着优渥的生活，但廉价的裙子说明丈夫死后她变得一贫如洗。具有治疗作用的鞋子说明现在她比以前走路更多，暗示着在丈夫死后，为了养活自己，她一直要出去工作。任何读过《福尔摩斯探案集》的读者对这种冷读法都应该很熟悉。

海曼说，如果你没有这位看相师的机灵劲儿（他正确地猜出这位女士想知道自己是否应该再婚，以结束经济上的窘迫），那也没关系。如果有人找你看相，你可以先表示同情，这样做很安全："我感到你最近遇到些麻烦，似乎不确定自己该怎么做。我觉得其中涉及另一个人。"然后客户就会自己说出看相师想要知道的事情。从占星书和算命手册上背几句颠扑不破的套话，在哪里都可以搬出来用。告诉客户他们有进行合作的责任，应该将你的预言与他们的具体经历联系起来。之后他们就会回想起你预测出了很多细节。把陈述说得像问题似的，当发现有积极的回应后，再坚决肯定地表达出这个陈述。做一个好的倾听者，之后用不同的语言说出之前人们对你说过的事情。只要你诱骗他们，他们就会上钩[①]。

这种方法非常好使。在看到其他人将自己的冷读法视作超自然直觉后，海曼自己也成了手相术的坚定信奉者。直到有一天一位受人尊敬的算命大师建议他做一个有趣的实验。他建议海曼故意说得与线索透露出来的信息相反。海曼

① 想知道更多灵媒如何使用冷读法为客户带来不可思议的效果的秘密，可参见伊恩·罗兰（Ian Rowland）的著作《冷读术》（*The Full Facts of Cold Reading*）。

说：“我在几位客户身上尝试了这种做法。让我感到吃惊和恐怖的是，我的看相和以前一样成功。从那以后我对能够令我们信服的力量产生了兴趣，看相师和客户一样，都会相信一些并不真实的事情。”

梦境的预言

在2001年加州大学洛杉矶分校一场有关梦的会议一开场，研究梦的专家凯利·巴尔克利（Kelly Bulkeley）就提出了这样一个问题：“从后现代的观点看，梦是一种非理性的认知方式吗？梦和做梦有什么价值？”

心理学家和生理学家研究并争论的是做梦的心理及生物功能，但其他人想知道梦是否具有预示作用。如果自称为通灵者和灵媒的人的直觉是不可靠的，那么普通人自发产生的幻想是否能提供更多的信息呢？梦是否像一半大学生认为的那样，能够预示未来或传递出潜藏的真相？或者梦只是看上去有这样的作用，因为我们更有可能回忆起已经变成现实的梦境？梦境很模糊，很难被记住。或许我们后来改变了对梦的记忆，使它与真实发生的车祸、意外的礼物与拜访相吻合。真实发生的事情确实会影响记忆。

大约在70年前，哈佛大学的心理学家亨利·默里（Henry Murray）和惠勒（D. R. Wheeler）对梦的预示作用进行了检验。飞行员查尔斯·林德伯格（Charles Lindbergh）的儿子被绑架并杀害，在婴儿的尸体被发现之前，研究者让公众报告他们有关这个孩子的梦境。在递交来的1 300个梦境的报告中，有多少人准确地梦到了孩子的死亡呢？ 5%。有多少人准确地预见到了尸体被埋在树林里？只有4个人。尽管这些数字比瞎蒙好不了多少，但对于那4个人来说，他们预知未来的能力一定会被认为是不可思议的。

能不能用实验验证超自然直觉

雷·海曼说，在针对超自然现象的科学研究中，很多通灵研究者声称他们最终证实了超自然现象是存在的。在每一个这样的事例中，后一代的超心理学家都不得不摒弃被上一代看作是无可辩驳的证据，因为这些证明超自然现象的证据都存在严重的缺陷。超心理学家雷亚·怀特（Rhea White）在《美国心灵研究学会杂志》（*Journal of the American Society for Psychical Research*）上承认："在我的脑海中超心理学就像一架小飞机，从 1882 年开始就在实证科学的机场跑道上不停地滑行……它偶尔会离开地面一两米，然后又撞回到跑道上。这种情况持续了近 44 年。"

在做过数千个实验后，研究者没有发现一个可复制的超感知觉现象。美国国家研究理事会（National Research Council）对超感知觉现象的研究也得出了类似的结论："最好的证据也不能证明这些现象的存在。" 1995 年，一项受美国中央情报局委托的调查对 10 年来军方的超能力特工进行了评估，军方曾为这些特工投入了 2 000 万美元。结果如何？这些特工毫无成效，超能力特工项目被废弃了。

科学的态度（检验并看它是否有效）使得相信超能力和怀疑超能力的人都赞同，为了证明超心理学的可信，它需要提供可复制的现象以及用以解释现象的理论。在搜寻此类现象的过程中，我们该如何用对照实验来验证超感知觉呢？那应该是一个不同于舞台展示的实验。在舞台上，通灵者好像一个魔术师，控制着观众的所见所闻。他们感知到的效果是令人震惊的。在实验室里，实验者控制着通灵者的所见所闻。怀疑者一次又一次地注意到所谓的通灵者利用令人吃惊的表演迷惑了观众。在表演中他们似乎与死者的灵魂进行着交流，似乎能够看透人心或让物体飘浮起来。这使得他们的行为更像是舞台魔术师在制造幻觉。心理学家兼魔术师达里尔·贝姆（Daryl Bem）曾说："通灵者是扮演通灵师角色的演员。"

在英国和美国，超心理学时不时会希望发现至少一个超自然现象。我记得很久以前，当开创性的超心理学家莱茵（J. B. Rhine）来到我们学校时，曾讲述过他发现的一个有趣的结果。当有人进行严格的控制，以避免出现欺骗或不知不觉的交流时，超能力就会消失。偶尔某人的表演好像比碰运气好一些，然后效果会开始变差（就像暂时占据统计分布一端的赌徒和选股者）。超心理学会（Parapsychological Association）前主席约翰·贝洛夫（John Beloff）说："这种效果的衰退可能是超心理学领域中最可靠、最一致的特点了。"

然而对超心理现象的研究还在继续。英国赫特福德大学（Hertfordshire University）心理学家理查德·怀斯曼（Richard Wiseman）创造了一台"思维机器"，以查看人们是否能影响或预测抛硬币的结果。全国各地参加音乐节的人们可以通过触摸屏对抛硬币的结果进行 4 次预测。利用一个随机数字生成器，由计算机来决定抛硬币的结果。2000 年 1 月，实验得出了结论，近 28 000 人做出了 110 972 次预测，其中 49.8% 是正确的。

最近人们对超心理现象的兴趣是由达里尔·贝姆和超心理学家查尔斯·霍诺顿（Charles Honorton）的发现引发的。他们利用了超感知觉全域测试法（ganzfeld）。在这种测试中，你会靠在躺椅里，通过耳机听着发出嘶嘶声的白噪声，半个半透明的乒乓球扣在眼睛上，漫射的红灯照亮房间。这种尽量减少外部干扰的设计使你处在了一个接收他人思想的理想状态中，因此你可以听到来自内部的微小声音。

在利用这种测试法的早期研究中，贝姆和霍诺顿让"发送者"与"接收者"分别待在彼此隔离的小房间里，并让发送者将注意力集中在从 4 幅视觉图像中随机选出的 1 幅上，注意力保持半个小时。研究者问接收者哪幅图像与他们在此期间感受到的图像最吻合。在 11 项研究中，接收者猜对的概率（32%）胜过了碰运气（25%），而且两者相差较大。

基于心理学的批评研究总是会提出两个问题：你是什么意思？你怎么知道的（即你的证据是什么）？超心理学家说对超感知觉的全域测试清楚地回答了这两个问题。怀疑论者海曼承认在实验方法上，超感知觉全域测试法超越了以往的实验，但他质疑某些实验过程的细节会引起偏差。有趣的是，其他研究者开始复制这些实验。这会是第一个可靠的超感知觉现象吗？或者它只是另一个注定会破灭的希望？

朱莉·米尔顿（Julie Milton）和理查德·怀斯曼对 30 个后续的超感知觉全域测试实验进行了统计分析，发现并不存在超感知觉现象。他们说："我们的结论是，超感知觉全域测试法目前并不能提供创造超感知觉现象的可复制方法。"不过等一等，上一次研究中确实发现了某种效应呀？这是怎么回事呢？

直觉的力量

请记住：科学态度中混杂着充满好奇的怀疑精神以及豁达开放的谦卑。从科学的角度看，非同寻常的主张必须有清晰可靠的证据予以支持。

如果身高 1.70 米、年龄 59 岁的我声称自己能灌篮，那么证明的重点在于我要展示自己能做到，而不在于你来证明我做不到。如果有这样的证据，那么科学对于自然界偶然发生的奇异事件的态度也是很开明的。

迈克尔·舍默（Michael Shermer）在《怀疑论者》杂志（*Skeptic*）上提出了一个好玩的问题。如果强大的超自然直觉真的存在，那么还有什么其他事情可能是真的？想象一下，对这些问题的回答会让一个派对或一堂课变得活跃起来。

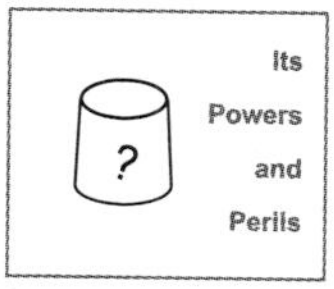

如果能预见未来

- □ 任何派对都不会令我们感到惊喜。
- □ 超能力朋友网的所有者迈克尔·拉斯基（Michael Lasky）可能就不需要花 50 万美元购买棒球运动员埃迪·默里（Eddie Murray）的第 500 个全垒打棒球了。他可以利用自己的超感知觉预测出球会落到哪里，然后坐到合适的座位上自己把球接住。
- □ 1998 年被售出的 1.385 亿张强力球彩票中会有很多张能够中奖。
- □ 通灵者会比巴菲特更富有。
- □ 赌场会破产（说正经的，哪怕有一点预知能力，也会产生更多的彩票中奖者、股市和赌场的赢家）。

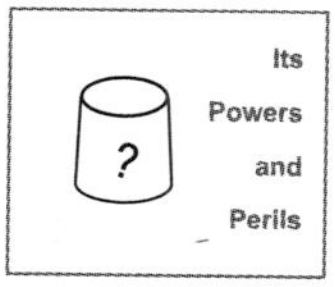

如果能读心

- □ 橄榄球队员就没有必要聚在一起分析对手的策略了。
- □ 没人会花钱申请来电显示功能。
- □ 石头、剪子、布的游戏永远会是平局。
- □ 青春期的孩子肯定时常会被父母找麻烦。

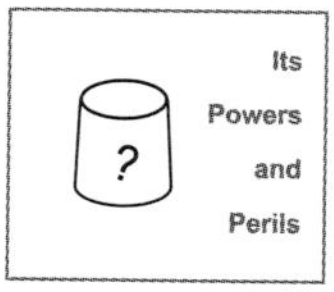

如果有千里眼

- □ 躲猫猫会成为一种速战速决、无聊透顶的游戏。
- □ 你把扑克牌正面朝上放着也没关系了。
- □ 搜救队不再需要搜索，只需实施救援就可以了。

为何我们会相信超自然现象

门肯（H. L. Mencken）认为“充满热情地相信不真实的事物是人类的主要消遣”，如果他是对的，我们必然想知道其中的原因。例如，如果人们相信根本不存在的超自然直觉，那么自然而然会产生的问题是，为什么这么多人会笃信超自然直觉的存在，为什么其他许多人也会将信将疑？

错觉、误解与选择性回忆

第一个原因与认知有关。无论超自然直觉是否存在，直觉的危险性一定会导致很多人相信这种现象。我们之所以会相信根本不存在的现象，其中一个原因是人类具有为自己所做的事情和为什么做这些事情编出虚假解释的倾向。另外，我们也难以对自己思维的运作情况做出评估，对自己的直觉过于自信，只去注意、解释并回忆能够证实我们期望的事件。我们太容易被不具有代表性的经历和轶事说服，对随机巧合的发生概率缺乏正确的认识。

按照这种解释，曾经是一名超心理学家的苏珊·布莱克摩尔（Susan Blackmore）认为，超自然幻觉只是对正常事件的误解。就像错觉一样，超自然直觉来自人类大脑寻求联系并为不可能的事件找到解释的倾向。她说，通灵体验并不比视错觉更愚蠢。

机缘巧合

柯尔说："巧合是寻求原因的结果。"如果我们无法为不解之谜找到，甚至想象出自然的原因，或许就只能认为那是一个超自然事件。当我不经意间想起一个老朋友时，他碰巧打来了电话。这太诡异了，除了心灵感应似乎没有其他可能的解释。然而不可思议的巧合总会发生。当这些巧合发生时，它们牢牢地吸引了我们的注意力，始终保持在我们的记忆里。所有平平常常的事件（预兆之后没有人打来电话或发生事故）都不会被我们注意并记住。

我很高兴在这里说一说在我自己身上发生的奇异巧合：

> 在霍普学院图书馆的复印机柜台结账时，我出示了自己系里的六位计费号码，这使得柜台的办事员非常迷惑，因为它刚好和上一位使用者留在机器上的六位号码一模一样。

◇◇◇

我女儿劳拉·迈尔斯买了两双鞋，不久我们便震惊地发现两个鞋盒上的商标分别是“劳拉”和“迈尔斯”。

◇◇◇

我的妻子卡罗尔让我帮忙证实一下马克·吐温的名言：“有好书却不读的人并不比读不到好书的人更有优势。”我活了59年，这是头一次听到这句名言。第二次遇到它是在90分钟后，在网络版《华盛顿邮报》的一篇文章里。

每个人都有过这样的经历。有一天，我的同事唐在书店里随便翻看图书。在翻看《哈扎尔辞典》（*The Dictionary of the Kazars*）时，他随意翻开一页，看到了这样一句话：“他被从杜布罗夫尼克（Dubrovnic）驱逐了出去。”就在这时，旁边的一个人给他的同伴看一张杂志上的照片，并惊叹道：“看啊，这是一张杜布罗夫尼克的照片。”《传道书》的作者明智地指出：“所有人都会遇到机会和时机。”

有些引人注目的巧合被添油加醋，变成了非常有趣的故事，比如我们都很熟悉的林肯和肯尼迪的巧合（他们的姓氏都是由7个字母组成的；他们当选总统的时间正好相隔100年；他们被刺杀的时候都是星期五，妻子都在他们身边；他们一个在福特剧院被刺杀，另一个在福特车上遇难等）。我最喜欢的巧合是大家不太熟悉的事件。钦定版《圣经》在莎士比亚46岁时出版，在《诗篇》的第46章中，从头开始数的第46个单词是“莎士”（shake），从后开始数的第46个单词是“比亚”（spear）（最惊人的是居然有人注意到了这种巧合）。社会心理学家阿纳托尔·拉波波尔（Anatol Rapoport）和他的儿子又向前推进了一步，发现莎士比亚的出生日期（1564年4月23日）按照罗马儒略历来算的话，应该在第二个月，所以他的生日就是2月23日，而2×23=46。另外，1564除以莎士比亚创作的戏剧数量34（将《亨利四世》和《亨利六世》算作两部戏剧），正好等于 46。

好了，已经够多的了。我们应该拿这些奇异的巧合怎么办？是否应该像詹姆斯·雷德菲尔德在《圣境预言书》中所写的那样，仔细探究那些好像注定会发生的奇怪事件？他认为“它们其实是同步性事件，追随着它们你便能走上通往灵性真理的旅程”，这种看法是对的吗？统计学家并不想剥夺我们意外发现自己具有神奇能力的乐趣，更不想阻止我们从灵性中获得满足，但他们一致认为，奇异的巧合与灵性完全没有关系。数学家约翰·保罗斯说：“最惊人、最不可思议的巧合就是完全没有巧合。”

Its Powers and Perils

真实发生的巧合

只要样本足够大，任何惊人的事情都有可能发生。

统计学家佩尔西·戴康尼斯（PersiDiaconis）和弗雷德里克·莫斯特勒（Frederick Mosteller），1989 年

- 科罗拉多州的帕特里夏·克恩（Patricia Kern）生于 1941 年 3 月 13 日，原名为帕特里夏·安·坎贝尔（Patricia Ann Campbell）。俄勒冈州的帕特里夏·迪比亚西（Patricia DiBiasi）也生于 1941 年 3 月 13 日，原名也是帕特丽夏·安·坎贝尔。她们的父亲都叫罗伯特，都是记账员，都有两个年龄分别为 21 岁和 19 岁的孩子。两个帕特里夏学的都是美容，业余爱好都是画油画，她们都嫁给了军人，婚礼仅相差 11 天。她们之间没有任何血缘关系。
- 双胞胎洛兰·克丽丝马斯和拉维尼亚·克丽丝马斯（Lorraine and Levinia Christmas）[①] 开车去给对方送圣诞节礼物，她们的车在靠近英国弗利彻姆的地方相撞了。
- 菲利普·道奇森（Philip Dodgson）是英国萨赛克斯部南部丘陵保健中心（South Downs health center）的一位临床心理学家，

① 她们的姓“Christmas”意为圣诞节。——译者注

他为牧师及其他修道院成员提供心理治疗。一天他上网查看是否有其他人也叫菲利普·道奇森，发现加拿大安大略省也有个人叫菲利普·道奇森。出于好奇，他写信询问那个道奇森的职业。太惊人了！那个道奇森也是临床心理学家。信不信由你，他在南丘中心（Southdown Center）工作，那是一家专门为修道院成员提供心理治疗服务的中心。

- 犹他州的厄尼·凯里和林恩·凯里（Ernie and Lynn carey）的3个女儿在同一天——1998年3月11日，为他们生下3个外孙。
- 美国最早的5任总统中有3个（亚当斯、杰斐逊和门罗）都死于7月4日。最近发生的死亡巧合则是查尔斯·舒尔茨（Charles Schulz）意外死于心脏病，那天正是人们开始读他出版的最后一本《花生漫画》[①]的日子。
- 在挪威的奥勒松，9岁女孩克里斯廷·伦达尔（Kristin Nalvik Loendahl）骑行经过一个停车标志时，被迎面开来的车撞飞了。司机停车下来想看看小女孩的情况，但她消失了。几个小时之后司机才知道是怎么回事，原来小女孩落到了一辆正反向行驶的卡车里。
- 2000年7月3日，俄勒冈州《哥伦比亚报》（*Columbian*）在头版头条上写着："我们提前印出了中奖号码！"当报纸宣布他们提前预测出6月28日那期彩票的中奖号码是6、8、5、5时，州立彩票官员感到既惊慌又难以置信。事情的原委是：《哥伦比亚报》的计算机崩溃了，为了赶紧重新凑出一个版面，编辑偶然将弗吉尼亚州的选4号码放在了彩票新闻中，而这些数字恰好是俄勒冈州即将揭晓的中奖号码。

① 《花生漫画》是一部长篇连载的美国漫画，漫画主人公为查理·布朗及其饲养的米格鲁猎兔犬史努比，在中国大陆被整理成《史努比的故事》出版发行。——译者注

伊夫琳·玛丽·亚当斯(Evelyn Marie Adams)两次中了新泽西彩票的大奖，报纸称发生这种奇迹的概率为 17 兆分之一。不过统计学家斯蒂芬·塞缪尔斯（Stephen Samuels）和乔治·麦凯布（George McCabe）说，鉴于购买美国州立彩票的人数达到数百万之多，所以肯定会有某地的某人在某时两次中大奖。

> **直觉的力量**
>
> 一个特定的事件或巧合很可能不会发生，而某个令人震惊的不特定的事件却一定会发生。这就是为什么马后炮们会注意到惊人的巧合，而无法提前预知的原因。

媒体传播

媒体报道的其他人的经历也会影响我们的信念。“通灵者预见到龙卷风”的新闻比“遥视能力禁不起考验”更容易成为头版头条。超自然直觉能够成为新闻，而没有出现超自然直觉则不能算是新闻。大多数出版有关超自然现象图书的出版社不会接受驳斥超自然现象的图书。随着这类故事的不断积累，人们开始信以为真。实验证明，只要反复说，人们就会把假话当成真话。这种媒体偏差增加了所谓的超自然事件在认知中的易得性。

追求神秘事物的动机

除了认知加工过程、奇异的巧合和活灵活现的描述之外，人们还具有这样一种动机：很多人渴望出现奇迹，渴望体验神奇的事情。在英国和美国，超心理学的创立者主要是那些失去了宗教信仰的人，他们开始为生命的意义以及存在来生的信念寻求科学基础。苏联解体后，社会发生剧变，神秘主义、玄学和伪科学像雪崩一样突然出现。像其他地方一样，俄罗斯的超感治疗师和预言师令那些充满敬畏的老百姓神魂颠倒。32 位一流的俄罗斯科学家发表了一个声明，他们在声明中说："很多相信千里眼、占星术和其他迷信观念的人是在借此来补偿我们这个时代给人们带来的心理上的不安。"

新时代的思想寻找着我们内心存在神明的证据。难道我们没有哪怕一点类似上帝的无所不知、无所不在和无所不能（读心、预知未来、遥视、让物体飘浮或影响骰子的滚动）吗？唉，科学研究者说，我们是受条件限制的生物。我们拥有的似乎是尊严，而不是神性。

对于那些渴望神秘事件的人来说，福尔摩斯提供了一种替代性的选择。在《血字的研究》中，福尔摩斯说："最平淡无奇的犯罪往往是最神秘的。人生无限奇妙，远非人类的头脑所能想象。"为了感受到对生命的敬畏，我们不需要求助于令人难以置信的神秘事物，比如时间上的永恒、空间上的无限，或者生活中的不可能之事。我们只需要了解自己的感知系统就可以了，我们要认识到它有能力将杂乱的神经冲动组织成色彩缤纷的景象、生动鲜明的声音以及能够唤起记忆的气味。

当你看着某人的时候，光能粒子被你眼睛的感受器细胞接收，并转化为能够激活邻近细胞的神经信号。这些细胞每一秒钟都将数百万个电化学信号沿着神经通路传递到你的大脑中。大脑不同的部位会分别加工与颜色、形状、动作和深度有关的信息，然后仍然是通过某种神秘的方式，这些信息会被汇聚成意识能够感知到的图像。这个图像会被立即与之前存储的图像进行比较，你会认出来那是你的祖母。整个过程非常复杂，就像把房子一点一点地拆散，然后运到另一个地方，再经过几百万名专业工人的努力，将它重新拼建起来。瞧呀，大脑就这样形成了意识。所有这一切都是瞬间发生的，毫不费力而且连续不断。这真是令人眼花缭乱。我们对《圣经》中约伯回答耶和华的话可能会有同感："我所说的，是我不明白的。这些事太奇妙，是我不知道的。"

寻求科学与灵性的和谐

用一句话来总结这本书的主旨：**心理学揭示了未经检查的直觉的惊人力量及值得注意的危险性，富有创造力和判断力的思想者对这两点都会予以重视。**在反复展示并赞美了心理学的洞察力后，我也应该承认它的局限性。科学解释了我们为什么会有那样的想法、那样的感受并做出那样的行为，但它无法解答列夫·托尔斯泰提出的一个终极问题："为什么我应该活着？为什么我应该做点什么事情？生活中是否有什么目标是不可避免的死亡无法破坏和扰乱的？"为了寻求意义和启示，许多人从科学转向了对精神真理与洞见的追求。

科学对非理性的、直觉性的认知形式的了解越来越多，这使得灵性具有了一些可靠性。在我们的意识层面之下，在我们的理性思维之外，还存在着许多活动。或许在那里还存在着未被开发的智慧。我们可以确定的是，人类对大自然理性而科学的理解是不完备的。就像协和式超音速喷气式客机会让哥伦布不知所措一样，公元 2500 年的科学很可能也会令我们困惑不解。哈姆雷特的推测听起来好像是真的："霍雷肖，宇宙间无奇不有，不是你的哲学全都能梦到的。"人口遗传学家霍尔丹(J. B. S. Haldane)用现代的语言重复了哈姆雷特的话："宇宙不仅比我们所想的更古怪,而且比我们所能够想到的更古怪。"《以赛亚书》中有一句老话是这样说的："天怎样高过地，照样，我的道路高过你们的道路，我的意念高过你们的意念。"我们已经知道了很多，不过仍有很多还不知道。

把灵性的超自然"洗澡水"倒掉后，是否能留下一个婴儿？人们是否可以不对所有形式的灵性进行居高临下的冷嘲热讽，而只质疑破坏灵性名声的那一种直觉？一位朋友在读过这本书稿的大部分章节后问："是否有方法可以让既知道直觉的力量又知道直觉危险性的人们也能拥有灵性生活？是否有一种温和、轻柔而自然的方法，可以让人们在知道直觉危险性的同时，不会自动通过理性解释来消除那些可能恰恰暗示着神灵的事物？”

11 世纪天主教神学家安瑟伦（St. Anselm）的座右铭是:“信仰寻求理解。”如今应被改为“理解寻求信仰”。在安瑟伦的世界中，信仰是给定的，他渴望更明智的深入理解。如今，科学的理解是给定的。我们需要去解答托尔斯泰有关人类同一性、目标和最终命运的问题，需要解答为什么存在着万事万物，而不是空无一物。什么能够解释这个精密有序的宇宙？什么使得它恰好创造出了持久的物质、有生命的机体以及人类的意识？这一切是如何形成的？用哈佛－史密森天体物理学中心（Harvard-Smithsonian）的天体物理学家欧文·金格里奇（Owen Gingerich）的话说就是:“它是如此恰到好处，好像宇宙就是为了创造有智慧、有意识的生物而设计的。”是否存在仁慈的超级智慧？在宇宙理性之美的背后是否存在着神明的头脑？在它精巧的协调背后是否存在着神圣的目标？如果是这样，那么这种至高无上的现实是否对我们具有重要意义？科学没有假装能够回答这类问题。爱因斯坦用他自己的方式既表达了对科学的严谨与理性的尊重，也表达了对生命奇迹的欣赏。他说人类存在两种生活方式，“一种是把什么都不当作奇迹，另一种是把什么都当作奇迹”。

不过科学有助于将某些形式的真正的灵性与伪科学区分开。当人们提出可测试的灵性事实时，比如转世、濒死体验、祈祷的力量，科学可以对它们进行检验。如果人们想知道虔诚的宗教信仰是否与健康、幸福、应激、道德及同情有关，科学也能提供数据。对灵性主张进行科学测试听起来就像黄鼠狼给鸡拜年。但实际上科学确实具备宗教使命，甚至可以被用于灵性和宗教。有人说《圣经》中的一神论就是指“存在一个上帝，但他不是你”。这教会了人们谦卑。在大自然面前的谦卑以及对人类权威的怀疑精神都是宗教观念，它们促进了现代科学的早期发展。帕斯卡、培根、牛顿和伽利略都对人类的直觉保持了谨慎小心的态度。在探索天地万物的过程中，他们将自己看成是在为上帝服务。

社会学家彼得·伯杰（Peter Berger）写道："我的同事亚当·塞利格曼（Adam Seligman）是一位社会学家兼虔诚的犹太教徒，他杜撰出一个非常吸引人的词汇'认识论的谦逊'，用来描述这种宗教态度。它将怀疑论和信仰巧妙圆熟地综合在一起。一般而言，在任何宗教传统中都能发现这种态度。"认识论的谦逊——基于怀疑论的信仰，能够帮助我们批判性地分析新时代的灵性主张以及有关祷告能够赋予我们力量的观点。基于怀疑论的信仰既可以是创建性的，也可以是破坏性的。它帮助我们看到宗教狂热与唯物论以外的其他选择，看到证明"灵性智慧"的证据在不断增加。加州大学戴维斯分校的心理学家罗伯特·埃蒙斯（Robert Emmons）指出，"灵性智慧"是一种具有适应性的灵性，它有利于解决日常问题和实现目标。

在埃蒙斯提出的灵性智慧中包含着 5 个构成部分：

1. **超越的能力**。对于灵性很强的人来说，现实是超越物质和肉体的。
2. **将日常经历神圣化的能力**。具有灵性智慧的人能够对日常活动、事件和人际关系赋予神圣感。他们会从理解自我、他人、自然和生活的角度来思考日常经历的意义。对具有灵性智慧的人来说，工作被视为使命，养育儿女被视为神圣的责任，婚姻则具有灵性上的重要性。我是在苏格兰的圣安德鲁斯写这一章内容的。我住的地方离拍摄电影《烈火战车》（*Chariots of Fire*）的场景不远。这部电影描绘了埃里克·利德尔（Eric Liddell）对跑步的灵性意义的反思："当我奔跑时，我感到了上帝的快乐。"
3. **体验高层意识状态的能力**。在进行冥想及某些形式的神秘祈祷时，富有灵性智慧的人能够感受到精神的狂喜。他们对神秘体验具有很强的感受力。
4. **运用灵性资源解决问题的能力**。精神上的蜕变往往会使人们重新排列目标的优先级。如果灵性智慧确实是一种智慧的形式，那么它将引导人们更有效地应对问题，过着更高效的生活，享有更高层次的幸福。

5. 做出善行的能力。富有灵性智慧的人更能够宽恕他人，懂得感恩和谦卑，更富有同情心（对于最后一个构成部分，如今埃蒙斯承认，也应该被视为灵性智慧的结果，而不是一种认知要素）。

越来越多的证据显示，信仰确实与改善健康、增加幸福感、提高应激能力、培养品德、慷慨和志愿精神存在关系。它们支持了埃蒙斯的灵性智慧概念，但无法告诉我们灵性追求是一种幻觉还是一种深奥的真相。“上帝”是否只是一个我们用来掩盖自己的无知的词汇？灵性是否是人类的精神鸦片？又或者，人类以为宇宙的构造中并不存在上帝，是出于自身的愚昧？

如果我们忠于自己，那么只能说我们不知道以上哪个是对的。在夜深人静的时候，有神论者和无神论者都会有片刻的疑惑——或许对方是对的。也许所有的灵性直觉都是幻觉。那些认识不到灵性维度的人，或许就像埃德温·艾伯特（Edwein Abbott）虚构出来的二维世界中的平面居民，看不到另一个维度的存在。如果我们能证明终极实在的本质，那么我们便不再需要信仰，不再需要将赌注押在上帝的存在上。

在缺乏证明或确定性的情况下，我们是否应该犹犹豫豫地采取骑墙的态度？阿尔贝·加缪（Albert Camus）①说，有时生活要求我们对自己只有 51% 信心的事情做出 100% 的承诺。我们应该称颂宗教批评者，他们提醒我们，很多时候贪婪、战争、偏见和恐怖主义正是打着信仰的旗号。难怪把迷信与不人道（有时会打着宗教的旗号）结合起来的科学解释会将人们推向怀疑论的一边。我们也应该称颂有信仰的人，包括那些基于信仰的怀疑论者，因为他们在冒险进行信仰上的飞跃，即虽然知道自己可能错了，但依然选择将生命的赌注押在谦卑的灵性上，而不是选择毫无目的的科学至上主义、容易轻信的

① 法国小说家、哲学家、戏剧家、评论家，存在主义文学领军人物，“荒诞哲学”的代表。他于 1957 年获得诺贝尔文学奖，代表作《局外人》。——译者注

唯灵论和教条的原教旨主义。迪特里希·潘霍华（Dietrich Bonhoeffer）[①]、马丁·路德·金和特蕾莎修女所共有的灵性，有助于他们理解宇宙，为生活赋予意义，使他们变得超然，将他们与支持性团体连接起来，为道德和无私的仁慈提供基础，并在面对逆境与死亡时给予他们希望。

在某种程度上我们都是错误的。我们只是依稀瞥见了终极实在，对此怀疑论者和有信仰的人都会表示赞同。不过或许我们能同时从怀疑论和灵性中吸取智慧。或许我们既可以将生活停泊在理性和谦卑中，用批判性的分析来制约灵性的直觉，也可以将生活停泊在灵性中，让它滋养我们的目标、爱与欢欣。

① 德国信义宗牧师、神学家，认信教会成员之一，出生在德国布雷斯劳（今波兰弗罗茨瓦夫）。潘霍华曾经参加在德国反对纳粹主义的抵抗运动。——译者注

科学探索人类直觉的奇迹

在 C. S. 刘易斯的著作《纳尼亚传奇》中，骄傲的会说话的马儿噗哩因为逞威风说了错话，而被带到了伟大的狮王阿斯兰面前。噗哩颤抖地说："阿斯兰，我想我一定是个十足的笨蛋。"阿斯兰温和地答道："马儿在仍年轻时就明白这个道理是幸福的。人也一样。"

在揭示人类的愚蠢方面，这本书可能显得太谦逊了。或许有时你感到一阵冲动，想像哈姆雷特的母亲那样大叫："别再说下去了，你已让我看清了我的灵魂深处，看见在那里有洗涤不清之污点。"确实，揭示直觉危险性的人在冒险扮演易卜生的戏剧《野鸭》（*The Wild Duck*）中格雷格斯·韦勒（Gregers Werle）的角色——他摧毁人们的幻觉，但没有给他们留下希望或意义。

然而这本书所基于的认知科学从根本上说是具有建设性的。它的目的不是破坏，而是加强我们的理性，使我们的思维变得更敏锐，智慧变得更深邃。暴露直觉中的缺陷并寻求补救方法的科学家就像内科医生，他们会说："你现在很好。你的心脏没问题，肺部很干净。不过你的视力需要矫正一下。"

认识到我们的直觉能够从这些矫正中获益后，无论是在体育、商业还是在灵性领域中，对思维进行有条理的训练便成了显而易见的需要。在某些领域里，直觉很有效，但在其他领域中则需要对它进行制约和检查。正如诺曼·卡曾斯（Norman Cousins）所说，将学校教育转化为职业教育的做法遗漏了"学习最重要的真谛：学习的目的是解放人类思维，将它发展为具有思考能力的器官，其中包括概念思维、分析思维和顺序思维"。在给大学生介绍了研究方法的原理和统计推理后，他们的思维确实变得更明智了。在一个旨在重新定义学士学位的意义和目的的项目中，解释了为什么大学教育应该以培养条理分明的批判性思维能力为优先事项：

> 如果在大学和学院中，有什么事情值得我们去关注的话，那一定是思维。不幸的是，思维可能是懒惰的，也可能是草率的，它会被愚弄、被误导、被胁迫。学生具备很棒的逻辑思维能力、批判性分析能力和探究能力，只是未经训练、未被开发。这些能力不是自发产生的，它们来自广泛的教导、经验、鼓励、纠正和不断的运用。

民主同样也是在意识到我们的不完美之后被孕育出来的。由于我们的不完美，才产生了核查、平衡各种观点，让它们进行公开竞争的需要。乔治·索罗斯（George Soros）说："易谬性说明完美是不可能实现的。我们必须退而求其次，建造一个不断改善的不完美社会。这就是我对开放社会的定义。"

面对直觉的强大、高效和适应性，我们应该赞叹它的力量。直觉是庞大广阔的。幕后发生的思维活动比我们认为的更多，它们的结果偶尔会被展示在屏幕上。直觉是有适应性的。它使我们能够自动化地驾驶汽车，增长我们的专家技能，让我们具有更多的创造力、爱及灵性。直觉是一个奇迹。

像大多数作者一样，我一次又一次地感受到了写作中的神秘现象，即使是在写这本基于科学的作品时。神秘之处在于，这本书一部分是有计划的信息罗列，一部分是自动跳入意识的观点、图像和语言的汇聚。在这种时候我感到很开心，有时更像是打字员，而不是作者，就好像我只是记录下某物或某人在我的思维屏幕上表达出来的内容。这种感觉和我有时快结束一段长跑时的感觉很相似：我只是骑在两条腿上，它们载着我回家。

神经学的证据证实了我的感觉，意识可能只是表面之下的奇观中暴露出来的那一部分。研究已经发现，意识落后于引发意识的大脑活动。当我们举起手指时，脑电波在我们意识到这个决定前就开始跳动了。这个想法甚至在我们的大脑意识到它之前就产生了。我对自己体验到的神奇现象的感受可能与《诗篇》的作者类似：

> 我的舌头尚未发言，
> 上主，看，你已经知悉周全……
> 这是超越我理智的奇事，
> 也是我不能明白的妙理……
> 我赞美你，因我被造，惊奇神奥，
> 你的工作，千奇万妙。

Intuition 致谢

我写作本书的目的是为了探究有关直觉的心理学，并将各种不同的发现结合起来，运用到日常生活中。这场探索是站在许多富有创意的研究者的肩膀之上开展的。这些研究者包括心理学家丹尼尔·卡尼曼（普林斯顿大学）和已故的阿莫斯·特沃斯基（斯坦福大学）。长期以来很多人都相信，凭着这二人对行为经济学做出的贡献，他们应该被授予诺贝尔奖。还有一群研究者对人类推理进行了巧妙的研究，它们深深地吸引着我，令我备受启发，这些研究包括：

- 康奈尔大学社会心理学团队的托马斯·吉洛维奇和戴维·邓宁的研究
- 约翰·巴奇（纽约大学）和塔尼娅·沙特朗（俄亥俄州立大学）对自动化思维的研究
- 娜莉妮·安贝迪和罗伯特·罗森塔尔对读懂行为的“微末片段”技能的研究
- 罗伯特·扎伊翁茨（斯坦福大学）和安东尼·格林沃尔德（华盛顿大学）对无意识知觉的研究
- 帕维尔·莱维奇（Pawel Lewichi）对无意识信息加工的研究
- 罗伯特·斯滕伯格（耶鲁大学）对隐性知识的分析
- 约翰·迈尔（新罕布什尔大学）和彼得·萨洛维（耶鲁大学）提出的情绪智力概念
- 伊丽莎白·洛夫特斯和迈克尔·罗斯（滑铁卢大学）揭示出的人们对过去经历的错误记忆
- 丹尼尔·吉尔伯特（哈佛大学）和乔治·勒文施泰因（卡内基梅隆大学）对我们对自己情绪的预测存在缺陷的发现

- 尼尔·温斯坦（罗格斯大学）对我们具有不切实际的乐观精神的证明
- 保罗·斯洛维奇（Paul Slovic）和巴鲁克·菲施霍夫对风险直觉的深入探究
- 李·罗斯（斯坦福大学）和理查德·尼斯比特（密歇根大学）对人类推理中存在的偏见的研究
- 西摩·爱泼斯坦（马萨诸塞大学）提出的经验性认知的概念
- 伯顿·麦基尔（普林斯顿大学）对投资直觉的分析
- 理查德·泰勒（芝加哥大学）、罗伯特·希勒（耶鲁大学）和马修·拉宾（加州大学伯克利分校）的行为经济学研究
- 保罗·米尔（明尼苏达大学）和罗宾·道斯对临床上的直觉的细致研究
- 马克·斯奈德（明尼苏达大学）对行为确认的研究
- 已故的赫伯特·西蒙（卡内基梅隆大学）对直觉性知识的开创性研究，鉴于他对经济学的贡献，赫伯特·西蒙获得了诺贝尔奖

这些学者以及其他数百位学者的研究构成了这本书的基础。

我还要格外感谢几位引导并鼓励我写作的人。莱莎·斯坎佐尼（Letha Dawson Scanzoni）和朱迪斯·哈里斯（Judith Rich Harris）对这部书的手稿提出了严谨而有益的批评。卡罗尔·迈尔斯、凯瑟琳·布朗森（Kathryn Brownson）和夏洛特·威特利特（Charlotte van Oyen Witvliet）也对改进手稿提出了一些很有帮助的建议。托马斯·吉洛维奇、罗伯特·埃蒙斯和罗伯特·斯滕伯格分别就具体的章节给予了我鼓励。琳恩·范迪克（Leanne Van Dyk）、史蒂文·蔡斯（Steven Chase）、克里斯托弗·凯撒（Christopher Kaiser）和詹姆斯·布朗森（James Brownson）协助我删减并改进了最终的手稿。一贯勤勉而专注的菲莉丝·德威尔德（Phyllis Vandervelde）准备了最终的手稿。

在耶鲁大学出版社，我的编辑苏姗·阿雷拉诺（Susan Arellano）预见到了这本书的前景，并为之付出很多努力。莎拉·劳斯基（Sarah Lawsky）推动本书的进展，促成了最终的作品。海蒂·唐尼（Heidi Downey）非常细致地打磨这本书，使它增色不少。希瑟·德奥里亚（Heather D’Auria）协助将这本书推向市场。

本书的写作对我来说乐趣无穷，不过与我独自完成它相比，在这些人的帮助下，这本书变得更加出色了。

Intuition 译者后记

当我跟别人说，我在翻译一本有关直觉的书时，他们都会表现出很大的兴趣。看来这是一个很多人都想了解的主题。在大多数人眼里，直觉具有某种神秘色彩，好像是神灵给我们的启示。不过看完这本书后，你可能会发现很多直觉具有深层的心理根源，绝不是无源之水、无本之木。

人们最关心的问题可能是，我们到底能不能相信直觉。首先我们要明确什么是直觉。直觉这个词被很多人以各种方式使用着，我们很难确切地解释它。有成百上千的图书、影音制品告诉人们如何运用自己的直觉，其中最著名的当属马尔科姆·格拉德威尔的《眨眼之间：不假思索的决断力》。这本书非常推崇直觉思维，但没有区分出有危害的直觉和比较可靠的直觉之间的差别。“不假思索”这种说法本身就是很危险的。

迈尔斯这本书既没有否认直觉的强大力量，又指出了它的局限性和危险性。它告诉我们哪些方面的直觉是可信的、有益的，哪些方面的直觉需要辅以批判性思维。它指导读者采用平衡的决策方法，将各种认知、理解和判断方式结合在一起，避免偏颇的危害。

赌徒常常凭直觉下赌注，但结果往往很糟糕。做决策时完全不考虑直觉的人是不完善的，但不假思索地依赖直觉的人同样是不完善的。“永远不要忽视直觉，但也永远不要以为只有直觉就够了。”

作者在书中探讨了体育比赛、赌博、投资、人才聘用、治病救人等诸多领域中的直觉。有些领域对我来说比较陌生，翻译的时候费了不少力气来查证。不过尽管如此，作为外行，难免会出现不够正宗地道的问题，还请读者谅解，提出批评指正。在翻译过程中，我得到了很多朋友和亲人的帮助，在此对黄宁、王鹏、巩樱、崔凯、范文斌、郑悠然、张宝君和曲晓东表示感谢。

湛庐文化
Cheers Publishing
a mindstyle business 与思想有关

湛庐，与思想有关……

如何阅读商业图书

商业图书与其他类型的图书，由于阅读目的和方式的不同，因此有其特定的阅读原则和阅读方法，先从一本书开始尝试，再熟练应用。

阅读原则1 二八原则

对商业图书来说，80%的精华价值可能仅占20%的页码。要根据自己的阅读能力，进行阅读时间的分配。

阅读原则2 集中优势精力原则

在一个特定的时间段内，集中突破20%的精华内容。也可以在一个时间段内，集中攻克一个主题的阅读。

阅读原则3 递进原则

高效率的阅读并不一定要按照页码顺序展开，可以挑选自己感兴趣的部分阅读，再从兴趣点扩展到其他部分。阅读商业图书切忌贪多，从一个小主题开始，先培养自己的阅读能力，了解文字风格、观点阐述以及案例描述的方法，目的在于对方法的掌握，这才是最重要的。

阅读原则4 好为人师原则

在朋友圈中主导、控制话题，引导话题向自己设计的方向去发展，可以让读书收获更加扎实、实用、有效。

阅读方法与阅读习惯的养成

（1）回想。阅读商业图书常常不会一口气读完，第二次拿起书时，至少用15分钟回想上次阅读的内容，不要翻看，实在想不起来再翻看。严格训练自己，一定要回想，坚持50次，会逐渐养成习惯。

（2）做笔记。不要试图让笔记具有很强的逻辑性和系统性，不需要有深刻的见解和思想，只要是文字，就是对大脑的锻炼。在空白处多写多画，随笔、符号、涂色、书签、便签、折页，甚至拆书都可以。

（3）读后感和PPT。坚持写读后感可以大幅度提高阅读能力，做PPT可以提高逻辑分析能力。从写读后感开始，写上5篇以后，再尝试做PPT。连续做上5个PPT，再重复写三次读后感。如此坚持，阅读能力将会大幅度提高。

（4）思想的超越。要养成上述阅读习惯，通常需要6个月的严格训练，至少完成4本书的阅读。你会慢慢发现，自己的思想开始跳脱出来，开始有了超越作者的感觉。比拟作者、超越作者、试图凌驾于作者之上思考问题，是阅读能力提高的必然结果。

扫码关注湛庐文化，
回复“阅读”
这5种方法，让读过的书变成你的影子

［特别感谢：营销及销售行为专家 孙路弘 智慧支持！］

我们出版的所有图书，封底和前勒口都有“湛庐文化”的标志

并归于两个品牌

找“小红帽”

为了便于读者在浩如烟海的书架陈列中清楚地找到湛庐，我们在每本图书的封面左上角，以及书脊上部 47mm 处，以红色作为标记——称之为**“小红帽”**。同时，封面左上角标记**“湛庐文化 Slogan”**，书脊上标记**“湛庐文化 Logo”**，且下方标注图书所属品牌。

湛庐文化主力打造两个品牌：**财富汇**，致力于为商界人士提供国内外优秀的经济管理类图书；**心视界**，旨在通过心理学大师、心灵导师的专业指导为读者提供改善生活和心境的通路。

阅读的最大成本

读者在选购图书的时候，往往把成本支出的焦点放在书价上，其实不然。

时间才是读者付出的最大阅读成本。

阅读的时间成本=选择花费的时间+阅读花费的时间+误读浪费的时间

湛庐希望成为一个“与思想有关”的组织，成为中国与世界思想交汇的聚集地。通过我们的工作和努力，潜移默化地改变中国人、商业组织的思维方式，与世界先进的理念接轨，帮助国内的企业和经理人，融入世界，这是我们的使命和价值。

我们知道，这项工作就像跑马拉松，是极其漫长和艰苦的。但是我们有决心和毅力去不断推动，在朝着我们目标前进的道路上，所有人都是同行者和推动者。希望更多的专家、学者、读者一起来加入我们的队伍，在当下改变未来。

湛庐文化获奖书目

《大数据时代》

国家图书馆“第九届文津奖”十本获奖图书之一
CCTV“2013中国好书”25本获奖图书之一
《光明日报》2013年度《光明书榜》入选图书
《第一财经日报》2013年第一财经金融价值榜“推荐财经图书奖”
2013年度和讯华文财经图书大奖
2013亚马逊年度图书排行榜经济管理类图书榜首
《中国企业家》年度好书经管类TOP10
《创业家》“5年来最值得创业者读的10本书”
《商学院》“2013经理人阅读趣味年报•科技和社会发展趋势类最受关注图书”
《中国新闻出版报》2013年度好书20本之一
2013百道网•中国好书榜•财经类TOP100榜首
2013蓝狮子•腾讯文学十大最佳商业图书和最受欢迎的数字阅读出版物
2013京东经管图书年度畅销榜上榜图书，综合排名第一，经济类榜榜首

《牛奶可乐经济学》

国家图书馆“第四届文津奖”十本获奖图书之一
搜狐、《第一财经日报》2008年十本最佳商业图书

《影响力》（经典版）

《商学院》“2013经理人阅读趣味年报•心理学和行为科学类最受关注图书”
2013亚马逊年度图书分类榜心理励志图书第八名
《财富》鼎力推荐的75本商业必读书之一

《人人时代》（原名《未来是湿的》）

CCTV《子午书简》•《中国图书商报》2009年度最值得一读的30本好书之“年度最佳财经图书”
《第一财经周刊》• 蓝狮子读书会•新浪网2009年度十佳商业图书TOP5

《认知盈余》

《商学院》“2013经理人阅读趣味年报•科技和社会发展趋势类最受关注图书”
2011年度和讯华文财经图书大奖

《大而不倒》

《金融时报》• 高盛2010年度最佳商业图书入选作品
美国《外交政策》杂志评选的全球思想家正在阅读的20本书之一
蓝狮子•新浪2010年度十大最佳商业图书，《智囊悦读》2010年度十大最具价值经管图书

《第一大亨》

普利策传记奖，美国国家图书奖
2013中国好书榜•财经类TOP100

《真实的幸福》

《第一财经周刊》2014年度商业图书TOP10
《职场》2010年度最具阅读价值的10本职场书籍

《星际穿越》

2015年全国优秀科普作品三等奖

《翻转课堂的可汗学院》

《中国教师报》2014年度“影响教师的100本书”TOP10
《第一财经周刊》2014年度商业图书TOP10

湛庐文化获奖书目

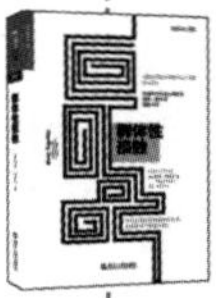

《爱哭鬼小隼》
国家图书馆“第九届文津奖”十本获奖图书之一
《新京报》2013年度童书
《中国教育报》2013年度教师推荐的10大童书
新阅读研究所“2013年度最佳童书”

《群体性孤独》
国家图书馆“第十届文津奖”十本获奖图书之一
2014“腾讯网•啖书局”TMT十大最佳图书

《用心教养》
国家新闻出版广电总局2014年度“大众喜爱的50种图书”生活与科普类TOP6

《正能量》
《新智囊》2012年经管类十大图书，京东2012好书榜年度新书

《正义之心》
《第一财经周刊》2014年度商业图书TOP10

《神话的力量》
《心理月刊》2011年度最佳图书奖

《当音乐停止之后》
《中欧商业评论》2014年度经管好书榜•经济金融类

《富足》
《哈佛商业评论》2015年最值得读的八本好书
2014“腾讯网•啖书局”TMT十大最佳图书

《稀缺》
《第一财经周刊》2014年度商业图书TOP10
《中欧商业评论》2014年度经管好书榜•企业管理类

《大爆炸式创新》
《中欧商业评论》2014年度经管好书榜•企业管理类

《技术的本质》
2014“腾讯网•啖书局”TMT十大最佳图书

《社交网络改变世界》
新华网、中国出版传媒2013年度中国影响力图书

《孵化Twitter》
2013年11月亚马逊（美国）月度最佳图书
《第一财经周刊》2014年度商业图书TOP10

《谁是谷歌想要的人才？》
《出版商务周报》2013年度风云图书•励志类上榜书籍

《卡普新生儿安抚法》（最快乐的宝宝1•0~1岁）
2013新浪“养育有道”年度论坛养育类图书推荐奖

延伸阅读

《剪刀石头布》

扫码直达本书购买链接

◎ 美国超级畅销书作家威廉·庞德斯通教你如何运用心理技巧，预测他人行为。

◎ 将心理学和行为经济学转化为简单可行的建议，让普通人也能成为超级预测者，预测对手的想法与行动，做出正确决策。

《理性犯的错》

扫码直达本书购买链接

◎ 现代行为经济学的领路人、社会心理学界泰斗、美国康奈尔大学心理系著名教授托马斯·吉洛维奇代表作，一本拨云见日的顿悟之书。

◎ 从认知、动机和社会三个方面探讨生活中常见的思维谬误，帮助我们绕开思维陷阱，抵御错误、可疑观念，培育正确的思维习惯。

《象与骑象人》

扫码直达本书购买链接

◎ 著名心理学家、积极心理学先锋派领袖乔纳森·海特完善积极心理学领域的经典著作。

◎ 人的心理可分为两半，一半像一头桀骜不驯的大象，另一半则是理性的骑象人。在理性与非理性的思想争战中，如何才能做出恰当的决策，收获生活中的幸福感？

《一万小时天才理论（经典版）》

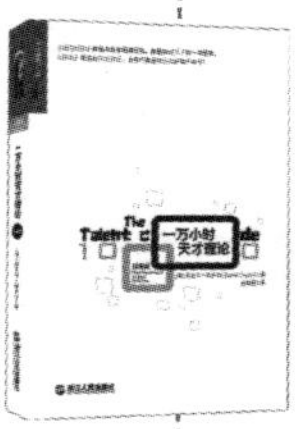

扫码直达本书购买链接

◎《纽约时报》畅销书作家丹尼尔·科伊尔颠覆巨献，推翻你对天才的一切想象。

◎ 全新诠释天才的“一万小时法则”，带领你看到人们的情感、个性与激情的力量，帮助你寻找激发与维持激情的钥匙。

《津巴多普通心理学（原书第7版）》

扫码直达本书购买链接

◎ 享誉全球的心理学大师、“当代心理学的形象与声音”菲利普·津巴多主笔，凝聚作者五十多年第一手教育经验。

◎ 心理学专业学生的入门首选，业余心理学爱好者的必备手册，“比小说还好看的心理学教材”。构建系统的知识网络，强调批判性思维方式，更有来自生活方方面面的案例，让心理学变得好用又有趣。

图书在版编目（CIP）数据

迈尔斯直觉心理学 /（美）迈尔斯著；黄珏苹译．—杭州：浙江人民出版社，2016.7

ISBN 978-7-213-07609-1

Ⅰ．①迈…　Ⅱ．①迈…　②黄…　Ⅲ．①直觉－研究　Ⅳ．① B017

中国版本图书馆 CIP 数据核字（2016）第 216821 号

浙江省版权局
著作权合同登记章
图字：11-2016-203 号

上架指导：心理学

迈尔斯直觉心理学

［美］戴维·迈尔斯　著
黄珏苹　译

出版发行：浙江人民出版社（杭州体育场路 347 号　邮编　310006）
市场部电话：（0571）85061682　85176516
集团网址：浙江出版联合集团　http://www.zjcb.com
责任编辑：朱丽芳
责任校对：张谷年
印　　刷：北京中印联印务有限公司
开　　本：720 mm × 965 mm 1/16　　印　　张：18
字　　数：240 千字　　插　　页：5
版　　次：2016 年 7 月第 1 版　　印　　次：2016 年 7 月第 1 次印刷
书　　号：ISBN 978-7-213-07609-1
定　　价：59.90 元